# PÁRIAS DA TERRA
## O MST e a mundialização da luta camponesa

# PÁRIAS DA TERRA
## O MST e a mundialização da luta camponesa

Deni Ireneu Alfaro Rubbo

Copyright © 2016 Deni Ireneu Alfaro Rubbo

Grafia atualizada segundo o Acordo Ortográfico da Língua Portuguesa de 1990, que entrou em vigor no Brasil em 2009.

Edição: Joana Monteleone/Haroldo Ceravolo Sereza
Editor assistente: João Paulo Putini
Projeto gráfico, capa e diagramação: Ana Lígia Martins
Revisão: João Paulo Putini
Assistente de produção: Maiara Heleodoro dos Passos
Assistente acadêmica: Danuza Vallim
Imagem de capa: <sxc.hu>

*Este livro foi publicado com apoio da Fapesp.*

CIP-BRASIL. CATALOGAÇÃO-NA-FONTE
SINDICATO NACIONAL DOS EDITORES DE LIVROS, RJ

R828p

Rubbo, Deni Ireneu Alfaro
PÁRIAS DA TERRA: O MST E A MUNDIALIZAÇÃO DA LUTA CAMPONESA
Deni Ireneu Alfaro Rubbo. – 1. ed.
São Paulo: Alameda, 2016.
324p. ; 21 cm.

Inclui bibliografia e índice
ISBN 978-85-7939-298-6

1. Movimento dos Trabalhadores Rurais Sem-Terra 2. Propriedade territorial - Brasil 3. Reforma agrária - Brasil. I. Título.

14-15818          CDD: 333.3181
                 CDU: 332.2.021.8(81)

ALAMEDA CASA EDITORIAL
Rua Treze de Maio, 353 – Bela Vista
CEP: 01327-000 – São Paulo, SP
Tel.: (11) 3012-2403
www.alamedaeditorial.com.br

Aos meus pais.

Ismênia — Estás correndo atrás do impossível.
Antígona — Pois seja. Na última fronteira do possível, tombarei.
(Sófocles. Antígona)

# Sumário

Prefácio 15

Introdução: Peregrinações de uma pesquisa 19

Capítulo I. Notas sobre América Latina e MST 51
Para uma interpretação marxista sobre a América Latina 54
Problemas teóricos sobre o MST 70

Capítulo II. "Vocação internacionalista" do MST 101
e lutas políticas na América Latina
O "DNA internacionalista" 104
A atuação política internacionalista do MST 131

Capítulo III. Mundialização do campo 167
e lutas agrárias transnacionais
Notas sobre o capitalismo contemporâneo na agricultura 171
Lutas agrárias transnacionais: Cloc e Via Campesina 195
O MST e a mundialização da luta camponesa: 212
influências e transformações

Capítulo IV. O internacionalismo multidimensional do MST 227
A construção da "mística" 230
Os comitês de apoio na Europa e América do Norte 239
O internacionalismo estatal: os projetos de educação, 246
formação e técnica
O internacionalismo do MST entre a base 255
e a direção: desafios e limites

Considerações finais 271

Bibliografia 279

Anexos 307
Entrevistas com militantes do MST 307
Documentos políticos 309

Agradecimentos 321

# Lista de siglas e abreviaturas

ADPIC – Aspectos dos Direitos de Propriedade Intelectual no Comércio

Anap – Asociación Nacional de Agricultores Pequeños

Alba – Aliança Bolivariana das Américas

Alca – Área de Livre Comércio das Américas

Anca – Associação Nacional de Cooperação Agrícola

Apra – Aliança Popular Revolucionária Americana

ATC – Asociación de Trabajadores del Campo

BM – Banco Mundial

CBS – Comitê Brasileiro de Solidariedade

CCP – Confederación Nacional Agrária

CDRC – Comitê de Defesa da Revolução Cubana

CEBS – Comunidades Eclesiais de Base

Cedem/Unesp – Centro de Documentação e Memória/ Universidade Estadual Paulista

Celam – Conferência dos Bispos da América Latina

Cepal – Comissão Econômica para a América Latina

Cenedic – Centro de Estudos dos Direitos da Cidadania
Cloc – Coordinadora Latinoamericana de Organizaciones del Campo
CSM – Coordenadoria de Movimentos Sociais
CNPA – Coordinadora Nacional Plan Ayala
Concrab – Confederação das Cooperativas de Reforma Agrária do Brasil
Coperal – Cooperativa Regional dos Assentados
CSUTCB – Confederación Sindical Unica de Trabajadores Campesinos de Bolivia
CPT – Comissão Pastoral da Terra
CRI – Coletivo de Relações Internacionais
CUT – Central Única dos Trabalhadores
DN – Direção Nacional
ELA – Escola Latino-Americana de Agroecologia
Elam – Escola Latino-Americana de Ciências Médicas
ENFF – Escola Nacional Florestan Fernandes
EZLN – Exército Zapatista de Libertação Nacional
Fenoc – Federación Nacional de Organizaciones Campesinas
Fenocin – Confederación Nacional de Organizaciones Campesinas, Indígenas y Negras del Ecuador
FMI – Fundo Monetário Internacional
FMLN – Frente Farabundo Martí para a Libertación Nacional
FMST – Friends of the MST
FSM – Fórum Social Mundial
Gatt – Acordo Geral de Tarifas de Comércio
Ibad – Instituto Brasileiro de Ação Democrática
Iala – Instituto de Agroecologia Latino-Americano Paulo Freire

IC – Internacional Comunista, III Internacional, ou ainda, Komintern
Iterra – Instituto Técnico de Capacitação e Pesquisa de Reforma Agrária
Igra – Instituto Gaúcho de Reforma Agrária
Incra – Instituto Nacional de Colonização de Reforma Agrária
Ipes – Instituto de Pesquisa e Estudos Sociais
JCM – José Carlos Mariátegui
JST – Jornal Sem Terra
MAB – Movimento dos Atingidos por Barragens
Master – Movimento de Agricultores Sem Terra
MCI – Movimento Campesino Indepediente
MRAM – Modelo de Reforma Agrária para o Mercado
MFC – Movimento Familiar Cristão
MMC – Movimento de Mulheres Camponesas
MST – Movimento dos Trabalhadores Rurais Sem-Terra
MPA – Movimento dos Pequenos Agricultores
MTD – Movimento dos Trabalhadores Desempregados
OGM – Organismos Geneticamente Modificados
OMC – Organização Mundial de Comércio
ONGs – Organizações Não Governamentais
ONU – Organização das Nações Unidas
Otan – Organização do Tratado do Atlântico Norte
PCB – Partido Comunista Brasileiro
PCF – Partido Comunista Francês
PPGS – Programa de Pós-Graduação de Sociologia
Profintern – Internacional Sindical Vermelha
PSP – Partido Socialista Peruano

PT – Partido dos Trabalhadores
PTB – Partido Trabalhista Brasileiro
RST – Revista Sem Terra
SSR – Serviço Social Rural
SRI – Setor de Relações Internacionais
TdL – Teologia da Libertação
UE – União Europeia
Ufscar – Universidade Federal de São Carlos
Unag – Unión Nacional de Agricultores y Ganaderos
Unesco – Organização das Nações Unidas para Ciência e Cultura
UNI – União Nacional Indígena
USP – Universidade de São Paulo

# Prefácio

*Luiz Bernardo Pericás*[1]

Ao discutir a atuação do MST, a maioria dos estudiosos coloca seu foco na "questão agrária" e no papel que a organização desempenha nas lutas pelo acesso à terra no campo brasileiro. Caminho distinto, contudo, é o percorrido pelo jovem sociólogo Deni Rubbo, que optou por enfatizar um aspecto menos conhecido do maior movimento social da América Latina. Partindo de uma pesquisa séria e bastante ampla, levantando documentos e entrevistando vários intelectuais e lideranças políticas, Rubbo conseguiu mostrar, com competência, a faceta internacional (e "internacionalista") da entidade.

Diversos movimentos antissistêmicos e contra-hegemônicos se destacaram nas últimas décadas, do EZLN no México aos ativistas do Occupy Wall Street ou da Praça Tahrir, no Egito. Todos, reflexos das mudanças conjunturais internas e externas, e exemplificados nos levantes populares que desafiaram o *establishment* político e econômico injusto e desigual em seus respectivos países. Mas muitos desses casos se caracterizaram como fenômenos inorgânicos (ou semiorgânicos) e, por vezes, episódicos, com

---

1 Professor de História Econômica da USP e foi visiting Scholar na Universidade do Texas.

programas e projetos difusos ou, no melhor dos casos, pontuais e imediatistas, o que acentuava suas limitações intrínsecas, não obstante a justeza e importância de suas ações. É verdade que há exemplos de grupos que se gestaram há muitos lustros, que têm tradição político-ideológica (e mesmo étnico-cultural) e organização estrutural definida, como fica evidente no caso dos combatentes encapuzados de Chiapas. Mas se por um lado os neozapatistas capturaram o imaginário da esquerda mundial desde sua aparição pública, no início dos anos 1990, através de uma combinação de gesta armada com o uso de modernos meios de comunicação (principalmente a internet), por outro, nunca alcançaram, dentro do México, o tamanho e penetração social equivalentes ao que o Movimento dos Sem-Terra teve em seu país de origem, o Brasil, tanto em presença física territorial como em número absoluto de militantes, mesmo em seus momentos de refluxo.

Para chegar a esse estágio, o MST certamente precisou ampliar seus horizontes estratégicos para fora das fronteiras nacionais. Justamente na mesma década em que os guerrilheiros chiapanecos surgem publicamente e ganham espaço na mídia global, os militantes da luta pela reforma agrária por aqui também irão adquirir maior visibilidade externa. Tornam-se, como diz Rubbo, "uma referência mundial simbólica e política pela luta camponesa", entre outros motivos, por perceberem a importância do fator internacionalista *como parte* das "condições materiais da luta de classes na agricultura mundializada".

Para construir seu texto (resultado de pesquisa de mestrado na Universidade de São Paulo), Rubbo parte da questão teórica mais ampla da própria interpretação marxista adaptada à realidade do continente, para então se embrenhar mais especificamente no tema que escolheu. Por isso, uma das referências intelectuais mais importantes em seu trabalho é o jornalista e dirigente político José Carlos Mariátegui (autor do clássico *Sete ensaios de interpretação da realidade peruana*), autor fundamental para se entender a "Nossa América". Isso sem deixar de lado uma rica bibliografia, que transita por nomes como José Aricó, François Chesnais, Enrique Dussel, Alberto Flores Galindo, Lucien Goldmann, Antonio Gramsci, David Harvey, Eric Hobsbawm, Octavio Ianni, Fredric Jameson, Michael Löwy, Georg Lukács, José de Souza Martins, Ariovaldo Umbelino, Chico de Oliveira, Bernardo Mançano, Caio Prado Júnior e João Pedro Stédile, entre muitos outros.

Passando panoramicamente pela gênese do movimento e sua estrutura e organização, o jovem estudioso em seguida discutirá o papel do MST em relação à Teologia da Libertação e suas relações com ONGs, comitês de apoio europeus e norte-americanos, a Cloc e a Via Campesina, sem deixar de lado sua ligação com governos de países progressistas como Venezuela e Cuba, por exemplo. Num painel em que o neoliberalismo e o agronegócio invadiam o contexto interno e forâneo, a lógica das lutas transnacionais por certo ganharia força. Ou seja, contra o avanço de um modelo homogeinizador no campo, de agricultura extensiva, maquinaria pesada, uso de transgênicos e agrotóxicos, voltado essencialmente para a monocultura de exportação, vinculado a grandes empresas estrangeiras ou latifundiários locais (muitos dos quais, em sua nova roupagem de empresários rurais), com taxa reduzida de emprego na lavoura, apoiada em grilagens de terras públicas, assim como na criminalização dos movimentos sociais, entende-se que o combate também deve transcender as fronteiras dos países para ser mais eficiente. E é essa característica fundamental, dentro de seus distintos aspectos e implicações, com troca de informações, suportes técnicos, financeiros e políticos, câmbios de experiências e horizontes comuns, do MST com entidades da sociedade civil, organizações camponesas e governos progressistas, que Rubbo apresenta em seu trabalho. Certamente uma contribuição importante tanto para estudiosos acadêmicos como para o grande público.

# Introdução
## Peregrinações de uma pesquisa

O objetivo deste trabalho é estudar a evolução política internacionalista do Movimento dos Trabalhadores Rurais Sem Terra (MST), a partir de um enquadramento de seus quadros diretivos. Por mais que aparentemente esta seja uma colocação óbvia, é preciso apontar, desde já, que o processo de internacionalização do MST que será laborado neste livro não significa que o movimento reproduziu-se copiosamente em outros países, a exemplo de várias marcas e logotipos do mundo empresarial e publicitário. Esse particular fenômeno de internacionalização tem um significado totalmente distinto. Está canalizado, na verdade, no âmbito da política de relações internacionais que o MST, desde seu nascimento, sempre estimulou.

Para tanto, antes de aprofundar propriamente questões e problemas específicos que circundam a presente pesquisa, é necessário explicitar quais foram as motivações da escolha do tema – questionamento por si só bastante razoável e que naturalmente exige uma explicação. Afinal, por que o MST? À primeira vista, um tema dessa envergadura poderia pressupor que o objeto de investigação sociológico escolhido estaria assentado na experiência de "campo" ou de uma "prática militante" nas relações internacionais do MST. Definitivamente, não é o caso.

É difícil apontar uma única razão para a escolha que orientou a opção de estudar o MST. Não resta a menor dúvida de que se trata de um Movimento que tem despertado ampla curiosidade – acadêmica e política –, ultrapassando as fronteiras do Brasil. Basta olhar, por exemplo, a volumosa brochura *Combatendo a desigualdade social: o MST e a reforma agrária no Brasil*, organizada sob a direção de Miguel Carter (2010). O livro é resultado de uma conferência internacional realizada em outubro de 2003 com patrocínio do *Centre for Brazilian Studies* da Universidade de Oxford, na qual colaboraram vários especialistas estrangeiros. Trocando em miúdos, basta avançar algumas páginas dos vários ensaios que logo se perceberá que o MST e a questão agrária no Brasil transformaram-se em um tema internacional.[1]

Além disso, não deixa de ser surpreendente que nunca um movimento de camponeses organizado em escala nacional durou tanto tempo como o MST. E como se não bastasse, nunca um movimento dos trabalhadores rurais criou tantos vínculos capilares de atuação. O MST tem um caráter multidimensional. Como afirma Roseli Caldart (2001, p. 208, grifo nosso), "o MST tem na luta pela terra seu eixo central e característico, mas as próprias escolhas que fez historicamente sobre o jeito de conduzir sua luta específica (uma delas a de que a luta seria feita por famílias inteiras), acabaram levando o Movimento a desenvolver uma série de outras *lutas sociais combinadas*". Ao que tudo indica, essa incontestável perenidade do MST não parece constituir o resultado duma sobrevivência "bizarra" ou um fenômeno meramente "marginal", como poderiam dizer os ideólogos apegados à vulgata "progressista" da história.

---

1 A propósito, o livro foi submetido a uma resenha de nossa autoria publicada na revista *Estudos de Sociologia*. Cf. Rubbo (2013).

Mas, afinal, existe uma dimensão internacionalista do MST? Em caso afirmativo, como ela se comporta na trajetória do Movimento? De maneira homogênea? Qual bibliografia mais adequada para a abordagem crítica que se almeja? Ora, muito embora o MST tenha sido sistematicamente estudado sob uma intensa produção teórica e estudos empíricos envolvendo contribuições de várias equipes de pesquisadores profissionais nas mais diferentes áreas do conhecimento social – Sociologia Rural, Ciência Política, Antropologia Social, Geografia Agrária etc. –, o tema do internacionalismo, como *relação social política*, seguramente não teve a atenção devida.[2] Existem, contudo, algumas menções sobre o fenômeno. Na realidade, são comentários amiúde periféricos, mas que de certa forma registram a existência de um crescente interesse internacional sobre o MST, diferentemente do internacionalismo como uma *práxis* política. Vejamos, pois.

Zander Navarro (2002, p. 193), em um artigo dedicado ao MST, destaca o crescente interesse internacional a respeito da atuação do Movimento. Em uma nota de rodapé lê-se: "a título de ilustração, a matéria do influente jornal *The New York Times*, que publicou, já em 1997 (20 de abril), em seu caderno dominical, uma longa matéria sobre o MST, intitulada 'Os despossuídos', fartamente ilustrada com fotos do conhecido fotógrafo Sebastião Salgado".

Uma das principais referências sobre o estudo do campesinato brasileiro, José de Souza Martins, também ressalta essa novidade do internacionalismo e caracteriza como um "equívoco" desconsiderar tal fenômeno em relação ao MST, já que há o "caráter

---

2 A exceção é o trabalho de Breno Bringel, O MST e o *internacionalismo contemporâneo* (2015). Trata-se de uma obra que aborda essencialmente a construção da solidariedade internacionalista através dos diversos comitês do MST no exterior, especialmente a Espanha. Como o leitor verificará, o trabalho presente terá como prioridade *narrar* um suposto internacionalismo que é ativado e gerenciado a partir da direção do MST.

moderno e empresarial de sua organização, sobretudo nas relações internacionais":

> o MST conta com mais de duas dezenas de entidades de apoio no exterior, sobretudo na Europa. Essas entidades aglutinam a favor de sua causa os generosos sentimentos e recursos de setores da classe média europeia. Algo que é, sem dúvida, relativamente novo e muito significativo, especialmente em relação aos trabalhadores rurais do Brasil. Sem contar que o cuidado em estabelecer e administrar essas relações constitui, sem dúvida, a maior das novidades na história do campesinato contemporâneo (MARTINS, 2003b, p. 196).

Na mesma direção, Plínio Arruda Sampaio aponta que já há algum tempo existe um "evidente sinal" de que a importância do MST ultrapassou a fronteira nacional, embora não se deva "exagerar esse impacto". Segundo o autor:

> Em várias cidades da Europa e dos Estados Unidos existem atualmente grupos de voluntários encarregados de divulgar as lutas dos sem-terra e de abrir canais de comercialização, no mercado alimentício local, para produtos dos assentamentos de reforma agrária. O interesse acadêmico também deve ser mencionado e se revela no grande número de teses e seminários cujos temas giram em torno dos vários aspectos de sua atuação (SAMPAIO, 2010, p. 407).

Miguel Carter e Horário Martins de Carvalho (2010, p. 306), por sua vez, em uma análise sobre o impacto das relações internacionais no desenvolvimento do MST, afirmam que no interior da estrutura organizativa do movimento foi criado o Coletivo de Relações Internacionais (CRI), provavelmente em 1993, embora os primeiros contatos internacionais do MST tenham surgido anteriormente, a partir do setor de finanças e de projetos específicos.

Ainda segundo os autores, a composição do Coletivo formar-se-ia a partir do engajamento político do MST com movimentos populares da América Latina, na elaboração da Campaña Continental 500 años de Resistencia Indígena, Negra y Popular (1989-1992).

Em um artigo dedicado a traçar a trajetória histórica do MST no estado do Pará, os pesquisadores Gabriel Ondetti, Emmanuel Wambergue e José Afonso (2010, p. 274) afiançam que o incidente em Eldorado dos Carajás, região onde foram assassinados 19 manifestantes do MST pela polícia no dia 19 de abril de 1996, teve um fortíssimo impacto no âmbito nacional e *internacional*, o que, por sua vez, gerou expressiva simpatia no exterior pela luta e a história do MST, e apoio financeiro de organizações não governamentais estrangeiras.

Uma das maiores pesquisadoras sobre movimentos sociais, Maria da Glória Gohn também sublinha, como os autores anteriores, o impacto internacional que o MST incitou, mas, ao mesmo tempo, associa a importância "da estrutura econômica internacional", que pode ajudar a compreender o fenômeno em outros parâmetros:

> No plano internacional, cresceu a pressão para a busca de soluções para o homem do campo na realidade brasileira. Há muito tempo que vários analistas estrangeiros, e estudiosos sobre o Brasil, se espantam com o fato deste país ser um dos raros no mundo que ainda não realizou sua reforma agrária. Deve-se considerar também as pressões políticas advindas das ONGs internacionais, pois elas são significativas para formar a opinião pública no exterior. [...]. Ainda no plano internacional, deve-se atentar para as pressões econômicas, advindas das novas orientações do Banco Mundial, no sentido

da necessidade de se modernizar as relações sociais no campo como condição indispensável para o aumento de produtividade. Essas diretrizes dão outros parâmetros importantes para o entendimento da questão, do ponto de vista macroestrutural (GOHN, 2000, p. 142).

Como se pôde perceber, muitos dos autores citados destacam a importância internacional do MST na formação inclusive de um setor dentro de sua estrutura organizativa que supostamente "atende" a esse tema (CARTER; CARVALHO, 2010), mas o registro recai principalmente na novidade de seu reconhecimento e impacto no exterior (NAVARRO, 2002; ODETTI; WAMBERGUE; AFONSO, 2010). Tal projeção forneceu um maior diálogo com entidades ligadas aos direitos humanos (GOHN, 2000), angariou prêmios internacionais, um significativo aumento de comitês de apoio no exterior ao MST (SAMPAIO, 2010) e, por fim, financiamento de diversas organizações e associações estrangeiras (MARTINS, 2003). Em suma, as relações internacionais do MST teriam uma conotação financeira, mas também de contatos, de repercussão e de divulgação para alguns setores e organizações estrangeiras.

Contudo, para além dessas caracterizações ligeiras, a observação de Gohn (2000) a propósito das pressões políticas e econômicas internacionais no âmbito do regime de acumulação capitalista no campo brasileiro, ressalta que o tema abre precedente para outro tipo de enquadramento do significado das relações internacionais do MST. Seguindo essa pista, Bernardo Fernandes aprofunda ainda mais essa questão ao elaborar um estudo de teor nacional sobre o processo de formação do MST.[3] O autor diferencia três momentos da formação do Movimento – gestação, consolidação e

---

3  Sobre o processo de formação do MST, ver Fernandes (2000), March (2009), Stédile e Fernandes (1999), Branford e Rocha (2004), Coletti (2005), Morissawa (2001).

institucionalização[4] – e aponta, ainda, um quarto (novo) momento: o da *mundialização* do MST. Em suas palavras:

> O quarto momento na formação do MST inclui o processo de mundialização dos movimentos camponeses, com a criação e o fortalecimento da Via Campesina. A nova conotação internacional da luta pela reforma agrária, a partir da segunda metade da década de 1990, ganha força com o surgimento da Via Campesina e a disputa em torno da política da reforma agrária do mercado do Banco Mundial (FERNANDES, 2010, p. 164).

A ampliação internacional da luta camponesa seria um componente novo para o MST, sobretudo através da filiação à Via Campesina, "principal interlocutora dos movimentos camponeses nas negociações de políticas em escala nacional e internacional" (FERNANDES, 2010, p. 187). Além disso, ocorreriam na década de 1990 diversas mobilizações conjuntas e simultâneas em várias cidades do mundo nas quais a participação dos movimentos camponeses e do MST seria expressiva e até mesmo fundamental.

Para Breno Bringel e Alfredo Falero, finalmente, em um artigo redigido a quatro mãos, os autores partem da hipótese de que a construção de redes transnacionais de organizações e de movimentos sociais constitui uma das dimensões-chave nos processos sociais latino-americanos contemporâneos. Localizam o MST como exemplo de um novo ator internacional – ou, segundo a expressão de Tarrow (2005), um "novo ativismo transnacional" – no contexto mais amplo de emergência dum transnacionalismo das lutas e das ações coletivas que "buscam novos sentidos para as práticas sociais" (BRINGEL; FALERO, 2008, p. 276). A projeção exterior do MST estaria localizada na segunda metade da década

---

[4] No item "a problemática da periodização", no primeiro capítulo, detalhar--se-á com mais precisão essa periodização aventada por Fernandes (2010).

de 1990, coincidindo, portanto, com a proposta da periodização de Fernandes (2010).

Ainda segundo os autores, a ação exterior e transnacional do MST estaria, assim, plasmada fundamentalmente em quatro planos ou "âmbitos de atuação":

a) *primeiro*, a relação e a articulação duradoura de espaços e redes transnacionais de organizações e movimentos sociais campesinos (é o caso da Cloc, em âmbito regional, e da Via Campesina, em âmbito global);

b) *segundo*, a relação permanente com grupos de solidariedade (que recebem diferentes denominações, como Grupo de amigos ou Comitês de Apoio), localizados principalmente no centro do sistema-mundo – Europa e Estados Unidos –, baseada no internacionalismo e na solidariedade com o movimento;

c) *terceiro*, a cooperação político-econômica específica com organizações sociais, instituições e agentes da cooperação internacional públicos (fundamentalmente administrações públicas descentralizadas e universidades) e privados (ONG de desenvolvimento) para a consecução de algum acordo ou projeto específico;

d) *quarto*, uma articulação mais ampla, em momentos específicos ou contextos particulares, com organizações político-sociais e movimentos sociais não necessariamente campesinos, em campanhas e espaços internacionais (é o caso do Fórum Social Mundial, por exemplo) (BRINGEL; FALERO, 2008, p. 282).

Fica claro, com efeito, que o tema da internacionalização do MST,: embora tenha sido pouco explorado salvo raras exceções,[5] é um tópico amplo. O próprio termo internacionalização é genérico, vago, cheios de conotações, inclui aleatoriamente um conjunto imenso de práticas ou de discursos caóticos, dispersos pela abertura que a palavra suscita. Em todo caso, não basta lançar o dístico. É preciso enfrentar o problema, caso contrário corre-se o risco de uma provável falta de precisão do termo.

No presente trabalho, o internacionalismo é um instrumento metodológico de análise sobre um movimento organizado nacionalmente, o MST, mas que desenvolve uma *atuação política na área de relações internacionais, que se transforma, se metamorfoseia ao longo de sua trajetória*. Trata-se de uma práxis política *que é um aspecto do processo de constituição de sua própria história*. Porém, qual é universo teórico que poderia amparar e desenvolver tal temática?

Ao empreender uma discussão profícua acerca do que se denominou internacionalismo, não podemos deixar de partir da tradição marxista que, desde sua origem, foi, na seara da sociologia crítica do conhecimento, a corrente teórica que mais forneceu subsídios para entender a complexidade do conceito em sua multidimensonalidade, que toca no âmbito teórico, metodológico, político e ético-social. Afinal, o internacionalismo marxista emerge como forma de conhecimento, no que diz respeito a uma questão de método, isto é, um instrumento de análise e interpretação de fenômenos e relações sociais e históricas; e emerge como manifestação política, carregada de projeto, organização, estratégia e programa a serem debatidos para servirem de intervenção prática.[6]

---

5 É o caso dos trabalhos de Bringel (2015), Bringel e Cairo (2010), Bringel e Falero (2008) e Bringel, Landaluze e Barrera (2008).

6 "O internacionalismo marxista sempre foi uma questão de método, na análise, de política, na linha de intervenção, de programa, na perspectiva

Essa influência, entretanto, não foi compreendida de maneira homogênea e trouxe incontornáveis controvérsias para o "campo" marxista. Segundo a análise de Michael Löwy (2000), de um lado, há uma corrente que afiançava a – falsa – ideia de que o poder do nacionalismo estaria inevitavelmente em declínio, o que forma, desse modo, um tipo de internacionalismo homogêneo que rejeita as tradições históricas e as culturas nacionais, já que elas seriam resíduos anacrônicos. Doutro lado, um ponto de vista que busca constantemente relacionar o nacional e o internacional (na esfera econômica, política, cultural) como um todo orgânico, e não como a soma de todas as partes, construído a partir dos valores autênticos de todas as culturas, buscando compreender as particularidades de cada nação.

Ainda segundo o sociólogo franco-brasileiro, a primeira tendência, sob inegável influência do economicismo e das ilusões do progresso linear, exprime um padrão analítico deficiente por negligenciar o papel da questão nacional e toda a complexidade que a envolve, mas também por basear-se em critérios abstratos ligados exclusivamente às questões "objetivas". A segunda, contrariamente, expressaria a visão dialética de um *internacionalismo crítico*, pois

> repousa precisamente na compreensão da unidade contraditória entre a economia nacional e o mercado mundial, entre a luta de classes nacional e internacional – unidade que já aparece no fato que a especificidade nacional (econômica e social) é produto do desenvolvimento desigual do capitalismo internacional (LÖWY, 2000, p. 82).

Não por acaso, além do pressuposto segundo o qual não se pode compreender a noção de internacionalismo sem perceber

---

histórica, e de organização no compromisso com o projeto de construção da Internacional" (ARCARY, 2011, p. 176).

suas conexões com a noção de nacionalismo,[7] qualquer manifestação de um movimento internacional ou nacional deve ser compreendida por duas dimensões imbricadas: 1) as condições materiais, objetivas e concretas (a unificação do mundo pelo sistema capitalista); 2) a dimensão subjetiva ou ético-social do internacionalismo, sem a qual "não é possível compreender o total engajamento e os sacrifícios de gerações de militantes" (LÖWY, 2000, p. 80) que encarnam a consciência de uma identidade e a vitalidade de uma cultura nacional:

> [Ela] constitui uma prova histórica que demonstra com veemência que o ideal da solidariedade internacional dos explorados não é apenas uma utopia, um princípio abstrato, mas que pode em dadas circunstâncias, exercer uma atração de massa sobre os trabalhadores e outras camadas sociais exploradas [...] desmentindo o mito conservador segundo o qual as grandes massas do povo trabalhador não podem passar a ideologia nacional (LÖWY, 2000, p. 94).

Na América Latina, José Carlos Mariátegui (doravante JCM),[8] fundador do Partido Socialista Peruano (PSP) e considerado por

---

7 Sob mesma perspectiva metodológica acerca dos laços indissociáveis entre nacionalismo e internacionalismo, afinal, o significado de internacionalismo "apenas possui valor como estrutura de apoio referente ao seu oposto" (ANDERSON, 2005, p. 14), Perry Anderson, em seu ensaio "Internacionalismo: um breviário" (2005), aponta uma curiosa constatação acerca das duas ideias-força: enquanto o conceito de nacionalismo é o mais contestado em termos de valor, com opiniões diversificadas relativas a sua história, ainda que ninguém conteste sua realidade, o conceito de internacionalismo, por outro lado, sofre exatamente do contrário. Ou seja, o internacionalismo gerou um alto consenso de que seu valor é irredutivelmente positivo, contudo, "o preço da aprovação é a indeterminação" (ANDERSON, 2005, p. 15). Ele – indaga o autor – é rapidamente identificado como valor, uma palavra política por excelência, mas ele se constitui como força?

8 Historicamente ainda pouco estudado no Brasil, com exceção dos últimos anos, em que algumas editoras têm tido uma clara preocupação

muitos estudiosos como o primeiro marxista *original* do continente, incorporou em algumas de suas proposições teóricas e políticas a perspectiva de entender a realidade nacional peruana a partir de um enquadramento internacionalista.[9] Pode-se afirmar, inclusive, que Mariátegui foi, *de fato*, o primeiro marxista da periferia do sistema capitalista a incrementar com extrema sensibilidade a temática do internacionalismo, mesmo que de maneira inacabada, já que seria um tema "aberto" a constante atualização e correção, além de permanente "construção". Seu pensamento introduz no marxismo latino-americano um *internacionalismo*

---

pela divulgação de sua obra no país, Mariátegui é ainda um desconhecido para a tradição sociológica marxista brasileira, com raríssimas exceções – entre eles, Florestan Fernandes. Para uma análise da recepção de JCM no Brasil, cf. Pericás (2010). Durante a década de 1970 e 1980, a bibliografia em português da obra de Mariátegui restringia-se basicamente à publicação dos *Sete ensaios de interpretação sobre a realidade peruana*, editada em 1975 pela editora Alfa-Ômega, incentivada por Florestan Fernandes, que estaria também coordenando uma coletânea de artigos organizada por Belloto e Corrêa, em 1982, compilada nos chamados "Cientistas Sociais". Em tempos mais recentes, uma seleção de textos organizada por Michael Löwy foi lançada pela Editora UFRJ, com o título *Por um socialismo indo-americano*, em 2005, e *Defesa do marxismo, polêmica revolucionária e outros escritos*, editada pela Boitempo, em 2011. Por fim, quatro livros foram traduzidos, organizados e prefaciados por Luiz Bernardo Pericás: *Do sonho às coisas*, pela Boitempo, em 2005, *Mariátegui sobre a educação*, pela Xamã, em 2007, *As origens do fascismo*, pela Alameda Casa Editorial, em 2010, e *Revolução Russa: história, política e literatura*, pela Expressão Popular, em 2012.

9   Comumente chamados de "tradição clássica do marxismo" ou somente "marxismo clássico", como denomina Perry Anderson em *Considerações sobre o marxismo ocidental* (2004), Marx, Engels, Lênin, Rosa Luxemburgo e Trotsky foram os teóricos mais profícuos que assinalaram a importância capital do internacionalismo como eixo central do programa histórico da classe trabalhadora. Ao que tudo indica, JCM foi leitor de parte significativa das obras dos autores mencionados do 'marxismo clássico'. Um dos trabalhos sobre os livros (marxistas) que Mariátegui tinha disponível em sua biblioteca particular pode ser visto em Vander (1978).

*metodológico*,[10] elemento fundamental para compreensão de antinomias sociais tanto em se tratando de destrinchar o lugar dos países periféricos na dinâmica do capitalismo internacional quanto da análise de movimentos ou organizações e suas formas de ação política internacional (RUBBO, 2013a, p. 65-77).

Em uma de suas famosas conferências na Universidade Popular Gonzáles Prada, em 1923, pronunciou uma intitulada "Nacionalismo e Internacionalismo". O marxista peruano aprofunda o problema do nacionalismo e internacionalismo enquanto eixo analítico e prática política. O caráter está na afirmação de que a presença do internacionalismo na vida contemporânea sinaliza uma nova realidade. O internacionalismo é resultado de um *ideal* e de uma *realidade histórica*, com o primeiro só se manifestando a partir do segundo, enquanto possibilidade real e concreta: "não brota do cérebro nem emerge da imaginação de um homem mais ou menos genial. Brota da vida. Emerge da realidade histórica. É a realidade histórica presente" (MARIÁTEGUI, 1971, p. 156). O ideal seria uma utopia possível, uma "meta próxima", uma "meta provável", enfim, uma possibilidade objetiva diante "de uma nova realidade em marcha, de uma nova realidade a caminho". Essa realidade – ao mesmo tempo, social, econômica e política – seria o advento do socialismo e do capitalismo.

Diante desse novo quadro histórico-concreto, surgem em cena dois tipos de internacionalismo: o internacionalismo burguês e o internacionalismo proletário, que "remetem a uma origem comum e oposta ao mesmo tempo". Para provar a existência desses dois "fatos históricos", Mariátegui demonstra, primeiramente, a trajetória da civilização ocidental – que tem seu epicentro na civilização europeia –, na qual o regime burguês "libertou todos os entraves para os interesses econômicos", inclusive as fronteiras

---

[10] O termo "internacionalismo metodológico", cunhado por Álvaro Bianchi (2007), é estruturado pela visão "global" do "marxismo aberto" de Leon Trotsky.

nacionais. Além de gerar uma competição e concorrência em escala internacional, a necessidade de conquistar e aumentar a produção para um amplo mercado criou um "tecido internacional de interesses econômicos", resultando em entidades completamente internacionais e cosmopolitas. Concomitantemente – e opostamente –, o internacionalismo proletário seria da mesma forma uma realidade histórica. Mariátegui utiliza-se de um exemplo para provar a *ligação estrutural, orgânica, constituinte*, entre os proprietários de fábricas e operários de países diferentes:

> O proprietário de uma fábrica de tecidos da Inglaterra tem interesse em pagar a seus operários um salário menor do que o proprietário de uma fábrica de tecidos dos Estados Unidos, para que sua mercadoria possa ser vendida mais barata, de modo mais vantajoso e em maior quantidade. Isto faz com que o operário têxtil norte-americano tenha interesse em que não baixe o salário do operário têxtil inglês (MARIÁTEGUI, 1971, p. 159).

E acrescenta um imperativo moral, humanista, o ideal da solidariedade internacional:

> Em virtude desses fatos, os trabalhadores proclamam sua solidariedade e sua fraternidade acima das fronteiras e acima das nacionalidades. Os trabalhadores viram que, quando desencadeavam uma batalha, não era apenas contra a classe capitalista de seu país, mas contra a classe capitalista do mundo. Quando os operários da Europa lutaram pela conquista da jornada de oito horas, lutaram não apenas pelo proletariado europeu, mas pelo proletariado mundial [...]. Cada um dos operários que cai, nesse momento, nas ruas de Berlim ou nas barricadas de Hamburgo não cai apenas pela causa do

proletariado alemão. Cai também pela vossa causa, companheiros do Peru (p. 159-160).

Ou seja, o internacionalismo contém duas faces opostas de uma mesma raiz: o internacionalismo da classe burguesa, que se desenvolve em uma unidade econômica internacional e política nacional capitalista, e o internacionalismo proletário, no sentido amplo do termo, que se desdobra em uma unidade contraditória entre luta de classes nacional e internacional, cujo interesse comum sustenta-se principalmente na solidariedade e na ação segundo um ideal.

Mariátegui registra também a importância da comunicação e de seu aperfeiçoamento (através do progresso técnico e científico) como expressão "das necessidades internacionais da vida de nossos tempos":

> O progresso das comunicações uniu, se solidarizou até um certo grau inverossímil à atividade e à história das nações. Dá-se o caso de que o soco que derruba Firpo no ringue de Nova York seja conhecido em Lima, nesta pequena capital sul-americana, dois minutos após ter sido visto pelos espectadores do match. Dois minutos após ter comovido os espectadores do coliseu norte-americano, esse soco consternava as boas pessoas que faziam fila às portas dos jornais limenhos (1971, p. 164).[11]

Por último, antes do encerramento de sua conferência, JCM assinala o crescimento de várias tendências de caráter internacionalista que abarcariam diversas atividades sociais, políticas e culturais que estavam em marcha em sua época, a saber: a construção

---

11 Curiosidade à parte, as conexões internacionais na atualidade têm sido facilitadas pelo uso extensivo das comunicações – "o tecido nervoso desta humanidade internacionalizada e solidária", como dirá Mariátegui –, em especial a internet.

de uma diversidade de órgãos internacionais de comunicação e de coordenação, como, por exemplo, uma internacional de jornalistas, feministas, estudantil, de jogadores de xadrez, professores de dança, bailarinos etc. A tendência, portanto, *não seria de um único internacionalismo*, mas a manifestação de internacionalismos, com um irredutível plural.

É evidente que o valor acalentado por JCM e por tantos outros "marxistas clássicos" sobre o internacionalismo tinha uma perspectiva política, mas ela é também um eixo analítico, um "internacionalismo metodológico". E essas duas dimensões não necessariamente coincidem. Como foi frisado logo no preâmbulo deste trabalho, pretende-se apresentar e analisar, sob uma perspectiva histórica, a construção política de relações internacionais do MST a partir de um enquadramento "internacionalista". O Movimento não será enquadrado, portanto, em uma chave explicativa que aprofunde sua repercussão ou visibilidade no estrangeiro – seja nos canais de comunicação, seja em pesquisas acadêmicas.[12] Porém, naturalmente, tais tópicos não serão de maneira alguma obliterados no andamento deste trabalho.

A dimensão internacionalista do MST não pode ser considerada um universo à parte, isolada do ritmo da luta política e do desenvolvimento econômico nacional no campo. O MST tem sua atuação no Brasil, na arena nacional, mas ele está imerso na correlação de forças políticas e econômicas da arena mundial.[13] Não por

---

12 Apenas como sugestão para estudos sócio-históricos com relação à dimensão internacional do MST, se poderia, por exemplo, aprofundar a recepção do MST na imprensa estrangeira, principalmente seu impacto após o Massacre do Eldorado dos Carajás ou, ainda, na difusão dos trabalhos acadêmicos sobre o MST no estrangeiro.

13 "Ainda que o espaço central de ação do MST continue sendo o Estado-nação (o espaço social onde se produzem as ocupações, as tensões, a cooperação e o conflito, ou seja, as relações e interações do movimento continuam sendo fundamentalmente o território brasileiro), assim como suas principais demandas continuam sujeitas à territorialidade da política brasileira (a luta pela reforma agrária, por exemplo, continua

acaso, por características extremamente específicas de sua formação – principalmente pela influência da Teologia da Libertação (TdL) –, o MST nasce com uma "vocação internacionalista", que o instiga a tecer uma diversidade de relações com outros movimentos populares do campo da América Latina. Pretende-se, então, apresentar e problematizar a ação exterior do MST, mesmo sob um caráter necessariamente exploratório, a partir do ritmo da economia nacional e internacional e do ritmo da luta de classes nacional e internacional. Como hipótese de trabalho, aventa-se que a atuação política internacionalista do MST está estruturada historicamente no cruzamento de diversas influências políticas, econômicas e ideológicas em circunstâncias particulares e pela atuação das lideranças do MST. Ou seja, sob uma investigação sociológica, salientando a importância temática do internacionalismo como categoria analítica fundamental e metodologicamente indispensável para apreender as antinomias sociais de uma determinada realidade histórica, procurar-se-á entender o fenômeno enquanto elemento real e ativo de construção de um *lócus* político, tomando o MST como fenômeno social específico. Tratar-se-á, nessa medida, de observar e analisar como a dimensão internacionalista se constitui *historicamente* no movimento, a fim de destacar os elementos principais dessa composição. Nesse sentido, o trabalho assenta-se em destrinchar esse espaço específico de duas maneiras: 1) como *lócus* que tem um percurso histórico composto por diversas influências políticas e ideológicas, que foram assimiladas por uma conjuntura política específica; 2) como forma heterogênea de atuação no exterior.

---

tendo como principal interlocutor o governo nacional), e cada vez mais perceptível a multidimensionalidade dos processos sócio-geográficos, e as articulações entre sociedade e espaço, que redefinem interesses, demandas e projeções que vão além do âmbito doméstico" (BRINGEL; FALERO, 2008, p. 280).

1) O internacionalismo tem sido um aspecto de atuação política do MST e, por isso mesmo, teve diferentes influências políticas e ideológicas externas. Ela não nasce, cresce e amadurece politicamente *apenas* como reflexo passivo do avanço do capitalismo internacional no campo. Não se consegue compreender os reais condicionantes de construção de um espaço político internacionalista do MST *apenas* pelo crivo do desenvolvimento das relações das forças produtivas com as relações de produção do campo. O desenvolvimento econômico é fundamental para sua compreensão, mas deve ser necessariamente entrelaçado aos ritmos da luta política (no campo e no urbano) e da produção ideológica que estão – um e outro – organicamente ligados a níveis distintos de atuação. Ou seja, o desenvolvimento desigual do capitalismo no campo brasileiro e a trajetória internacionalista do MST não constituem, portanto, duas retas paralelas que podem ser relacionadas ponto a ponto. Na verdade, ambas adquirem configurações espaciais e temporais mais complexas e são estabelecidas em um constante encontro e desencontro.

• A partir da metade da década de 1990 o MST alcança um *auge* de sua projeção no exterior não apenas pela referência mundial simbólica e política da luta camponesa, mas pela percepção de que o internacionalismo está enraizado *constitutivamente* nas condições materiais da luta de classes em decorrência da agricultura mundializada. Desde então, sob nítida influência da *Coordinadora Latinoamericana Organizaciones del Campo*(Cloc)/ Via Campesina, o MST inicia um processo de profunda reinterpretação sobre novo modelo de agriculturaque tem impactos em suas formas reivindicatórias no país: a construção de demandas que não estavam em sua agenda (ou existiam de maneira secundária)[14] e o redirecionamento de sua estratégia política – os alvos centrais passam a ser as empresas transnacionais da agricultura. Consequentemente, há uma participação ativa nos diversos "protestos mundiais" encabeçados por movimentos sociais contra a OMC, o FMI, o G-8 e o Banco Mundial. Para o MST, esta fase traduziu-se posteriormente também pela Campanha Continental Contra a Alca e a aproximação com o projeto da Alba. Em suma, a formação de um plano *estratégico* na luta internacional surge como uma necessidade da realidade econômica e social mundial.

No entanto, afirmar que o MST, no contexto descrito acima, inicia sua *atuação política internacionalista* principalmente por estar vinculada à Via Campesina, significa reduzir o fenômeno a uma análise econômica. Deve ser levado em conta que o MST estava construindo esse *lócus* desde sua fundação, de modo que os motivos essencialmente econômicos não conseguem explicar a totalidade desse processo.

- A dimensão ética-moral e religiosa – principalmente da fonte da Teologia da Libertação e da Pastoral da Terra – é um fator essencial na motivação subjetiva de uma consciência humanista e universal latino-americana e de uma cultura política de solidariedade internacionalista permanente. A influência da dimensão cristã foi praticamente a entidade responsável que mais trouxe para o MST uma discussão política e ideológica da importância da revolução cubana, nicaraguense e salvadorenha e a necessidade

---

14 O MST incorpora em sua agenda política nacional os temas discutidos e aprofundados pela Cloc/Via Campesina. São eles: Soberania Alimentar e Comércio Internacional, Reforma Agrária e Desenvolvimento Rural; Gênero e Direitos Humanos, Agricultura Camponesa Sustentável, Biodiversidade e Recursos Genéticos.

de integração e colaboração entres os agentes sociais do campo. Ademais, esse princípio moral e utópico não somente ajuda a compreender o trabalho voluntário de construção de escolas latino-americanas, mas também a função das inúmeras brigadas internacionalistas do MST que estão presentes em diversos países da América Latina e África. Ou seja, parte dessa prática internacionalista não fica circunscrita a uma necessidade material de que é preciso se internacionalizar, mas está articulada por uma escolha prática, ou melhor, uma "prática mística".

2) O MST desenvolveu uma dimensão internacional complexa e multifacetada. A construção desse vínculo capilar teve distintas formas de atuação ao longo de sua trajetória histórica:

- A relação permanente com movimentos populares ligados ao campo, cuja concretização com duas organizações internacionais de camponeses – Cloc e Via Campesina – é o maior exemplo. Parte fundamental desse elo pode ser verificada na construção de diversas campanhas internacionais (ou continentais), ações conjuntas e na percepção de incorporar o internacionalismo não como aspecto "externo" da realidade nacional, mas como parte indispensável para uma melhor compreensão – e transformação – de seus problemas;
- A construção e aproximação com os grupos de solidariedade internacional, localizados na América do Norte e na Europa, que constituem o principal canal de divulgação do MST, particularmente depois de 1996, devido ao Massacre do Eldorado dos Carajás.[15]

---

15 Os comitês de apoio ou, como são conhecidos comumente, Amigos do MST, estão difundidos nos seguintes países: Estados Unidos, Canadá, Espanha, Holanda, Suécia, Áustria, Grécia, Noruega, França, Bélgica, Itália, Alemanha e Portugal. A maioria dos comitês tem continuado com suas atividades de divulgação do MST em suas regiões, *aparentemente* com menos intensidade do que tinha no final da década de 1990.

- A relação com os governos do Brasil (a partir de 2003), Cuba e Venezuela – um *"internacionalismo estatal"* –, que estabelecem uma relação de cooperação através de projetos ligados à educação (como métodos de alfabetização) e formação política e técnica (como a agroecologia).

Definitivamente não é – e nunca será – tarefa fácil estudar, seja qual for o *lócus* de ação, os meandros de organizações sociais, sindicais e políticas, e o MST, pela sua incontestável grandeza, é garantia de imensas dificuldades, pelo fato de produzirem constantemente suas (re)interpretações políticas e pela criatividade com relação a outros movimentos. Existem vários motivos para essa afirmação "agônica". O primeiro deles provavelmente reside na posição política do Movimento e no impacto dessa visão de mundo no pesquisador. Como se sabe, desde muito tempo o MST é constantemente assediado por pesquisadores, e isso implicou em posições distintas de muitos deles. Nesse quadrante, o que não faltou são trabalhos sobre o MST claramente enviesados pela instrumentalização política. Ora, as leituras e análises em relação ao MST muitas vezes estão comprometidas com o próprio movimento, o que sempre deve ser motivo de atenção para não confundir o que é análise dos fenômenos e o que é o discurso do MST. Em uma pesquisa recente, em relação à análise descritiva da Via Campesina, a socióloga Flávia Braga Vieira deparou-se exatamente com essa dificuldade:

> A maior parte desses trabalhos é de intelectuais militantes bastante comprometidos com a própria Via Campesina, o que se desdobra em duas questões. Por um lado, é preciso empreender uma vigilância contínua no que diz respeito a separar o que é análise sobre os fenômenos e o que é o discurso da Via Campesina sendo reproduzido por tais autores, ou, em outras palavras, o que é categoria analítica e o que é categoria

nativa transposta acriticamente para procedimentos que se pretendem analíticos. [...] Por outro lado, é importante compreender que alguns destes intelectuais influenciam o próprio discurso da Via Campesina. [...] Assim, a produção acadêmica desses autores influencia diretamente agendas e discursos da articulação que analisam (VIEIRA, 2011, p. 22).

Por outro lado, não custa recordar também que o campo da ideologia não fica apenas restrito ao espectro da "esquerda", e tendo em vista isso, a mesma atenção e cuidado devem ser tomados para trabalhos que buscam sistematicamente "atacar" o movimento.[16] Tanto um quanto outro travam uma disputa ideológica para ter a hegemonia de análise sobre o MST. Afinal, tal como dizia a máxima de Georg Lukács (1959, p. 4), "nenhuma ideologia é inocente".

Mas, afinal, como permanecer imparcial diante das intensas tensões sociais no campo que se deflagraram nas últimas décadas com centenas de vítimas no MST (e para além do MST)? Trata-se, sem dúvida, de um embate difícil e tumultuoso evidentemente a escolha de permanecer "em cima do muro" – na quimérica defesa de uma "incorruptível" axiologia neutra –, como antídoto para tais embates, na verdade só agrava o problema. Ora, em seu célebre livro *Ciências Humanas e Filosofia*, o sociólogo Lucien Goldmann argumenta que é preciso estar preparado para dificuldades comuns da pesquisa de ciências humanas, como as interferências da luta de classes dos outros trabalhos e de sua própria posição.

---

16 Ademais, a relação entre os meios e agências de comunicação brasileira, conhecidos mormente como "grande mídia", e o MST sempre foi repleta de tensões, o que fez com que parte significativa da sociedade tenha criado uma concepção sobre o que é o MST a partir da visão de mundo construída pelos meios de comunicação. Para um estudo sobre o tema, cf. Souza (2004) e Gohn (2000, p. 136-160).

"Interferência que logo de início há de descobrir em toda parte em que possa suspeitar da existência delas", dirá Goldmann.[17] O esforço de construir um estudo de qualidade crítica pode ser realizado explicitando a *simpatia* do pesquisador sobre o movimento – como é o caso presente –, mas isso não significa a capitulação crítica da pesquisa e, menos ainda, a ausência de sua objetividade. Em outras palavras: o fato de adotar uma determinada concepção teórica e política – e assumi-la – não implica na renúncia de um imprescindível *distanciamento crítico* em relação ao objeto de estudo. Não significa, também, que a pesquisa fique absorvida (ou presa) pela linha política mais geral do movimento em questão. Ainda mais quando se trata de estudar dirigentes...

Façamos outra observação preliminar para circunscrever os limites deste livro, não menos importante que a primeira, no que diz respeito diretamente ao caráter metodológico da pesquisa. Dado que o MST é um movimento de alcance incontestavelmente nacional, que se expressa em sua extensão territorial e numérica, interpenetrada pela conjuntura política e pelas especificidades regionais, seria um erro gravíssimo versar sobre o Movimento de maneira genérica ou como um bloco homogêneo. Como bem observou o pesquisador Bernardo Mançano Fernandes (2001, p. 94-95):

> Outra questão importante é a generalização dos resultados. O MST é uma organização

---

17 "1) Não acreditar que nas ciências humanas as dificuldades da investigação, por serem grandes, sejam contudo da mesma ordem que as das ciências físico-químicas, tratando-se apenas da penetração e boa vontade. Permanecer consciente do fato de que, além das *dificuldades comuns às ciências*, enfrentará aqui dificuldades específicas provindas da interferência da luta de classes sobre a consciência dos homens, em geral, e sobre sua própria, em particular. [...]. 2) Não hesitar em entrar em conflito com os preconceitos mais arraigados, as autoridades mais estabelecidas, as verdades aparentemente mais evidentes e, *antes de tudo*, não temer qualquer *ortodoxia* nem qualquer *heresia*; dois perigos que são *ambos igualmente grandes*" (GOLDMANN, 1986, p. 49).

ampla que atua em diversas frentes de luta com uma diversidade enorme de ações, de acordo com as diferentes conjunturas sociopolíticas. Ao se generalizar os resultados de determinada pesquisa, os pesquisadores poderão cometer o erro de falsear a realidade. Ao se fazer uma pesquisa de estudo de caso, deve-se respeitar a escala da pesquisa, e não generalizar o resultado para todas as realidades dos sem-terra.

Nesse sentido, "falar em 'objetivos do MST' demanda esclarecer de quem se fala: da base, da militância ou da direção do Movimento. Existem diferentes entendimentos por parte dos membros e militantes do que seja o objetivo do Movimento" (ALIAGA, 2008, p. 12). É fundamental deixar claro a qual MST estamos nos referindo ao longo do trabalho que o leitor tem em mãos. Tratar-se-á da visão de mundo, do repertório de escolhas e decisões políticas exclusivamente do *corpo diretivo* sobre o que é o Movimento, embora alguns dos (poucos) entrevistados ocupem outros postos na formação de quadros do movimento – como é o caso dos militantes que compõem ou compuseram o Coletivo de Relações Internacionais (CRI) e não estiveram na direção. No entanto, muitas vezes, dada a mudança constante de divisão de tarefas de cada um e as circunstâncias históricas, "..., existe a coincidência entre aqueles que estavam exercendo uma tarefa na direção e, ao mesmo tempo, exercendo atividade nas relações internacionais, conforme as diretrizes do Movimento. Mais do que uma coincidência, existe uma convergência política entre o assunto das relações internacionais e o corpo diretivo do movimento. Como disse um dos entrevistados, o internacionalismo sempre foi uma prioridade para o MST, "tanto é que ela é responsabilidade da Direção Nacional, é uma tarefa da direção, ou seja, ela é um princípio". De qualquer maneira, isso não significa que, por mais que tenha uma importância capital na direção do MST, ela seja reconhecida homogeneamente pela base e militância do Movimento.

Os sem-terra têm uma coordenação nacional que elabora as políticas e as estratégias principais. Mas o Brasil é um país de dimensões continentais. A diversidade cultural também é enorme. O grande fator agregador é a língua que, apesar das nuanças regionalistas, é a mesma de norte a sul, de leste ao oeste. Mas este elemento, embora de suma importância, não é suficiente para adequar as propostas e estratégias de ações à realidade dos grupos rurais. Ele apenas possibilita que as palavras sejam ouvidas por todos. Decodificá-las é outra história (GOHN, 2003, p. 151).

Ora, é justamente no âmbito da Direção Nacional do MST – e não em sua base social –, que nasce e se desenvolve o *internacionalismo como práxis política*, transformando-se através de circunstâncias políticas, ideológicas, sociais, econômicas específicas. Quando dissermos, portanto, quais são "objetivos do MST", ou o "projeto político do MST", entenda-se, "são objetivos do MST de acordo com sua *direção* e *coordenação* política", que a rigor estão concentradas na Coordenação e na Direção Nacional.

Por fim, tratando-se de uma breve descrição das técnicas de investigação, foi utilizado um rigoroso levantamento bibliográfico sobre o objeto empírico, ou seja, uma revisão da literatura produzida a respeito do MST. Como não poderia deixar de ser, essa ampla literatura não ficou fiel ao campo da sociologia, mas deslindou e se enriqueceu com outras amantes das ciências humanas (antropologia, geografia, história, ciência política). Um segundo procedimento foi a análise de fontes primárias. Uma parte significativa dessas fontes está disponível nos websites do MST, Cloc e Via Campesina: emissão de comunicados e informes divulgados pelo movimento (jornais, revistas, boletins, deliberação, informe, manifesto).

A consulta ao Centro de Documentação e Memória (Cedem) da Universidade Estadual Paulista (Unesp) – um aglutinador de acervos (arquivos, coleções de valor histórico, informações, referências) e de estudos de pesquisa sobre a história política brasileira – foi também de enorme valia para a execução da pesquisa e, de certo modo, *decisiva*. Desde 1999, o MST firmou um convênio com o Cedem, que passou a sediar parte significativa do acervo documental produzido pelo Movimento, conhecido como "Fundo MST". Com efeito, foram meses de visitas diárias ao acervo na "lenta impaciência" de ler e (re)ler, anotar e registrar, separar e incorporar um material extenso e rico que é produzido pelo – e sobre – o MST. Em relação ao alvo central da pesquisa – a dimensão internacionalista do MST enquanto relação sociopolítica –, principalmente, mas não somente, o *Jornal Sem Terra* (doravante JST) merece destaque, pois muitas das informações que eventualmente ficaram "devendo" nas entrevistas realizadas foram encontradas nesse precioso meio comunicativo. Cabe lembrar ainda que o JST, desde seu primeiro número até os dias atuais, sempre foi monitorado e estruturado pela Direção Nacional do MST (mas com assessoramento e edição permanente de jornalistas), sendo ele orientado para a organização e formação interna e, ao mesmo tempo, em menor medida, para a 'propaganda externa'":[18]

> O *Jornal Sem Terra* tem a função de informar sobre o andamento das atividades em todas as regiões e orientar a militância acerca das

---

18 A primeira edição foi publicada em maio de 1981, no contexto da luta da Encruzilhada Natalino (RS), na forma de um boletim mimeografado (nomeado *Boletim Sem Terra*, ou *Boletim Informativo da Campanha de Solidariedade dos Agricultores Sem Terra*), em que um dos objetivos era articular a solidariedade ao movimento, restrito à região Sul. Em julho de 1982, o boletim de número 25 passou a ter circulação ampliada em toda região Sul, e também em São Paulo e Mato Grosso do Sul. Finalmente, no I Encontro Nacional dos Sem Terra, realizado em Cascavel (PR), em 1984, foi decidido que o boletim deveria ser transformado em *Jornal dos Trabalhadores Rurais Sem Terra* ou *Jornal Sem Terra*. Desde então, o jornal nunca parou de ser editado. Sobre a história da organização do jornal, ver *Jornal Sem Terra* (2006, n. 266, p. 11).

pautas políticas. A despeito de estar voltado para a militância, é também público, qualquer pessoa pode assiná-lo, portanto, funciona também como divulgação ampla das propostas do MST (ALIAGA, 2008, p. 11).

Desse modo, cabe justificar ao leitor o propósito segundo o qual utilizaremos o JST neste trabalho: 1) por ser uma fonte de informações factuais sobre as relações internacionais do MST; 2) por entendermos que todo conteúdo político que nele existe exprime o ponto de vista da Direção Nacional do MST. Ademais, juntamente com a análise criteriosa de documentos, para assegurarmos condições mais vantajosas à pesquisa, realizamos visitas – especialmente no biênio de 2011/2012 – à Escola Nacional Florestan Fernandes (ENFF), localizada na cidade de Guararema (SP), e à Secretaria Nacional do MST em São Paulo, cujos militantes e lideranças foram entrevistados – principalmente a Direção Nacional do MST e militantes históricos que estiveram mais comprometidos com a "organização internacional" através do Coletivo de Relações Internacionais (CRI).[19] De vez em quando, como material de apoio, utilizaram-se entrevistas já realizadas por outros pesquisadores, bem como pesquisa bibliográfica. Desse modo, o intuito das entrevistas esteve em sintonia com as problemáticas sugeridas na pesquisa e de acordo com os objetivos específicos previamente propostos, visando oferecer uma discussão completa acerca das hipóteses levantadas neste trabalho.

O capítulo I está dividido em duas partes: a primeira diz respeito aos problemas teóricos que a tradição marxista latino-americana enfrentou, absorvida pelo chamado "europeísmo" e "excepcionalismo indo-americano" (LÖWY, 2006; RICUPERO, 1998). Contudo, também houve uma abordagem distinta de pensadores

---

19 Das nove entrevistas realizadas, duas são de militantes da base, que tiveram experiência internacionalista na Brigada do MST no Haiti. Todas as informações das entrevistas estão em anexo.

sociais que conseguiram ir além dessa dicotomia asfixiante, através do eixo dialético-internacionalista de análise de José Carlos Mariátegui. O objetivo principal desse quadro panorâmico é localizar os pressupostos teóricos de que partiram, que serão de vital importância para compreender o desenvolvimento desigual do capitalismo no campo nos países da periferia do sistema. Na segunda parte, apresentamos e discutimos três pontos específicos sobre o MST. Abordamos diversos trabalhos que sugerem periodizações sobre a trajetória do movimento (NAVARRO, 2002; FERNANDES, 2000, 2010; MORISSAWA, 2001; GOHN, 2003), assim como a compreensão da natureza e o conteúdo da forma de organização do MST, e, por fim, uma síntese de recentes pesquisas assinadas por Marcelo Rosa (2008, 2009, 2012) acerca da categoria "sem-terra", de modo geral tratada de maneira naturalizada pela literatura especializada. Trata-se de importantes questões que contribuem para uma melhor identificação do MST, já que por disputas políticas de natureza diversa a falta de consenso em torno do objeto é flagrante.

No Capítulo II será apresentada a atuação política internacionalista do MST, entre o período que vai de seu nascimento até o começo dos anos 1990. Para tanto, serão versados os condicionantes sociais e econômicos (nacionais e internacionais) que permitem vislumbrar sua emergência dentro de um contexto específico. Em seguida, discorreremos sobre o fenômeno da Teologia da Libertação, sua história e suas concepções ideológicas e políticas, que é fundamental na compreensão da "vocação internacionalista" do MST.

Somado tudo, destacam-se as incipientes experiências internacionalistas do MST, as relações, os intercâmbios, as visitas, os convites, as campanhas com diversos movimentos sociais do campo na América Latina, em especial seu envolvimento com a "revolução sandinista", que marca esse estágio preliminar de sua política de relações internacionais. Entre 1989 a 1992, o MST dá início à "Campanha Continental dos 500 anos de Resistência Negra, Indígena e Popular", um novo degrau de seu percurso internacionalista, ao sintonizar sua luta com os de antepassados indígenas "encobertos" pela "conquista".

O Capítulo III concentra-se nas recentes mudanças políticas e econômicas de avanço do capitalismo "mundializado" (CHESNAIS, 1996), sob o programa "neoliberal" (HARVEY, 2008), e seu impacto no setor agrícola, que passa por um processo de intensa internacionalização de seus produtos. Nesse contexto, registra-se como esse recente processo tem se manifestado especialmente na agricultura brasileira. Paralelamente, muitos movimentos têm se voltado para a adoção de diferentes formas de ação internacional, em especial os movimentos camponeses, que criam a Cloc e a Via Campesina. O MST começa a realizar articulações e alianças entre as organizações camponesas por meio de inúmeras campanhas, plebiscitos e mobilizações conjuntas em escala mundial. É nesse contexto que o internacionalismo deixa de se apresentar como algo exterior ao MST, já que sua dimensão ressignifica seu projeto político nacional.

Finalmente, no Capítulo IV, destacar-se-á a heterogeneidade das formas do MST no exterior: os ecos da dimensão transnacional da luta do MST no trabalho da mística e também no impacto simbólico que sua luta faz reverberar em movimentos camponeses do planeta, em especial pelo dia 17 de abril – Dia Mundial da Luta Camponesa; a formação e as funções das dezenas de entidades de apoio ao MST no exterior, que realizam trabalhos de divulgação; a influência do internacionalismo nas experiências recentes de formação (técnica e política) e educação, através da cooperação com os governos e movimentos sociais de Cuba e Venezuela; um balanço crítico sobre os limites do internacionalismo, tanto se ele se difunde na totalidade espacial em que atua o MST, em especial na sua base (famílias assentadas e acampadas), quanto se há consenso sobre a perspectiva política que o MST adota em suas atividades internacionais.

A expressão "párias da terra"– que dá título ao livro – é uma referência a duas situações. Em primeiro lugar, a figura do pária, que tem iluminado relações sociais de diferentes origens e naturezas, representa uma expressão idiomática – e metafórica – de crítica à autoridade arbitrária e à exclusão social e política persistente dos que nascem do lado "ruim" da sociedade, como explica Eleni Varikas (2014).[20] Somado a isso, há um diálogo do título com o clássico livro *Os condenados da terra*, de Frantz Fanon, publicado em 1961, em que o autor expõe a visão do colonizado em relação ao colonizador. Como afirma o filósofo Jean-Paul Sartre no prefácio do livro: "Não faz muito tempo a Terra tinha dois bilhões de habitantes, isto é, quinhentos milhões de homens e um bilhão e quinhentos milhões de indígenas. Os primeiros dispunham do Verbo, os outros pediam-no emprestado" (SARTRE, 1979, p. 3).

Assim, a longa marcha da luta pela terra protagonizada por setores subalternos do campo, estigmatizados e excluídos nos regimes "democráticos" contemporâneos da América Latina, pode ser assumida por essa noção de "excluídos da terra", "párias da terra".

Um último reparo nestas notas introdutórias. Na verdade, parte da opção deste trabalho se inspira, em grande medida, na leitura do conjunto da obra do marxista peruano José Carlos Mariátegui. Em sua célebre polêmica sobre o indigenismo com o escritor e jornalista peruano Luis Alberto Sanchez, Mariátegui expressa com grande clareza o caráter polêmico de sua obra:

---

20 Tal *insight* e importância do conceito de pária para a sociologia crítica brasileira devem-se inteiramente à disciplina "Revisitando os paradoxos da modernidade: a figura do pária na teoria social", ministrada pela professora Eleni Varikas, que cursamos na Universidade de São Paulo (USP), em 2012, promovida pelo Programa de Pós-Graduação de Sociologia (PPGS) e Centro de Estudos dos Direitos da Cidadania (Cenedic).

Pois o trabalho de difundir novas ideias traz também o sentido de confrontá-las e opô--las com as velhas, vale dizer, de polemizá--las para proclamar sua loucura e sua falência. Quando estudo, ou tento estudar, uma questão ou um tema nacional, polemizo necessariamente com o ideário e com a fraseologia das gerações passadas. Não pelo prazer de polemizar, mas porque considero, como éa lógica de cada tema e de cada questão, conforme distintos princípios, o que me conduz a conclusões diferentes, evitando o risco de consultar no debate de meu tempo, renovador pela aparência e conservador pelo conteúdo. Minha atitude solitária é a atitude polêmica, ainda que pouco polêmico com os indivíduos e muito com as ideias (MARIÁTEGUI, 1969, p. 219).

Com as devidas diferenças, o presente trabalho também procura estimular o afã polêmico tão característico no pensamento de Mariátegui, não no sentido de porta-voz da última palavra (que, na verdade, jamais deve ser pronunciada), mas na condição modesta de posseiro que reclama o intercâmbio de ideias nítidas exigido pelo debate público. Em suma, trata-se de abrir-se ao diálogo crítico, discutir coletivamente, academicamente e politicamente. Não por acaso, dentre as várias facetas que suscitam o tema do internacionalismo, uma delas é o *aprendizado* com outras realidades, com outras coletividades. Suspeitamos que as respostas encontradas neste trabalho, ao invés de suscitarem satisfação "plena" e "acabada", conduzirão, na realidade, a outras perguntas para as quais este autor talvez não tenha resposta. O trabalho científico não deve ser uma orgulhosa certeza, mas um estímulo à incerteza inquietante. Isso não é de todo negativo, pois temos consciência de que esse não é um problema apenas do autor deste trabalho, mas de quantos venham a se propor sua leitura. Afinal, como diria o afamado escritor alemão Goethe (2008, p. 36), "experimenta-se, triunfa-se, falha-se, altera-se talvez o que não se devia, deixando intacto o que se deveria modificar, e assim acaba restando uma obra imperfeita, que agrada e estimula, mas não satisfaz".

O livro que o leitor tem em mãos fez parte da dissertação de mestrado que defendi no primeiro semestre de 2013, na Faculdade de Filosofia, Letras e Ciências Humanas (FFLCH) da Universidade de São Paulo. Para a banca examinadora, tive a imensa honra e satisfação de contar com as presenças do professor Luiz Bernardo Pericás, do Departamento de História da USP, Bernardo Ricupero, professor do Departamento de Ciência Política da mesma universidade, e Ruy Braga, professor do Departamento de Sociologia, na qualidade de orientador deste trabalho e presidente da banca. A eles, meus agradecimentos pela disponibilidade e pela dedicação na leitura e avaliação do material apresentado.

# CAPÍTULO I

## Notas sobre América Latina e MST

> O que são desvios para os outros, são para mim os dados que determinam a minha rota. – Construo meus cálculos sobre os diferenciais de tempo – que, para outros, perturbam as "grandes linhas" da pesquisa.
>
> Walter Benjamin

Antes de ingressar em nosso tema central – o internacionalismo das direções do MST como *práxis* política –, é imperativo que nos *desviemos* de alguns problemas teóricos e interpretativos em relação às formas de atuação do MST e à caracterização do continente latino-americano, espaço em que o Movimento nasce, desenvolve e consolida sua atuação. A justificativa da existência tanto do MST quanto da América Latina baseiam-se na necessidade de perceber, mesmo de maneira inacabada, como foram constituídos alguns princípios e pressupostos teórico-metodológicos de análise sobre os dois objetos que atravessam inúmeras controvérsias analíticas. Trata-se naturalmente de uma apresentação que se limita a algumas notas telegráficas estruturadas sobre dois registros distintos, embora estejam intimamente associados: 1) uma vez proporcionados ao leitor aspectos duma inegável diversidade de referências teórico-políticas que o marxismo constituiu – criativamente ou copiosamente – na tentativa de dar cabo da análise histórico-concreta acerca da formação econômico-social latino-americana, o leitor certamente se sentirá mais "seguro" com os pressupostos teóricos que serão assumidos durante as análises e reflexões nos subsequentes capítulos, especialmente no tocante ao desenvolvimento do capitalismo no campo nos países periféricos, *fator imprescindível para entender a dinâmica do processo internacionalista do MST.* 2) O mesmo argumento vale com relação às avaliações que têm assediado a bibliografia em relação ao MST, como a questão da periodização de sua trajetória, a forma organizativa particular que o movimento imprime e, por fim, a utilização crítica da categoria "sem-terra". Ora, mesmo não sendo o alvo central desta pesquisa, esboçar alguns desses embates, que estão enormemente difusos nas explicações sobre o MST, serve para acalentar um debate sociológico que está totalmente aberto a atualizações e, enfim, identificar melhor o objeto de estudo. Definitivamente, não se trata de questões simples; ao contrário, o MST é um objeto difícil de enquadrar, definir, generalizar em esquemas sociológicos rígidos, dado ao seu constante dinamismo e reelaboração permanente.

## PARA UMA INTERPRETAÇÃO MARXISTA SOBRE A AMÉRICA LATINA

Neste primeiro bloco intenta-se mostrar e avaliar as dificuldades teóricas – e a superação – que o marxismo latino-americano enfrentou para analisar a formação histórico-social do desenvolvimento capitalista no subcontinente. Para dar conta desse amplo panorama, a presente seção será dividida em três subitens: 1) tomar-se-á como problema a "aplicação" do marxismo em relação à América Latina, da qual decorre um constante desencontro entre o primeiro e a segunda, num contexto teórico-político em que o marxismo latino-americano esteve tomado por duas tentações

– tomando como bússola as ponderações de Löwy (2006) e Ricupero (1998): um marxismo mecânico e europeu (de clara inspiração stalinista) e um escopo explicativo chamado "excepcionalismo indo-americano". 2) Em seguida, apresentar-se-á o marxismo de José Carlos Mariátegui como exemplo da superação dessas duas tentações. Na órbita da confluência entre nacionalismo e internacionalismo que lhe confere originalidade em suas análises, Mariátegui tem como exigência teórica – e metodológica – a recusa da ideologia do progresso e da imagem linear e eurocêntrica da história universal como ponto de partida para uma compreensão crítica da singularidade de seu continente. Sua concepção *aberta* de marxismo – tido, por muitos, como heterodoxa – oferece indicações fundamentais para apreender a particularidade do processo de construção sobre o desenvolvimento capitalista não linear no Peru e na América Latina.

## O falso problema do cosmopolitismo e do localismo

O marxismo remete a uma origem histórica comum a partir da bagagem teórica constituída por Marx e Engels, em meados do século XIX, que inauguram não apenas uma "ciência da natureza", mas uma "concepção de mundo",[1] embora o termo tenha servido demasiado para ser utilizado sem um prudente plural. Afinal, os

---

1   "Toda concepção de mundo implica uma *ação*, isto é, alguma coisa mais que uma 'atitude filosófica'. Mesmo que tal ação não seja formulada ou incluída expressamente na doutrina, mesmo que seu elo permaneça sem ser formulado e que a ação implicada não dê lugar a um *programa*, nem por isso deixa de existir. Na concepção cristã do mundo, a ação não é outra além da política da Igreja, dependente das decisões que são tomadas pelas autoridades eclesiásticas; sem um laço racional com uma doutrina racional, essa ação nem por isso é menos real. Na concepção marxista do mundo, a ação define racionalmente em contato com o conjunto doutrinário e dá lugar, *abertamente*, a um programa político. Esses dois exemplos demonstram suficientemente que atividade prática, social, *política*, desdenhada ou relegada a um segundo plano pelas filosofias tradicionais, é parte integrante das concepções de mundo" (LEFEBVRE, 2009, p. 10).

acontecimentos maiores de mais de um século produziram critérios segundo os quais o que distingue e opõe as diferentes correntes saídas do "marxismo" é por vezes tão ou mais importante do que aquilo que as aproxima.[2]

A evolução do marxismo tornou muito difícil o debate entre tradições revolucionárias distintas. Não apenas porque as opções políticas na maior parte das vezes contribuíram para que as dificuldades teóricas se tornassem ainda maiores, mas fundamentalmente porque os pressupostos foram se tornando tão distintos que até o mero entendimento das posições se tornou problemático (LESSA, 2007, p. 147).

Seja como for, quando nos referimos a um suposto *marxismo latino-americano*, esses pressupostos são igualmente importantes. Afinal, o espaço original que as sociedades periféricas ocupam no cenário atual definitivamente tornou-se um dos desafios candentes da teoria social marxista em se reformular para encontrar maneiras adequadas de abordar e aprofundar as singularidades inerentes de nossa formação social. Mesmo que cada um dos países tenha claramente sistemas sociais próprios, o quebra-cabeça das nacionalidades não impediu que o processo de desenvolvimento mundial capitalista estimulasse pontos de contato, acionados pelas interações dos impulsos internos e daqueles trazidos de fora, que incitam a particularidade de sua formação.

Provavelmente mais do que em outras regiões do mundo, o marxismo e a América Latina – termos que atuam efetivamente

---

2   Conforme as palavras de Michael Löwy (2000a, p. 58), "não se trata de uma herança homogênea ou de uma linha ortodoxa, mas de uma diversidade conflituosa e aberta". Flores Galindo (1994, p. 389), por sua vez, dirá que "na realidade, o marxismo, para além da imagem de um rio, evoca uma variedade de correntes diferentes que do mesmo modo que se juntam e se complementam, também seguem rotas novas e até divergentes".

tanto no plano teórico quanto no plano político – tiveram profundas dificuldades em um encontro crítico ao longo de sua história. O problema pode ser observado, inclusive, pelas próprias pistas, bastante rudimentares, embora suficientemente interessantes para acompanhar as continuidades e as descontinuidades que os escritos esparsos de Marx deixaram a respeito do continente latino-americano:[3]

> o conflito entre América Latina e marxismo converte-se em um problema teórico quando a prática constata um desencontro constante, uma espécie de mútua e secreta repulsão, que afasta a América Latina do marxismo (isto é, a realidade da teoria) e expulsa o marxismo da América Latina (isto é, a teoria da realidade) (FRANCO, 1982, p. 11).

Nesse sentido, Michael Löwy (2006) levanta alguns pontos de referência para um estudo da evolução do pensamento marxista no

---

3   Ainda que as indicações, a partir dos textos de Marx, sejam muito incipientes para pensar a América Latina, Bianchi (2010, p. 178-185) refaz o itinerário de Marx assentando-se na hipótese de que em suas análises se debruçou sobre as nações "não centrais" – como, por exemplo, EUA, México, Índia, Irlanda, Rússia. Se em um primeiro momento o pensador alemão identificava o progresso como medida universal da história – tomando, por exemplo, partido a favor dos EUA em relação ao México –, em um segundo momento ocorre uma alteração de seu pensamento, uma "nova atitude", a partir de sua visada da luta pela independência da Irlanda e quando apreciava o desenvolvimento do capitalismo na Rússia. Esse movimento, segundo registro do autor, marca uma ruptura decisiva com toda filosofia da história do progresso linear e homogêneo, servindo, assim, como ponto de partida para aprendermos a interpretar a particularidade do desenvolvimento capitalista na América Latina. Do mesmo modo, as sugestões animadas pelo autor do *Manifesto do Partido Comunista* com relação a uma representação não linear do desenvolvimento da história podem ser verificadas em seu tratamento sobre o tema da renda fundiária no livro *O Capital*. Ver Rubbo (2010). Esse tema, embora pouco estudado, não é novo. Ver, por exemplo, Aricó (1982) e sua tentativa pioneira de construir geneticamente as condições internas do discurso de Marx com a especificidade histórica da América Latina.

continente, na qual a *natureza da revolução* foi o epicentro do debate latino-americano. Essa ênfase tem como equação um duplo movimento: a reflexão da produção teórica sobre as formações sociais latino-americanas e as estratégias políticas traçadas a partir duma determinada interpretação. As diferentes posturas teóricas e políticas que o continente latino-americano teve como *unidade de análise* podem ser fundamentalmente sintetizadas em um "marxismo na América Latina [que] foi ameaçado por duas tentações opostas: o excepcionalismo indo-americano e o eurocentrismo":

> [1] O *excepcionalismo indo-americano* tende a absolutizar a especificidade da América Latina e de sua cultura, história ou estrutura social. Levado às suas últimas consequências, esse particularismo americano acaba por colocar em questão o próprio marxismo como teoria exclusivamente europeia. O exemplo mais significativo dessa abordagem foi a Apra (Aliança Popular Revolucionária Americana), que, sob a liderança de Haya de la Torre, tentou primeiramente a serviço de um populismo *sui generis* e eclético. Para Haya de la Torre, o "espaço-tempo indo-americano" é governado pelas suas próprias leis, é profundamente diferente do "espaço-tempo" europeu analisado por Marx e, por isso, exige uma nova teoria que negue e transcenda o marxismo (LÖWY, 2006, p. 10).
>
> [2] Foi o *eurocentrismo*, mais do que qualquer outra tendência, que devastou o marxismo latino-americano. Com esse termo queremos nos referir a uma teoria que se limita a transplantar mecanicamente para a América Latina os modelos de desenvolvimento socioeconômico que explicam a evolução histórica da Europa ao longo do século XIX. Para cada aspecto da realidade europeia estudado por Marx e Engels – a

contradição entre forças produtivas capitalistas e relações feudais de produção, o papel historicamente progressista da burguesia, a revolução democrático-burguesa contra o Estado feudal absolutista – procurou-se laboriosamente o equivalente latino-americano, transformando assim o marxismo em um leito de Procusto, sobre o qual a realidade era impiedosamente "recortada" ou "esticada" conforme as necessidades do momento. Usando esse método, a estrutura agrária do continente foi classificada como feudal, a burguesia local considerada progressista, ou mesmo revolucionária, o campesinato definido como hostil ao socialismo coletivista etc. (LÖWY, 2006, p. 10-11).

Essas duas "tentações" – a primeira assim chamada de "exotismo indo-americano" e a segunda de "europeísmo" – puderam se desenvolver no interior das organizações operárias, introduzindo a obra de Marx e a teoria marxista ou como raciocínio teleológico e eurocêntrico ou como forma de desqualificação da teoria marxista:

> Aceitar a primeira hipótese [o europeísmo] e considerar o marxismo como verdade universal implica em abstrair a teoria da realidade. Como já se sabe para onde conduzirá a história, conclui-se que é desnecessário perder tempo com o exame de experiências específicas. Ser marxista no Brasil ou no México não passaria, assim, de acaso, significando basicamente o mesmo que ser marxista na Alemanha ou na França. Dessa forma, a teoria se converteria em algo exterior à realidade. O que implica numa visão da teoria, no caso, o marxismo, como algo acabado e auto-suficiente.

À primeira vista, portanto, a outra alternativa parece ser mais satisfatória. Ou seja, a questão não seria mais de aplicar as fórmulas da teoria à realidade, mas ao contrário, de "adaptar" o marxismo às condições da América Latina. Esta maneira oposta de considerar o problema traz consigo, contudo, o risco de desqualificar a teoria a tal ponto que ela se torne irreconhecível e desnecessária. Isto é, se o marxismo fosse capaz de absorver qualquer forma referente às mais variadas sociedades, não mais seria marxismo, nem mesmo teoria, mas apenas uma expressão da realidade quase não mediatizada. Assim, sua maneira de abordagem particular, o que a torna marxismo, se diluiria no seu objeto (RICUPERO, 1998, p. 56-57).

Entre o europeísmo e o exotismo indo-americano, houve um marxismo crítico capaz de fundir criativamente teoria com realidade, afastando-se de um marxismo localizado e, igualmente, de um marxismo mecânico. Essa vertente crítica que conseguiu produzir um marxismo que correspondesse à realidade latino-americana teve como maior representante, e muito provavelmente como precursor dessa corrente, o nome de José Carlos Mariátegui, o primeiro marxista a realizar uma reflexão de maneira realmente crítica que não fosse *cópia teórica*, mas *criação teórica* sobre a América Latina (ARICÓ, 1987; BOSI, 1990; FLORES GALINDO, 1994; LÖWY, 2006; MAZZEO, 2009; MELIS, 1999; PERICÁS, 2010; QUIJANO, 1981; RICUPERO, 1998; VÁSQUEZ, 1998).

## O método dialético-internacionalista de José Carlos Mariátegui

A polarização descrita no item anterior é um evidente caso das dificuldades em assentar as bases para a compreensão de um marxismo crítico latino-americano. Para ficarmos no exemplo do antigo provérbio alemão que diz que a altura das árvores (universal) impede a visão do bosque (particular), o marxismo latino-americano ora mirou apenas os bosques, sem enxergar a floresta (localismo), ora mirava apenas a floresta sem notar os bosques (eurocentrismo). Seguindo a metáfora, um conhecimento mínimo da obra de JCM mostra que, de longe, foi o marxista latino-americano que conseguiu ter a precisão de olhar a floresta e o bosque simultaneamente. Não por acaso, JCM aprofundar-se-ia teoricamente sobre as peculiaridades da realidade concreta dos países da periferia do capitalismo (em especial o Peru), como, por exemplo, o problema do campesinato indígena e a questão agrária – um tema pouquíssimo matizado pelo marxismo "oficial".[4] O conjunto de sua obra foi múltiplo, heterogêneo e profundamente articulado. Tratou de temas candentes na década de 1920, período de sua vida em que sua produção teórica foi extremamente fértil, com vários direcionamentos de análise sobre a vida social peruana e mundial: política, economia, cultura, história, arte, filosofia, marxismo, América Latina, relações internacionais etc.

Bem entendido, o pensador peruano não subordinou a realidade às fórmulas da teoria e, inversamente, as fórmulas da teoria à realidade, superando o dilema das duas tentações que seduziram a teoria social latino-americana:"[5]

> A *aplicação criativa do marxismo à realidade latino-americana* significa justamente a superação – no sentido da *Aufhebung* hegeliana – dessas duas tendências e do dilema de um particularismo hipostasiado e um dogmatismo universalista – graças à unidade

---

[4] Para uma análise que toca o problema do camponês e a questão agrária no âmbito da Internacional Comunista, ver Rizzi (1985).

[5] Conforme atesta o crítico literário Alfredo Bosi, Mariátegui conseguiu em sua obra um raro equilíbrio e coerência, principalmente com relação à questão das raças no continente latino-americano: "[Mariátegui] liberta-se do eurocentrismo que desdenha o índio porque não é branco. E liberta-se do nativismo que acusa o europeu (ou o estrangeiro) porque não é índio (nacional)" (BOSI, 1990, p. 59).

dialético-concreta entre o específico e o universal (LÖWY, 2006, p. 12, grifo nosso).

Na verdade, o modo específico da acumulação capitalista nas periferias encontrar-se-ia em "uma espécie de *truncamento* produzido pela sua inserção entre um capitalismo dinâmico e desapiedado" (OLIVEIRA, 2006, p. 24, grifo nosso). Efeitos não lineares, que são frutos, na realidade, de uma diversidade histórica de tempos sociais,[6] de desobediência a uma noção universalista do progresso,[7] capaz de romper as linhas evolutivas da historiografia positivista. Como registrou o historiador chileno-brasileiro Hector Bruit, "é como se estivéssemos vivendo o *tempo da conquista sem deixar de viver a modernidade*" e, "por isso, querer entender a América Latina por etapas é frustrante ou, no mínimo, inócuo" (BRUIT, 1998, p. 3, grifo nosso).

Pode-se afirmar, ademais, que essa aplicação criativa do marxismo à realidade latino-americana realizada por JCM, tida por tantos estudiosos como inovadora, deve-se, em grande medida, a uma concepção dinâmica, ágil e heterodoxa de seu marxismo. Daí que o marxismo não seria "um programa rígido, mas um método dialético" (MARIÁTEGUI, 1970, p. 82):

> O marxismo, do qual muitos falam mas muito poucos conhecem e, sobretudo,

---

6 "a heterogeneidade histórico-estrutural, a co-presença de tempos históricos e de fragmentos estruturais de formas de existências sociais, de variada procedência histórica e geocultural, são o principal modo de existência e de movimento de toda a sociedade, de toda a história. Não, como na visão eurocêntrica, o radical dualismo associado, paradoxalmente, à homogeneidade, à unilinear e unidirecional evolução, ao 'progresso'" (QUIJANO, 2009, p. 25).

7 "Em vez do continente irremissivelmente arrastado na corrente do progresso universal, a América Latina se transformou velozmente numa vasta área de desagregação social, que exacerbava as tensões, desarticulava as relações sociais e adiava *sine die* a constituição daquelas nações burguesas que o pensamento positivista europeu e sua réplica americana concebiam como resultado inelutável" (ARICÓ, 1987, p. 420-421).

compreendem, é um método fundamentalmente dialético. Ou seja, é um método que se apoia inteiramente na realidade, nos fatos. Não é, como alguns erroneamente supõem, um corpo de princípios de consequências rígidas, iguais para todos os climas históricos e todas as latitudes sociais. Marx extraiu seu método das próprias entranhas da história. O marxismo, em cada país e cada povo, opera e atua sobre o ambiente, sobre o meio, sem descuidar de nenhuma das suas modalidades. Por isso, depois de mais de meio século de lutas, sua força revela-se cada vez maior (MARIÁTEGUI, 1969, p. 111-112).

Tal concepção crítica e livre permitiu também que JCM desfrutasse das formas mais avançadas e mais produtivas do pensamento social não marxista. Para o autor, entre o marxismo e o pensamento crítico existia uma indispensável confluência. Não é à toa que JCM não ficou limitado a apenas uma tradição socialista. Utilizou-se de Marx e Lênin, mas também de Georges Sorel (personagem por quem Lênin teve pouca simpatia), Piero Gobetti, Benedetto Croce (FLORES GALINDO, 1994, p. 389).

É a partir da articulação dialética entre particular e universal, nacional e internacional, que o autor peruano assinala que a transição para o capitalismo nos países latino-americanos teve o seu próprio ritmo e o seu próprio percurso, que se traduz em, pelo menos, dois eixos: na desconfiança (ou no sentimento "agônico") de um fim seguro e fatalista da locomotiva da história, o que lhe confere uma problematização da noção abstrata de progresso; e, por fim, na percepção da diversidade de tempos históricos existentes na formação social peruana.

Não obstante, essa percepção apenas se concretiza a partir de seu regresso ao Peru, em 1923, depois de sua viagem de três anos e quatro meses à Europa, quando passa a maior parte do tempo na Itália, período que é decisivo na formação teórica e política de JCM para fundamentar e aprofundar de uma vez por todas sua convicção socialista, já que possuía até então uma visão genérica do marxismo.[8] Nesse trajeto, começa a observar com mais acuidade a cena contemporânea internacional, sem abandonar, no entanto, a realidade nacional. Antonio Melis (1999, p. 177), por exemplo, aponta que é justamente esse momento de amadurecimento político e teórico derivado durante a experiência italiana que faz com que JCM incorpore de modo mais estreito as lutas em escala internacional – uma aproximação que é, ao mesmo tempo, metodológica, teórica e política –, o que outrora era uma lacuna no pensamento do autor de *Defesa do marxismo*. É como se a distância permitisse-lhe enfocar com maior lucidez a particularidade da realidade peruana e latino-americana.

> Nacionalismo e internacionalismo foram uma dessas contraposições que percorrem a obra de José Carlos Mariátegui. Mas o que enriquece esta vertente dupla é que esse jovem percorreu a Europa e observou o Velho Mundo, mas sem perder seus nexos com um país atrasado: isto o fará sensível não somente aos contrastes sociais, à busca do novo em meio aos escombros, mas descobrir ademais que a cena contemporânea transcende as fronteiras ocidentais (FLORES GALINDO, 1994, p. 376).

Ao regressar a seu país de origem, Mariátegui aceita prontamente o convite de um agitador estudantil e futuro político da Apra (Aliança Popular Revolucionária Americana), Victor Raul Haya de la Torre, para lecionar na Universidade Popular González Prada, em Lima. Realizou 18 conferências à noite sobre atualidades políticas internacionais em uma classe repleta de alunos,

---

8  Para mais informações sobre Mariátegui na Itália, cf. Núñez (1994), Paris (1981), Pericás (2010a, p. 7-59).

em sua maioria composta de operários e estudantes. Talvez a contribuição mais decisiva dos temas apresentados pelo autor de *La escena contemporánea* foi o fato de ser um mediador precípuo nos grandes acontecimentos que estavam sacudindo o painel político, social e econômico internacional. "Como característica diferente de uma nova época, [JCM] havia sublinhado continuamente a crescente internacionalização, que emergia como uma realidade objetiva com a qual era necessário acertar as contas, e não como uma simples opção" (MELIS, 1999, p. 223).

Na palestra de inauguração "A crise mundial e o proletariado", o marxista peruano ressalta não apenas a importância, mas a necessidade objetiva e subjetiva do proletariado peruano de conhecer o que ocorre política, social, econômica e culturalmente nas outras nações do mundo. Isso porque a crise na Europa na década de 1920 tinha uma repercussão direta no Novo Continente. Ou seja, uma situação local e nacional não poderia ser compreendida em sua totalidade sem uma análise do desenvolvimento capitalista internacional.

> Na crise europeia, joga-se com o destino de todos os trabalhadores do mundo. O desenvolvimento da crise, portanto, deve interessar por igual tanto aos trabalhadores do Peru quanto aos trabalhadores do Extremo Oriente. A crise da Europa tem o teatro principal, mas a crise das instituições europeias é a crise das instituições da civilização ocidental. E o Peru, tal como os demais povos da América, gira na órbita desta civilização, não só porque se trata de países politicamente independentes mas economicamente coloniais, ligados à locomotiva do capitalismo britânico, do capitalismo americano ou do capitalismo francês, mas também porque europeia é nossa cultura, europeu é o tipo de nossas instituições (MARIÁTEGUI, 1971, p. 16).

Como se pode perceber, ao sublinhar o caráter coetâneo entre as forças externas (internacional) no próprio desenvolvimento da formação social peruana (nacional), JCM incorpora uma nova dimensão analítica, que servirá de base para o estudo da realidade nacional. Justamente nesta complexa articulação entre as duas dimensões, nacional e internacional, que pulsa na diversidade teórica da obra de JCM é que começa a definir-se a "originalidade de sua elaboração, o que ajuda a explicar sua resistência ao tempo e às conjunturas ideológicas" (MELIS, 1999, p. 223). Tais apontamentos foram sintetizados, segundo a avaliação de Rodrigo Montoya, em cinco pontos que atravessam como um relâmpago o pensamento de JCM:

> a) Não é suficiente observar os fragmentos do Peru, o ideal é ter uma visão do Peru integral; b) Não é possível ignorar o componente hispânico do Peru. Apesar da carnificina da conquista e da exploração colonial, a história do Peru tem sido criada também com aluviões do Ocidente; c) O Peru é um fragmento do mundo. A ciência e a técnica do Ocidente constituem uma herança irrenunciável; d) O descobrimento da América e o do império incaico constituem o começo da modernidade, da utopia de uma sociedade justa; e) Não existe conflito real entre o revolucionário e a tradição (MONTOYA, 1990, p. 52-54).

As bases de um possível socialismo como alternativa política para resolver os graves problemas do país assentar-se-iam na ideia de que o Peru, antes de qualquer coisa, deve ser visto como uma totalidade concreta – no sentido lukacsiano do termo.[9] Não por acaso, mesmo sem ter conhecido a obra do afamado autor de

---

9 "*a sociedade como totalidade concreta*, a organização da produção num determinado nível do desenvolvimento social e a divisão de classes que opera na sociedade. [...]. Estudo concreto significa, portanto: relação com a sociedade como totalidade. Pois é somente nessa relação que se

*Teoria do romance*, Mariátegui mostrou sempre a importância de Hegel no pensamento de Marx, como assevera Enrique Dussel (1994, p. 250-251). No opúsculo *Defesa do marxismo*, JCM abre polêmica com o escritor estadunidense Max Eastman, cujo "hegelianismo é um demônio a ser expelido do corpo do marxismo, exorcizando-o em nome da ciência" (MARIÁTEGUI, 2011, p. 98).

"O internacionalista sente melhor do que muitos nacionalistas, o indígena, o peruano", disse Mariátegui (1970, p. 53). De fato, assumir-se como internacionalista não significa capitular ao nacionalismo. E como um irredutível internacionalista que foi, JCM soube como poucos da tradição marxista frisar a importância da questão indígena e camponesa na América Latina. Em um artigo intitulado "A nova cruzada pró-indígena", de 1927, a propósito da formação de uma associação de trabalhadores intelectuais e manuais peruanos que se propunham realizar uma defesa da causa indígena – o chamado "Grupo Ressurgimento" –, Mariátegui afirma que "o fenômeno nacional não se diferencia, nem se desconecta, em seu espírito, do fenômeno mundial. Ao contrário, ele recebe seu fermento e impulso" (MARIÁTEGUI, 1969, p. 167). Nos textos preparatórios que antecedem *Sete ensaios de interpretação da realidade peruana*, publicado em 1928, considerada a *opus magnum* de JCM, nota-se claramente a insistência de que a aspiração de apreender a realidade peruana, em termos qualitativamente novos, consiste em entender "as ideias e as emoções mundiais". Para um "Peru total", trata-se de comunicá-lo com sua época histórica: "o Peru não aparecia tão incorporado como hoje na história ou na órbita da civilização ocidental" (MARIÁTEGUI, 1969, p. 50).

Isso fica patente no próprio esquema programático que Mariátegui elabora a pedido do Comitê Organizador do Partido

---

revela a consciência que os homens têm de sua existência, e todas as suas determinações essenciais" (LUKÁCS, 2003, p. 140, grifo do autor).

Socialista Peruano (PSP), em outubro de 1928. Os dois primeiros pontos da declaração do programa explicitam categoricamente a necessidade objetiva e subjetiva da associação orgânica entre dois ritmos – nacional e internacional – no conjunto duma mesma unidade:

> 1) O caráter internacional da economia contemporânea, que não permite a nenhum país esquivar-se das correntes de transformação surgidas das atuais condições de produção. 2) O caráter internacional do movimento revolucionário do proletariado. O Partido Socialista adapta sua práxis às circunstâncias concretas do país, mas obedece a uma ampla visão de classe; e as próprias circunstâncias nacionais estão subordinadas ao ritmo da história mundial. [...] numa época de independência e ligação mais acentuada das nações, impõe que a revolução social, internacionalista nos seus princípios, realiza-se com uma coordenação muito mais disciplinada e intensa dos partidos proletários. O Manifesto de Marx e Engels condensou o princípio fundamental da revolução proletária na frase histórica: "Proletários de todos os países, uni-vos!" (MARIÁTEGUI, 1970a, p. 159).

De tal unidade interpretativa, que funde nacionalismo e internacionalismo, resulta uma concepção teórica e política enormemente reticente à noção abstrata de progresso. Trata-se precisamente de sua ruptura com o "progressismo" evolucionista de cunho positivista, ou melhor, com "as ilusões do progresso", e seu "combate [...] às ilusões do reformismo numa transformação social inevitável ou fatal em virtude das ciências assim sentenciar". Ou seja, "Mariátegui, não combate a ciência, mas o uso cientificista que dela se faz para castrar a vontade revolucionária" (VÁSQUEZ, 1998, p. 51). Aposta em uma noção crítica do progresso capaz de sublinhar as características concretas econômicas, políticas e culturais das formações históricas latino-americanas, tais como as tradicionais comunidades do campesinato indígena – ou seja, as tradições sociais e culturais das classes plebeias –, sem negar, com isso, a ciência e pensamento europeus e ocidentais.[10] Em artigo publicado em 1925, com o título "Duas concepções de vida", Mariátegui (1970b, p. 13-14) escreveu: "Antes da guerra, a filosofia evolucionista, historicista, racionalista unia as duas classes antagônicas acima das fronteiras políticas e sociais". Uma época de relativo bem-estar encontrava-se ancorada na ideia de progresso linear e homogêneo: "A humanidade parecia ter achado um caminho definitivo. Conservadores e revolucionários aceitavam praticamente as consequências da tese evolucionista. Uns e outros coincidiam na mesma adesão à ideia de progresso e na mesma aversão à violência" (p. 14).

"O capitalismo deixou de coincidir com o progresso" (MARIÁTEGUI, 2011, p. 41). Não por acaso, num trecho da brochura *Sete ensaios sobre a interpretação da realidade Peruana*, JCM afirma que a exploração do guano e do salitre no Peru revelar-se-ia economicamente trágica, pela decadência das aplicações do imperialismo estrangeiro, "como resultado das contínuas mutações produzidas no campo industrial pelas invenções da ciência", ou seja, "da instabilidade econômica e industrial e engendrada pelo progresso científico" (MARIÁTEGUI, 2010, p. 42). Em outra passagem, ainda, o autor insiste em alertar que a nova geração deveria estar ciente de "que o progresso do Peru será fictício, ou pelo menos não será peruano, enquanto não seja a obra e não signifique o bem-estar da massa peruana" (MARIÁTEGUI, 2010, p. 64). O aspecto politicamente decisivo da ruptura com o

---

10 Basta recordar na "advertência" dos *Sete ensaios* a afirmação de Mariátegui sobre a indissociabilidade entre o pensamento europeu e o indo-americano: "Fiz na Europa o melhor de minha aprendizagem. E acredito que não há salvação para Indo-América sem a ciência e o pensamento europeus ocidentais" (MARIÁTEGUI, 2010, p. 32).

evolucionismo encontra-se, desse modo, precisamente na ideia de que o progresso não poderia apontar soluções aos problemas do subdesenvolvimento latino-americano.

## PROBLEMAS TEÓRICOS SOBRE O MST

Na segunda parte que endossa este primeiro capítulo, pretende-se proporcionar uma discussão teórica a respeito de temas sobre o MST que são vistos como necessários, antes de desenvolver o problema de sua atuação política internacionalista. Limitar-nos-emos neste tópico ao exame de três problemas específicos que aparecem de maneira excessiva (ou, opostamente, estão ausentes) nos estudos bibliográficos sobre o MST. Em um primeiro momento, será colocada em questão a construção de uma periodização da trajetória política do Movimento. Embora haja claros limites para esse tipo de consecução, já que não há um único verdadeiro, trataremos de sugerir uma nova periodização a partir das propostas antigas. Em segundo lugar, versaremos sobre o caráter organizativo do MST. A dificuldade de avançar na caracterização da estrutura organizativa peculiar do MST assenta-se em estudos que tendem a polarizar-se – realizando, de um lado, "apologias" em que a forma de organização simboliza uma "democracia" absoluta, e de outro, como "denúncia" de uma expressão autoritária por excelência. Distanciando-se desses dois polos, apresentaremos dois trabalhos sobre o tema – Peschanschi (2007) e Aliaga (2008) –, que contribuem criticamente para a compreensão de suas potencialidades e suas fraquezas, sem a pretensão de generalizar os resultados obtidos. Finalmente, a terceira subseção se debruçará sobre a expressão "sem-terra" – inspirando-se nos recentes trabalhos de Marcelo Rosa (2008, 2009, 2012) –, um assunto ainda pouco depurado pela sociologia rural, mas que recentemente suscita contribuições significativas, principalmente pautando-se pela desnaturalização da categoria "sem-terra", que, a bem da verdade, é uma construção política que envolve necessariamente a mediação do Estado.

## Periodização

Para analisar o MST, uma das questões importantes para a consecução deste trabalho está atrelada a sua periodização. Alguns pesquisadores (FERNANDES, 2010; GOHN, 2003; NAVARRO, 2002) possuem em seus respectivos trabalhos diversas sugestões para periodizar a trajetória do MST. Na maioria dos estudos de caso, os autores procuram dialogar com tais tentativas de periodização traçadas pelos cientistas e/ou baseiam-se na própria divisão que o Movimento faz de sua própria trajetória (MORISSWA, 2001). Entretanto, parece ainda não existir um acordo geral a respeito dos critérios que estabelecem as divisões do percurso histórico do MST.

Antes de apresentar propriamente as diferentes tentativas de periodização da trajetória política do MST, seria relevante refletir, mesmo que de maneira incompleta e parcial, sobre a força e a fraqueza do próprio *ato de periodizar*. Nesse ensejo, a brochura *Modernidade singular*, de Fredric Jameson (2005), é de grande valia. Examinando os conceitos de "modernidade" e "modernismo", o crítico marxista norte-americano viu-se na obrigação de abrir uma discutição sobre a forma de periodização, que é o que nos interessa.

Em Jameson, a periodização é um movimento complexo de dupla face, entre as ações recíprocas de uma dialética de continuidade e ruptura. O acento nas continuidades de um processo transforma-se na consciência de uma ruptura radical, enquanto a atenção voltada à ruptura lentamente transforma-se em um período. No entanto, os perigos de qualquer divisão em sequências categóricas envolvem sempre simplificações arbitrárias, fazendo com que muitos analistas rejeitem totalmente tal procedimento.

O crítico literário alerta sobre os percalços dessa aplicação, ou melhor, o limite, em última instância, seria a própria operação da periodização:

> na verdade, quero insistir em algo mais do que o simples uso errôneo da periodização: desejo afirmar que essa operação é intolerável e inaceitável, em sua própria natureza, pois tenta assumir um ponto de vista, sobre os acontecimentos individuais, muito além da capacidade de observação de qualquer indivíduo, e também unificar, tanto horizontal quanto verticalmente, uma profusão de realidades cujas mútuas relações, para dizer ainda pouco, devem manter-se inacessíveis e impossíveis de verificação (JAMESON, 2005, p. 41).

Entretanto, antes de enxotar o método desse procedimento, o autor de *O inconsciente político* avalia que as consequências do repúdio podem ser "piores" e "regressivas", cuja formas mais óbvias seriam as "intermináveis séries de fatos simples e eventos não relatados" (p. 41). Malgrado as objeções à periodização e às consequências de sua dissolução, o crítico marxista observa que, enquanto seres narrativos, teremos pouca escolha: "é impossível não periodizar". Afinal de contas, "a periodização não é alguma consideração opcional que se acrescenta ou subtrai segundo os próprios gostos e inclinações, mas sim um aspecto essencial do próprio processo narrativo" (p. 98).

Assim, se a periodização é aceita como aspecto essencial do próprio processo narrativo, poder-se-á aplicá-la para entender a *démarche* social do movimento mais sólido da história do Brasil, o MST? Certamente. Ora, entendemos que a periodização é um recurso útil não só do ponto de vista didático, mas enquanto estratégia de investigação (CERVO, 1993, p. 53). Obviamente, o ato de periodizar o MST representa um difícil desafio de pesquisa dada à vigorosa história social que tal organização/movimento representa, além das variações políticas regionais que se acentuam constantemente. O problema aumenta quando se constata que não existe *uma* periodização correta. Tampouco, a produção de uma periodização rígida provavelmente não terá muito sucesso. Nesse sentido, a intenção é examinar quatro tentativas que procuram traçar a evolução das "fases" do MST e que, como veremos, muitas das indicações são complementares para fornecer elementos de uma nova tentativa de periodização, tendo em conta a dinâmica do Movimento na vida social, política e econômica internacional.

Mitsue Morissawa (2001) divide em quatro fases históricas o MST, pautando-se especialmente nos Congressos Nacionais, instância máxima de tomada de decisões, que mormente ocorre de cinco em cinco anos, com exceção do último congresso, que ocorreu em um intervalo de sete anos: primeiro período (1979/1984); segundo período (1985/1989); terceiro período (1989/1994); quarto período (1995/2000).[11] Maria da Glória Gohn (2003), por sua vez, divide o percurso do MST em três fases: de 1979 a 1985, na qual salienta o significado da luta pela terra como equivalente à luta da Reforma Agrária; de 1985 a 1988, período em que o Movimento adquire caráter nacional, organizando-se nos estados e realizando ocupações de terra; de 1988 a 1996, a palavra de ordem passa a ser "ocupar, resistir, produzir": "a consciência da necessidade de superar a agricultura artesanal para formas que levem à modernização das relações sociais no campo é outro destaque deste último período" (GOHN, 2003, p. 145). Não custa lembrar que as duas periodizações têm como parâmetro as palavras de ordem enunciadas nos Congressos Nacionais do MST.

---

11 Como o trabalho foi escrito em 2001, a periodização termina na data em que o trabalho foi escrito.

Quadro 1.1. Palavra de ordem do MST: uma cronologia, 1979-2007

| Ano | Origem | Palavras de ordem |
|---|---|---|
| 1979 | Campanha da Igreja Católica pela Reforma Agrária | "Terra para quem nela trabalha" |
| 1984 | 1º Encontro Nacional | "Terra não se ganha, terra se conquista" |
| 1985 | 1º Congresso Nacional | "Sem reforma agrária não há democracia" "Ocupação é a única solução" |
| 1990 | 2º Congresso Nacional | "Ocupar, resistir, produzir" |
| 1995 | 3º Congresso Nacional | "Reforma agrária: uma luta de todos" |
| 2000 | 4º Congresso Nacional | "Por um Brasil sem latifúndio" |
| 2007 | 5º Congresso Nacional | "Reforma agrária: por justiça social e soberania popular" |

Fonte: FERNANDES, 2010, p. 185.

Diferentemente das sugestões de Morissawa (2001) e Gohn (2003), circunscritas apenas nas palavras de ordem do MST, a tentativa de Bernardo M. Fernandes, no seu artigo "Formação e territorialização do MST no Brasil" (2010), pressupõe uma base ampliada de análise que pretende identificar mudanças de essência na trajetória do MST. A periodização também leva em conta a determinação das decisões de instâncias políticas do MST, embora o autor não se limite apenas por esse referencial. Claramente trata a questão de maneira mais matizada e detalhada, construindo outros parâmetros, especialmente a partir das metamorfoses na estrutura organizativa do MST, na conjuntura brasileira e mundial e no processo de territorialização.[12] Este último constitui o

---

12 "O processo de territorialização é compreendido pelas ocupações de terra e conquista de assentamentos rurais. Esses territórios se constituem em novos espaços onde o campesinato se recria e reproduz a luta pela terra mediante a formação de um movimento camponês. Essa leitura da luta pela terra nos permite compreender que forma de organização

eixo nuclear estruturante de toda periodização, já que, segundo o autor, consiste em um processo permanente na história do MST. Trata-se, pois, de quatro momentos de formação do MST. Fernandes denomina o primeiro período de *gestação* (1979-1984), como também afirmam anteriormente as duas autoras. É um momento de formação das bases constitutivas do MST anterior à sua formação oficial. Segundo o geógrafo, é um momento em que forças sociais e políticas distintas emergem simultaneamente em espaços políticos diferentes. Com relação às lutas sociais rurais, em particular, ocorrem ocupações de terra de diversos sujeitos sociais do campo que vão pouco a pouco se articulando: colonos nas fazendas Macali e Brilhante, no Rio Grande do Sul; posseiros resistindo à expansão da pecuária, no oeste da região de São Paulo; arrendatários que ocuparam a fazenda Baunilha, no Mato Grosso do Sul (FERNANDES, 2010, p. 165).

A criação formal do MST em 1984 coroa o fim dessa fase de gestação e abre-se para o período de *consolidação* (1985-1989). A partir de então, há uma clara ampliação das ações do Movimento em escala nacional, notadamente na região Sudeste, Centro-Oeste e Nordeste, onde cada região e cada estado tem seu próprio ritmo de ações e de consolidação. Ademais, também está em consolidação o apoio de diversas entidades – como a CPT, Central Única dos Trabalhadores (CUT), Partido dos Trabalhadores (PT), grupos de direitos humanos, sindicatos de trabalhadores rurais –, as definições no estabelecimento de sua estrutura política (corpo diretivo, setores de atuação etc.) e o estabelecimento e composição de sua identidade política (bandeira, símbolos, hino do MST):

> Um conjunto de ações – a formação permanente de lideranças que fortaleceram a organicidade e garantiram a territorialização do MST, em uma rede em escala nacional e

e território são partes indissociáveis da luta camponesa" (FERNANDES, 2010, p. 163).

organização de autonomia política, com a construção de uma tradição de resistência camponesa – explica o processo de consolidação do MST (FERNANDES, 2010, p. 170).

O terceiro período assinalado por Fernandes seria o de *institucionalização* (1990 até o presente). Institucionalização do MST significa, para o autor, que o Movimento se tornou o principal interlocutor do Governo Federal a respeito de um programa político e econômico sobre a questão agrária no país. Trata-se do "maior" período com relação aos anteriores em que o MST está enquadrado, e tanto o é que perdura até hoje, segundo a avaliação de Fernandes (2010). E é por apresentar essa característica – a institucionalização – como essencial que o argumento pauta-se, em grande medida, na relação que o MST construiu paulatinamente com os governos federais: Fernando Collor de Mello (1990-1992), Itamar Franco (1992-1994), Fernando Henrique Cardoso (1995-1998/1999-2002) e Luiz Inácio Lula da Silva (2003-2006/2007-2010).[13] Nesta fase, também, o MST amplia e cristaliza significativamente sua estrutura organizativa: consolida os setores de atividades (Formação, Educação, Produção, Cooperação, Comunicação, Finanças, Projetos, Direitos Humanos, Relações Internacionais, Saúde, Gênero, Cultura, Mística), cria organizações paralelas com registro público – Confederação das Cooperativas de Reforma Agrária do Brasil (Concrab), Instituto Técnico de Capacitação e Pesquisa da Reforma Agrária (Iterra), Escola Nacional Florestan Fernandes (ENFF) –, associadas a cooperativas, escolas, centros e cursos de formação que transitam em diversos eixos temáticos (FERNANDES, 2010, p. 170-171/ 182-183).[14] Sem contar que a organicidade do MST ampliou

---

13 Para uma avaliação sobre o MST e a política da reforma agrária no Brasil nos governos recentes, ver Fernandes (2008).

14 Sobre a estrutura e a forma de organização do MST, ver Aliaga (2008) e Peschanski (2007). De qualquer modo, se discutirá mais esse assunto no próximo item.

estratégias de comunicação, como o uso de rádios comunitárias, o uso do JST, da *Revista Sem Terra*, da internet.

O quarto momento – e último –, que praticamente atua simultaneamente ao período de institucionalização, é o que o geógrafo nomeia de *mundialização* do MST (1996 até o presente). Sinteticamente, trata-se do processo de formação do MST que está articulado num contexto marcado pela ampliação das lutas camponesas em escala internacional, especialmente com a filiação à Via Campesina. Nesse sentido, ocorreriam diversas manifestações conjuntas e simultâneas dos movimentos camponeses em várias cidades do mundo, onde o MST tem uma participação considerável.

> O quarto momento na formação do MST inclui o processo de mundialização dos movimentos camponeses, com a criação e o fortalecimento da Via Campesina. A nova conotação internacional da luta pela reforma agrária, a partir da segunda metade da década de 1990, ganha força com o surgimento da Via Campesina e a disputa em torno da política da reforma agrária do mercado do Banco Mundial (FERNANDES, 2010, p. 164).

A última tentativa de periodização afiançada por Zander Navarro (2002) seguramente é a que mais se distancia das demais propostas, mas, mesmo assim, há momentos de complementação. São, então, assinalados pelo autor três momentos nodais, de modo que o ponto de ruptura da cada período reside essencialmente na *estratégia política* adotada pelo MST: a primeira etapa – "os anos formativos" – estaria circunscrita entre as primeiras ocupações e a realização do 1º Congresso Nacional (em janeiro de 1985), na qual o movimento era essencialmente sulista. Nesta primeira fase, em virtude da presença preponderante da Igreja Católica, percebe-se "a adesão a ações marcadas pela não-violência", do lado do MST, e "pelo lado do Governo Federal, destacava-se a presença clara da reforma agrária na agenda do Estado, em virtude da militarização de tais disputas sociais" (NAVARRO, 2002, p. 203).

A segunda etapa ocorre entre 1986 e 1993. Para Navarro, a orientação política de não violência muda para *confrontação* e *enfrentamento* com policiais e jagunços de proprietários rurais. Por trás dessa tática está a diminuição da influência dos setores da Igreja Católica no Movimento, permanecendo de maneira secundária. Além disso, o Sul deixa de ser região privilegiada de ação, voltando-se para outros estados do território brasileiro, em especial São Paulo. O crescimento dos assentamentos nessa fase faria também com que o MST trabalhasse a fim de organizar a produção nesses espaços a partir da constituição de cooperativas coletivizadas.

A terceira etapa estaria entre 1994 e 2002. O MST continua adotando uma postura de confrontação como principal arma de luta, mas os trágicos eventos ocorridos nesse período (Corumbiara, em 1995, e Eldorado dos Carajás, 1996) fazem com que o Movimento ganhe notável visibilidade nacional (e internacional) através de meios e canais de comunicação diversos. Também o autor destaca o nascimento de uma "segunda geração" de militantes no MST, o que criaria tensões com a geração anterior, em virtude de compreensões distintas da vida social e das estratégias de transformações da sociedade.

Diante desse quadro de propostas acerca da periodização da trajetória do MST, a orientação do estudo das mudanças giram em torno fundamentalmente dos Congressos Nacionais do Movimento (MORISAWA, 2001; GOHN, 2003), uma referência interessante, mas insuficiente. De qualquer modo, um consenso geral entre os autores parece residir no primeiro período do MST: a gestação e seu nascimento (1979-1984/1985). Para além dos argumentos assinalados pelos autores, acrescentamos apenas que o ano de 1985 parece ser mais adequado na medida em que ocorre o processo de redemocratização do país, um fator político interno de vital importância.

Em relação à proposta de um segundo período, nomeado de consolidação do MST, Fernandes (2010) tem uma inclinação maior para estabelecê-lo a partir da expansão de seu caráter nacional e de sua estrutura organizativa entre 1985/1986 a 1988/1989, enquanto Navarro estende o segundo período para o ano de 1993, ressaltando a tática de enfrentamento que o MST estabelece enquanto eixo de atuação política. Quanto à periodização de Navarro, parece inconsistente essa datação tão longa, na medida em que nos anos iniciais da década de 1990, com a ascensão de Fernando Collor de Mello à Presidência da República do país, o *MST refluiu claramente nas suas lutas*. Em nossa concepção, o ano de 1989 é bastante emblemático pelas circunstâncias políticas nacionais e internacionais que estavam em curso. Além do processo de consolidação nacional do Movimento (característica que se manterá presente também na década de 1990), há nesse período o componente de uma energia social significativa de vários setores subalternos organizados (com participação ativa do MST), cujo processo "final" dar-se-á na formação da Frente Popular durante a disputa de Lula e Collor para Presidência da República, em 1989, com apoio ao primeiro candidato.[15] A derrota de Lula naquele momento é uma derrota para a classe trabalhadora brasileira em geral e o MST não escapa disso. Sem contar que, no plano internacional, ocorrem diversas derrotas políticas da esquerda na América Latina (como El Salvador e Nicarágua),[16] assim como a queda do Muro de Berlim. Nesse sentido, existe um cruzamento interessante entre trajetória do MST e conjuntura política nacional e internacional. Ou seja, o segundo período que

---

15 Para uma análise desse processo histórico de ascensão das lutas populares e o PT, ver Secco (2011).

16 Como veremos no capítulo II deste trabalho, o MST esteve extremamente ligado às convulsões sociais e políticas que emanaram na América Central durante a década de 1980, em um intenso diálogo e cooperação especialmente com os trabalhadores do campo da Nicarágua e El Salvador.

concebemos da evolução do MST é idêntico ao de Fernandes, mas com argumentos distintos que se complementam.

O terceiro período do processo de formação do MST postulado por Fernandes é o de institucionalização, de 1990 até o presente. Por sua vez, Zander Navarro aponta que, entre 1994 e 2002, é o momento de expansão no Pontal de Paranapanema, de mutações na estrutura de organização e na militância e de crescimento de dificuldades para a ação, permanecendo isolado o MST, entre 1994 e 2002. Novamente, a nossa sugestão de periodizar o terceiro período coincide com a sugerida por Fernandes (2010). Porém, demarcar-se-á o terceiro período até o ano de 1995. Isso não significa afirmar que se trata do fim da institucionalização do MST. É sabido que este processo perdura até os dias atuais; ele tem reconhecimento social e é o principal ator político e interlocutor com governos sobre o tema da reforma agrária. Talvez o momento mais simbólico desse período tenha sido o fato do presidente Itamar Franco receber em seu gabinete membros do MST.

Mas, a partir de 1996 até 2002, o MST entra em um novo período, o de mundialização (FERNANDES, 2010). Nessa fase também se amplia e se consolida sua penetração em setores da pedagogia, cultura, comunicação etc. O MST e o tema da questão agrária atingem o ápice da percepção do interesse nacional nesse período. O Massacre de Eldorado dos Carajás, em 17 de abril de 1996, ganha enorme notoriedade internacional. Sua atuação política na arena internacional é aprofundada, especialmente com a articulação com movimentos camponeses, em escala continental (Cloc) e internacional (Via Campesina). Tem participação no Fórum Social Mundial, nos protestos mundiais contra as chamadas "organizações multilaterais" e em outras formas de articulação internacional. Ademais, arma-se uma conjuntura em que a composição socioeconômica do campo nacional está radicalmente atrelada às modificações da economia internacional.

Finalmente, se permite aventar aqui um quinto e último período que o MST vivencia: de 2003 até o tempo presente. Não custa recordar que elementos da institucionalização e da mundialização identificados como eixos essenciais dos períodos precedentes não estão neutralizados. Ao contrário, eles continuam ativos, mas são complementados e transformados por fatores externos e internos do Movimento, em especial sua relação com o Governo Federal. Sem entrar em maiores detalhes em um tema tão delicado como esse, um exemplo frequente que tem acalentado o debate político atual sobre a (complexa) relação entre movimentos sociais e o Estado (e que se desenvolverá adiante) é se o MST enfraqueceu ou não sua autonomia a partir da ascensão do Partido dos Trabalhadores (PT) no Governo Federal, no ano de 2003 – já que o PT é um antigo aliado político desde o nascimento do MST. Segundo Ruy Braga, por exemplo, o MST desenvolveu nos últimos dez anos uma "*existência bifronte*": de um lado, milhares de pessoas em acampamentos esperando uma atitude do governo de desapropriar terras; de outro, as famílias assentadas dependentes de crédito rural para financiar a pequena agricultura familiar.

> Ou seja, se identificamos entre os trabalhadores rurais sem-terra milhares de vozes críticas ao lulismo a se desgarrar das amarras do controle político do Governo Federal, também localizamos uma fonte de acomodação ao *status quo* cuja política deixou de negar radicalmente o latifúndio ou o agronegócio. Entre o acampamento e o assentamento, o MST tem buscado superar suas contradições, reinventando-se como o mais importante movimento social brasileiro das últimas décadas (BRAGA, 2012, p. 241-242).

Além do *bifrontismo político*, que caracteriza o MST a partir de 2002, ocorre também um crescente protagonismo feminino na composição de sua Direção Nacional. A ocupação da propriedade da Aracruz Celulose, no estado do Rio Grande do Sul, por mulheres da Via Campesina, anunciam uma nova etapa histórica do MST (PESCHANSKI, 2007, p. 136).

Quadro 1.2. Tentativa de periodização da trajetória do MST

| Período | Data | Fases |
|---|---|---|
| 1 | 1979-1985 | Gestação e nascimento |
| 2 | 1986-1989 | Formalização, massificação, expansão, unificação das lutas |
| 3 | 1990-1995 | Institucionalização |
| 4 | 1996-2002 | Superar os efeitos do neoliberalismo no âmbito nacional e internacional |
| 5 | 2003- até presente | Bifrontismo político / Reestruturação interna |

Uma periodização de base ampliada de análise – condicionantes externos, composição socioeconômica, dinâmica interna – pode resultar em uma avaliação mais depurada com relação à determinação de diversos fatores que agem em um período específico, já que este é expressão de uma unidade explicativa que orienta as mudanças essenciais do tempo.

Organização e forma política

O segundo problema diz respeito à forma de organização do MST. Qual, afinal, o formato de sua organização? Movimento social? Partido político? Tais perguntas têm sido frequentemente debatidas sem muito sucesso, não apenas entre os especialistas, pois seu eco influi na sociedade brasileira entre aqueles que se interrogam sobre o assunto. É também, vale dizer, o tema em que se encontra a munição técnica para "atacar" ou "defender" o MST.

Sinteticamente, as avaliações do formato e da evolução organizacional do MST estão marcadas por duas correntes não declaradas de confronto. De um lado, avaliações como as de José de Souza Martins (1997, 2003, 2004) e Zander Navarro (2002) têm apontado que as lideranças do MST manipulam e instrumentalizam as ações coletivas com objetivo de atender a interesses privados. Haveria um agudo desencontro entre interesses políticos da organização dos sem-terra, isto é, de um lado, lideranças, militantes intermediários, funcionários especializados e, do outro o movimento de base, composto pelas famílias sem-terra. Trata-se de uma interpretação que aponta como conservadora a forma de organização do MST, pois impõe um *ethos* "militarista", incita "abusos de poder", "autoritarismo", "obediência incondicional". Contrariamente, trabalhos como os de Horácio de Carvalho (2002) e Roseli Caldart (2004) afiançam que a divisão de tarefas na estrutura organizativa do MST é "descentralizada", "múltipla", "aberta", marcada por uma organização coletiva que no decorrer do tempo manteve fielmente seus princípios "coerentes" e "democráticos".

Como facilmente se percebe, os argumentos variam entre extrema "oligarquização" e "democratização" da forma organizativa do MST. Escapando dessas duas tendências, em duas pesquisas – as quais, aliás, bastante complementares – buscou-se compreender sistematicamente a questão da organização do MST. Trata-se de *A evolução organizacional do MST*, de Peschanski (2007), e *A forma política do MST*, de Aliaga (2008).

No primeiro trabalho, o autor defronta-se com o processo de formação e composição das instâncias decisórias do MST, particularmente a Direção Nacional (DN), criada em 1988. Ao invés de declarar se a evolução da organização é "boa" (democrática) ou "ruim" (oligárquica), como costumam fazer os intérpretes sobre o tema, com o objetivo político de qualificar ou desqualificar o Movimento, Peschanski procura compreender historicamente a dinâmica da organização através das relações complexas entre "objetivos dos grupos mobilizados, as circunstâncias em que se encontram e a atuação das lideranças" (2007, p. 5).

Com a formalização do Movimento, em 1984, a relação entre os sem-terra e os setores da Igreja que compunham a sua pré-formalização deixa de variar em função das tensões entre assessores e lideranças e das novas circunstâncias políticas geradas pelo processo de redemocratização no Brasil. Isso leva a uma fase de recriação da identidade e da organização do MST, isto é, "romper definitivamente com a estrutura organizacional da Igreja, garantir a unidade [...] e radicalizar a atuação do movimento" (PESCHANSKI, 2007, p. 74). Daí que, em meio a essas transformações que o Movimento vivencia, as lideranças criam em 1988 uma instância decisória: a DN.

> Inicialmente, começamos com uma coordenação provisória, criada em Cascavel, que era dos estados do Sul. Esta preparou o Congresso de janeiro de 1985. No congresso, elegemos uma coordenação com dois representantes por estado dos 13 que estavam presentes. Só havia essa instância. Em 1986 (creio que no segundo Encontro Nacional), estudamos sobre a questão da organização política dos trabalhadores, onde os assessores, sem revelar a base leninista e maoísta da teoria, propuseram que se deveria criar, por medida de segurança, uma Direção Política. Assim foi feito. Mas, com o decorrer do tempo, verificou-se que a coordenação não tinha influência e a DP estava ultrapassando os limites. Então criamos uma Executiva Nacional com um por estado e mais a Coordenação que eram dois por estado. Mas a DP que ficou sendo um grupo pensante. Aos poucos percebemos que a DP continuava a dirigir, pois tinha mais informações. Optamos por extingui-la. Mudamos o nome da Executiva, que passou a se chamar Direção Nacional, e mantivemos a Coordenação Nacional. Para substituir a Direção Política, criamos o Grupo de Estudos Agrários (Ademar Bogo em entrevista a João A. Peschanski, 2007, p. 76-77).

A análise é feita segundo descrição da evolução da composição da DN entre 1988 e 2006, por meio do acesso que o pesquisador teve às listas de presença em reuniões da DN. Nos dois primeiros anos de funcionamento, mantém-se o que o autor denomina de "tumulto organizacional", quando lideranças abandonaram o MST. Peschanski (2007, p. 99-100) divide em três fases a evolução organizacional do Movimento: 1) 1988 a 1997, quando é perceptível a alta concentração de cargos pelas mesmas pessoas; 2) 1998 a 2005, quando a taxa de permanência das lideranças de ano para ano continua alta, porém, já se pode observar uma relativa queda, em razão de uma progressiva ampliação no número de cargos; 3) 2006 até o tempo presente, quando há um aumento de proporção de novos integrantes na Direção – 70% dos dirigentes do MST nunca haviam ocupado o cargo em anos anteriores.

Peschanski compreende que a dinâmica da organização do MST, no tocante à concentração de cargos na década de 1990, é opressão (e termômetro) das variações do cenário político, e não o resultado de uma lei inexorável que leva as organizações a se tornarem "oligárquicas" ou "democráticas". Nesse caso em particular, o processo de centralização da DN é fruto da relação de enfrentamento entre o MST e o Governo Federal tido como principal adversário, notadamente o de Fernando Collor e Fernando Henrique Cardoso. "Numa situação de disputa, as lideranças fecham a instância para garantir coesão e criar mecanismos para tomada de decisões rápidas" (PESCHANSKI, 2007, p. 140).[17]

Novamente, em 2002, sob um cenário político distinto, a propósito da vitória de Lula, que ocupa o cargo na Presidência

---

17 "Ademais, a percepção por parte das lideranças de riscos de infiltrações e a necessidade de manter a coesão organizacional os leva a adotar uma direção centralizada e com pouca abertura. Essa estrutura organizacional aponta para uma situação de introspecção do movimento, em que a organização adota como um de seus pontos principais o fortalecimento dos laços internos e de institucionalização, resistindo à influência do Estado" (PESCHANSKI, 2007, p. 105).

da República, a DN do MST foi obrigada a se reformular e, por isso, *a estimular um processo de desconcentração do poder das instâncias decisórias*, aumentando o número de dirigentes nacionais, por vários motivos: surgimento de novas lideranças, método autoritário e centralizador, despolitização e perda de influência da base e incapacidade de alcançar o objetivo de obter impacto no cenário político e pressionar por reivindicações.

Além disso, o autor traçou um perfil das lideranças do MST, apresentando dados sobre origem social (camponesa ou não camponesa) e sexo (masculino e feminino). Em relação à origem social, foi descoberto que a maioria da direção é formada por lideranças originárias do campo. E com relação à questão de gênero, constatou-se que a DN sempre foi pouquíssimo aberta às mulheres para os cargos de decisão até 2006, quando passa a adotar uma política de equilíbrio de representação de gênero (ou seja, as mulheres teriam, nessa instância, uma participação numérica equivalente à dos homens), marcada por uma conjuntura de crescente protagonismo radical feminino através do MST/Via Campesina.[18]

Luciana Aliaga (2008), por sua vez, vai enfocar as relações entre movimento social e organização política formal do MST. Ou seja: a autora procura responder a uma inquietante pergunta feita amiúde entre os pesquisadores que estudam o Movimento: afinal, o MST é um movimento social ou partido político?[19] José de

---

18 Para uma análise do protagonismo das mulheres nos movimentos sociais, particularmente no MST/Via Campesina, ver Pinassi (2009).

19 Resumidamente, durante o final da década de 1960, emergia na sociedade americana uma nova corrente analítica chamada de Teoria da Mobilização de Recursos (TMR), cujo maior expoente foi Charles Tilly, que destacaria os movimentos como grupos de interesses através da captação de recursos humanos, financeiros, comunicação e infraestrutura. Diante disso, também eclodiu uma nova abordagem, conhecida como Teoria da Mobilização Política (TMP), munida de um repertório conceitual – por exemplo, o conceito de oportunidade política e de *frame* – que enfatizaria outros aspectos, como o contexto político nas formações dos movimentos e os ciclos de protesto das ações coletivas.

Souza Martins, por exemplo, afirma que o MST não é mais um movimento social. Para o sociólogo, haveria uma tendência de desaparecimento dos movimentos sociais (que é próprio de sua dinâmica), ou por estes atingirem os objetivos desejados, ou pelo esgotamento dos mesmos objetivos. E se por acaso o problema não for resolvido, "a tendência é a de que o movimento se institucionalize, se transforme em uma organização, como é o caso do MST" (MARTINS, 1997, p. 62). O sociólogo ainda afirma: "Eu diria que ele [o MST] é o primeiro e único partido popular agrário que temos no Brasil, apesar de não ter programa e organização propriamente partidários" (p. 62-63).

Ao que tudo indica, entretanto, "a peculiaridade do MST consiste em sua capacidade de incorporar características de partido no movimento social, o que não faz dele um partido político, mas que lhe imprime na estrutura organizativa uma 'forma partido'" (ALIAGA, 2008, p. 8). Nessa jusante, aventar a hipótese da "forma partido" não autoriza afirmar que o MST deixou de ser movimento social e nem que seja um partido político *stricto sensu*:

> Embora o surgimento do MST se deva a uma demanda específica de um setor da sociedade – a reforma agrária –, em sua trajetória o Movimento expande seus objetivos iniciais,

---

Concomitantemente, no continente europeu, brotaria nas ciências sociais uma corrente conhecida como Novos Movimentos Sociais (NMS). Nela destacaram-se, pelo menos, três autores – Touraine, Melucci e Offe –, realçando os processos de construção de identidade a partir dos processos de conflito. Para um balanço das teorias europeias e americanas e sua recepção na América Latina, ver Toni (2001), Gohn (1997; 2008), Alonso (2009), Vieira (2011). Embora seja dificílimo reduzir a multiplicidade de vertentes teóricas sobre a definição da categoria movimentos sociais, é possível, contudo, estabelecer alguns parâmetros mínimos para uma conceituação teórica entre eles. Provavelmente, a diferenciação fundamental – segundo Gohn – refere-se à esfera em que ocorre a ação coletiva: "trata-se de um espaço não-institucionalizado, nem na esfera pública, nem na esfera privada, criando um campo político, como observou Offe" (GOHN, 1997, p. 247).

colocando-se num plano de ação mais amplo, propondo-se à construção da hegemonia de seu grupo fundamental – os trabalhadores rurais – na sociedade civil, assumindo assim funções de partido. A forma política adequada a essas funções – resultado das reflexões internas do Movimento, baseadas nas experiências históricas e no referencial teórico marxista – foi a "forma partido" (ALIAGA, 2008, p. 6).

Aliaga ancora-se no pensamento político de Antonio Gramsci, para quem o partido é a expressão da passagem do momento meramente econômico à elaboração ético-política, e cuja função é o equilíbrio e arbitragem entre os interesses sociais fundamentais e os outros grupos na medida em que busca o consentimento ao grupo programado. Assim, a autora afiança que o MST procura resguardar os interesses das classes dominadas do campo – a luta política pela reforma agrária –, e, concomitantemente, amplia seu projeto de forma a incorporar os interesses das classes populares como um todo.

Como desenvolvido no trabalho de Peschanski (2007), a autora também corrobora que a estrutura de organização do MST passou por uma evolução, sofreu frequentes reordenamentos, mudanças, aperfeiçoamentos e ajustes ao longo de sua trajetória. O resultado disso é uma "ampla estrutura que organiza as famílias acampadas até a direção nacional. Configura-se, portanto, uma estrutura burocrática que abrange desde a base até as instâncias superiores" (ALIAGA, 2008, p. 92). Mas atenção: para entender a completude da proposta da autora, é imperativo que se faça a distinção – baseada em Gramsci – entre burocracia, que significa um corpo de instâncias de decisão e de funcionários especializados, e burocratização, que é a cristalização destas mesmas instâncias e sua perpetuação, mesmo após perderem sua função.[20]

---

20 O marxista sardo constrói a distinção entre o que denomina "centralismo orgânico e democrático", ou seja, "um 'centralismo' em movimento, por

Quadro 1.3. Estrutura organizativa do MST

| Instâncias de Representação | Setores de Atividades |
|---|---|
| Congresso Nacional<br>Encontro Nacional<br>Direção Nacional<br>Encontro Estadual<br>Coordenação Estadual<br>Direção Estadual<br>Coordenação Regional<br>Coordenação de Assentamentos<br>Coordenação de Acampamentos<br>Núcleos de Base | Secretaria Nacional<br>Secretarias Estaduais<br>Setor de Frente de Massa<br>Setor de Formação<br>Setor de Educação<br>Setor de Produção, Cooperação e Meio Ambiente<br>Setor de Comunicação<br>Setor de Finanças<br>Setor de Projetos<br>Setor de Direitos Humanos<br>Coletivo de Relações Internacionais<br>Setor de Saúde<br>Setor de Gênero<br>Coletivo de Cultura<br>Coletivo de Mística |
| **Organizações convencionais** | Anca – Associação Nacional de Cooperação Agrícola<br>Concrab – Confederação das Cooperativas de Reforma Agrária do Brasil Ltda.<br>Iterra – Instituto Técnico de Capacitação e Pesquisa da Reforma Agrária<br>ENFF – Escola Nacional Florestan Fernandes |

Fonte: FERNANDES, 2010, p. 182.

assim dizer, isto é, uma contínua adequação da organização ao movimento real, um modo de equilibrar os impulsos a partir de baixo com o comando pelo alto, uma contínua inserção dos elementos que brotam do mais fundo da massa na sólida moldura do aparelho da direção, que assegura a continuidade e a acumulação regular das experiências" e, por sua vez, "centralismo burocrático", que "indica que o grupo dirigente está saturado, transformando-se num grupelho estreito que tende a criar seus mesquinhos privilégios, regulamentando ou mesmo sufocando o surgimento das forças contrastantes, mesmo que essas forças sejam homogêneas aos interesses dominantes fundamentais" (GRAMSCI, 2001, p. 91).

Diante disso, a autora afirma que a estrutura organizativa do MST se define como uma organização de massa (pois apresenta como estrutura de base os núcleos e as brigadas),[21] já que se empenha na educação política da base (elaboração da política adequada para atingir interesses da classe que representa e formação da consciência de classe) e consiste num sistema de instituições complexas estruturadas em âmbito nacional, estadual e local, articulados entre si e centralizados politicamente, com um corpo de funcionários especializados. Tais características aproximariam a estrutura organizativa do MST, segundo a autora, "morfologicamente dos partidos de formação externa ao parlamento". Comparando a estrutura do MST à estrutura do Partido Comunista Francês (PCF), o estudo revela semelhanças entre as organizações, guardadas as peculiaridades de cada uma:

> Ambos possuem a preocupação de ligar as estruturas de base às instâncias superiores, isto é, tornar-se patente a preocupação com a articulação interna da organização; ambas as instâncias possuem uma cadeia complexa de instituições composta por congressos, direções políticas e secretarias, apontando para a existência de militantes, direções e funcionários especializados, ambos apresentam um grupo centralizador no topo da cadeia (no MST a direção nacional e no Partido Comunista Francês o comitê central); ambas as estruturas apresentam um

---

21 As chamadas *brigadas* foram implantadas nas estruturas de base recentemente. Elas substituem o que era a organização dos núcleos por meio de regionais, já que estava ocorrendo pouca coesão. As brigadas são formadas por acampamentos e assentamentos e têm por volta de quinhentas famílias. São divididas em *núcleos* com dez famílias, no máximo, cada uma. Tem-se, portanto, 50 núcleos para uma brigada de quinhentas famílias. As brigadas são organizadas pelos setores. Cada setor é formado por dez militantes (ALIAGA, 2008, p. 97). Veremos no capítulo IV que as brigadas internacionalistas do MST/Via Campesina têm um sentido diferente dessas brigadas formadas em assentamentos.

sistema de representação indireto, isto é, os militantes de base não elegem diretamente a direção nacional, o processo passa por várias camadas internas antes de chegar ao topo; por último, ambas assentam-se na organização de base dos militantes (ALIAGA, 2008, p. 94-95).

Evidentemente, está totalmente fora do escopo deste trabalho escavar ao máximo os fundamentos da evolução organizacional e a forma política do MST. Contudo, os trabalhos ora mencionados servem em larga medida como ponto de partida para desembaraçar as visões dos que defendem de maneira unilateral e homogênea que a estrutura organizativa do MST possui instâncias decisórias controladas por um grupo oligárquico, ou aquela que atribui uma vocação ao estímulo à participação popular e à distribuição do poder. Nem tão santos, nem tão demônios. Ora, o que se pôde observar é que a evolução da organização do MST está imbricada em uma teia de relações que vai da base à direção em articulação com as circunstâncias conjunturais. Seu processo de institucionalização ocasionou uma estrutura de organização complexa e *sui generis*, semelhante aos partidos políticos, mas não para apontar de maneira suficiente que o MST é um partido político.

O "sem-terra" e o Estado

Outra dificuldade em que facilmente se esbarra quando se pretende esboçar minimamente um quadro compreensivo sobre a face social e histórica do MST, além dos dois problemas apresentados acima, diz respeito à categoria "sem-terra". Em imensa parte dos estudos dedicados aos movimentos sociais rurais, existe uma plena aceitação de que o MST seria a representação de um sujeito camponês pré-dado no universo social agrário.

Os recentes trabalhos do sociólogo Marcelo Rosa (2008, 2009, 2012) têm apontado algumas ideias instigantes acerca desse particular assunto, e, por sinal, pouco explorado pela literatura especializada, que não tem analisado de maneira profunda o sentido do termo "sem-terra". Sua hipótese central gravita no juízo de que a categoria "sem-terra" não é um sujeito social pré-constituído no processo de desenvolvimento da sociedade brasileira. Na realidade, segundo o autor, o "sem-terra" é a construção de um discurso político construído pelas agências dos próprios movimentos no espaço público, resultante de uma complexa articulação entre movimentos e Estado.

No entanto, antes de entrar nos problemas sugeridos pelo autor, é mister interrogar-se sobre a relação entre Estado e sociedade civil, coerção e consenso, mesmo que de maneira sintética. Diante desse rápido "parêntese", é na obra de Antonio Gramsci, em especial nos *Quaderni del carcere*, que essa relação foi problematizada com mais intensidade, embora tenha sido uma obra inacabada e provisória, o que requer cuidado e atenção metodológica.[22] A definição de Estado em Gramsci pode ser encontrada na relação orgânica entre duas mediações em que uma é complemento da outra: *coerção* e *consenso*. Basta apresentar uma famosa citação do marxista sardo: "se deve notar que à noção de Estado entram elementos que devem ser remetidos à noção de sociedade civil (o sentido, seria possível dizer, de que Estado = sociedade

---

22 Sabemos que conceitos-chave como "Estado", "sociedade civil", "sociedade política" ocupam o vocabulário intelectual e político desde os anos 1970 em vários países, entres eles o Brasil. Não por acaso, a linguagem política contemporânea utiliza esses termos, baseados em Gramsci, com sentidos muito diversos, sem mencionar principalmente o uso indiscriminado e variado do conceito de "sociedade civil" (BIANCHI, 2008, p. 178). Um dos responsáveis por essa confusão é a interpretação do cientista político Noberto Bobbio, que virou moeda corrente entre os estudiosos do tema. Ora, nesta brevíssima apresentação sobre a relação entre Estado/sociedade civil no pensamento carcerário de Gramsci, partiremos de uma valorização metodológica do caráter fragmentário de sua obra e do caráter unitário e orgânico do seu pensamento, com o ressalta o estudioso Álvaro Bianchi (2008). É dessa perspectiva – via Bianchi (2008, p. 173-198) – que partiremos.

política + sociedade civil, isto é, hegemonia couraçada de coerção)" (GRAMSCI, 2002, p. 244).

Ora, em nenhum momento Gramsci insinua que deve haver uma rígida divisão de tarefas entre os dois conceitos. "O Estado é, aqui, entendido em seu sentido orgânico e mais amplo como o conjunto formado pela sociedade civil e sociedade política" (BIANCHI, 2008, p. 176). Daí emerge o conceito de "Estado integral", não ficando sua natureza reduzida apenas ao aparelho coercitivo. A distinção entre força e consenso existe, mas em nenhum momento são canceladas ou mesmo anuladas no processo histórico. O pensador italiano deixa clara a definição do conceito de sociedade política. Trata-se do Estado no sentido restrito, ou seja, "Estado político", ou ainda, "Estado-governo", o aparelho governamental encarregado da administração direta e do exercício legal da coerção sobre aqueles que não consentem nem ativa nem passivamente (BIANCHI, 2008, p. 177-178). Por outro lado, o conceito de sociedade civil é mais impreciso porque não existe uma única definição. Ela seria tanto um "conjunto de organismos privados responsáveis pela articulação do consenso" como um "lócus da atividade econômica" numa relação de *unidade-distinção* com a sociedade política (BIANCHI, 2008, p. 1983).

É sabido que essa interpretação de Gramsci remonta aos seus estudos sobre a teoria política italiana, na qual figuras como Nicolau Maquiavel e Francesco Guicciardini, amplamente mencionados pelo marxista sardo, já destacavam essa dupla natureza do poder político. Não por acaso, Gramsci denomina "dupla perspectiva" essa relação distinta e tensa entre condição do exercício de poder e condição de legitimidade desse poder:

> Outro ponto a ser fixado e desenvolvido é o da "dupla perspectiva" na ação política e na vida estatal. Vários graus nos quais se pode apresentar a dupla perspectiva, dos mais elementares aos mais complexos, mas que

podem ser reduzidos teoricamente a dois graus fundamentais, correspondentes à natureza dúplice do Centauro maquiavélico, ferina e humana, da força e do consenso, da autoridade e da hegemonia, da violência e da civilidade, do momento individual e daquele universal (da "Igreja" e do "Estado"), da agitação e da propaganda, da tática e da estratégia etc. (GRAMSCI, 2002, p. 33).

O exemplo do Centauro não deixaria dúvida de que as duas esferas seriam orgânicas e não exclusivas e excludentes. Ou seja, a coerção poderia estar presente na sociedade civil e o consentimento na sociedade política. O conceito de força não poderia ficar reduzido apenas à violência física, assim como o conceito de consenso não poderia ficar "preso" à definição de hegemonia. Ao que tudo indica, a questão parece sempre estar no perigo de reduzir e cindir um conceito do outro e ocultar seu desenvolvimento contraditório e combinado no âmbito do desenvolvimento histórico.

Voltemos às ponderações de Marcelo Rosa, sobre o MST, e mais amplamente sobre o conceito de "sem-terra", e sua relação orgânica com o Estado. Segundo lideranças nacionais do MST, "sem-terra" expressa uma condição social, a de sem-terra, ou seja, "usado como prova de *sua grandeza (ou dignidade) pública*":

> Nessas situações, o trabalho produtivo na terra – resultado da aptidão para atividade rural – aparece como a justificativa para que se venha a receber um lote. A disputa, que levará a certo tipo de ação política por parte do movimento e por parte do Estado [...] se torna possível justamente a partir do reconhecimento – pelo MST e por outros actantes – da relação obrigatória de equivalência entre terra e espaço produtivo para a agricultura (ROSA, 2012, p. 102).

Quadro 1.4. Grandezas mais frequentemente associadas
ao termo sem-terra em documentos do MST

| Sem-Terra |
|---|
| terra – trabalho – aptidão – modelo agrícola – reforma agrária – desenvolvimento |

Fonte: ROSA, 2012, p. 102.

Trocando em miúdos, o "sem-terra" se forma com outros objetos e elementos sociais diversos e, por isso, *não pode existir de maneira autônoma*. A construção de sentido que dá significado à figura sem-terra é construída a partir da disputa, como, por exemplo, o "latifúndio", nos anos de 1980 e 1990, e o "agronegócio", a partir do final da década de 1990.[23]

---

23 O autor apenas apresenta o "latifúndio" como principal inimigo do MST. Acrescentamos um quadro sobre o "agronegócio", que consideramos de suma importância, já que há mais de dez anos é ele o alvo central do MST. No capítulo III, discutiremos com maiores detalhes o papel e o impacto do "agronegócio" no Brasil.

Quadro 1.5. Grandezas mais frequentemente associadas ao termo latifúndio em documento do MST

| Latifúndio |
|---|
| Monocultura – especulação – improdutividade – violência – exploração do trabalho |

Fonte: ROSA, 2012, p. 103.

Quadro 1.6. Grandezas mais frequentemente associadas ao termo agronegócio em documentos do MST

| Agronegócio |
|---|
| Agrotóxico – internacionalização do campo – empresas transnacionais – soberania alimentar – produtividade em larga escala |

Fonte: Elaboração própria

Contudo, isso não significa que a construção do sem-terra do MST fique circunscrita somente pelo jogo de oposições. Rosa adverte que a caracterização de um determinado estado de legitimidade (sem-terra) e deslegitimidade (latifúndio/agronegócio) joga em diversas frentes, associando elementos disponíveis para efetuar tal caracterização:

> precisamos ter em mente que sem-terra não foi uma criação do MST, e seu inimigo, o "latifúndio", tampouco. Esses termos fazem parte de um agenciamento que leva em conta o valor atribuído a eles em uma determinada situação social (ROSA, 2012, p. 103).

Bem entendido, o autor busca no artigo "Sem-terra: os sentidos e as transformações de uma categoria de ação coletiva no Brasil" (2009), publicado pela revista *Lua Nova*, traçar como a categoria "sem-terra" se associou historicamente à ideia de movimento social entre as décadas de 1960 e 1980, para apontar a interdependência entre Estado e MST. Entre as diversas manifestações públicas de grupos, movimentos, organizações e sindicatos ligados ao meio rural que emergiram durante a década de 1960,

Rosa dá maior atenção – através de análise de documentos e entrevistas – ao Movimento dos Agricultores Sem Terra (Master), já que este seria o primeiro movimento que se autodenominou "sem-terra". O Movimento foi fundado no Rio Grande do Sul, em meados de 1960, sob influência de líderes políticos do PTB, como o governador Leonel Brizola e Jair de Moura Calixto, primo e correligionário do primeiro. No entanto, antes disso, a expressão "sem-terra", naquele momento, vai surgir pela primeira vez nos documentos do Instituto Gaúcho de Reforma Agrária (Igra), um grupo de trabalho do governo do estado que cuidava exclusivamente dessa categoria, "alvos preferenciais de políticas públicas voltadas para as áreas rurais" (ROSA, 2009, p. 201).

A despeito de suas metamorfoses, a categoria "sem-terra" se tornou símbolo de um movimento (de curta duração) que tinha na sua liderança membros de partido político ligado ao governo de Brizola. Ou seja, num primeiro momento a categoria foi criada pelo governo, o que é um fato curioso. Mas até certo ponto. Isso porque, segundo Marcelo Rosa, a relação de Brizola e Calixto "tinha altos e baixos".[24] Em uma dessas oscilações, Calixto organizou uma ocupação na cidade de Sarandi mesmo contra a vontade do governador. "Depois de montado o acampamento não haveria alternativa para Brizola que não fosse apoiar a ação que, para muitos, fora feita sem seu nome" (ROSA, 2009, p. 205).

Em síntese:

> Nossa hipótese [...] é que houve naquele período um enredamento entre mobilizações de um movimento social, a sensibilidade de certos funcionários do governo para o tema das precárias condições de vida nas áreas

---

24 "Em parte porque o prefeito de Nonoai era conhecido por atos intempestivos como, por exemplo, quando ao perder a prévia do PTB para escolha do candidato à presidência, se lançou por outro partido para, depois de ter vencido o pleito, voltar ao PTB. Ou ainda quando interrompeu, armado, uma reunião de opositores em um clube da cidade" (ROSA, 2009, p. 203).

rurais, condições estruturais nas alianças internas ao governo Brizola e, principalmente, ações não previstas, como a de Jair Calixto. Tal enredamento tomou um sentido muito específico: deu vida a uma categoria social amorfa que estava nos planos do governo e que não foi apenas uma invenção de um líder político (ROSA, 2009, p. 207).

Na década de 1980, a categoria "sem-terra" vai retornar ao espectro político brasileiro sob uma forma social pública, principalmente através do episódio do acampamento Encruzilhada Natalino, em Ronda Alta (RS), que se tornou rapidamente símbolo da luta contra a ditadura civil-militar e considerado a base para a constituição do MST. Porém, "diferentemente do que ocorreu na década de 1960, o decreto do governo [que visava assegurar ao indígena o direito à terra pelo Estatuto do Índio em 1973] não criou uma categoria formal" (ROSA, 2009, p. 208). *A lei criou um real contingente de sem-terra.* E essa situação de penúria social fez com que os despossuídos buscassem novas terras públicas. Houve várias tentativas de ocupação e não apenas pelos sujeitos que foram expulsos de suas terras. A primeira tentativa resultou na expulsão das áreas pela polícia local no mesmo dia em que entraram. O curioso, constata o sociólogo, é que o fracasso da ocupação, segundo seus entrevistados, deveu-se "justamente à não interferência do governo na questão, que foi vista como um conflito dos manifestantes com a polícia" (ROSA, 2009, p. 209). Apesar da constatação interessante, o fato de ter ocorrido desocupação instantânea através do corpo policial significa que não houve interferência de autoridades, já que se trata de um aparato policial que não tem autonomia para realizar suas funções sem a legitimidade de uma autoridade local ou estatal. De qualquer modo, a segunda tentativa foi levada ao conhecimento do governo estadual, que efetivou um cadastramento e dissolveu o acampamento. Pouco tempo depois, a formação de um novo acampamento ocorreu com a participação não apenas das pessoas que foram expulsas de suas terras, milhares de famílias de agricultores, em especial jovens, "filhos dos beneficiários da antiga fazenda Sarandi que viviam nas terras de seus pais". "Segundo um desses jovens da época, havia um sentimento de que o Estado seria também responsável pelo destino dos filhos dos primeiros beneficiários da área" (ROSA, 2009, p. 211).

Em suma, as diferentes gerações de sem-terra em situações distintas almejavam categoricamente o envolvimento do poder público estatal para encontrar uma solução para os deserdados da terra. Esses dois casos entre 1960 e 1980 seriam confirmações, segundo a avaliação de Marcelo Rosa, sobre a relação obrigatória entre os sem-terra e o Estado no Brasil. Essa mesma constatação é feita pelo autor sobre o MST através de um estudo de caso na região de Pernambuco.[25] Ali ocorreu a formação de movimentos independentes em ruptura com o MST nos anos 2000, o que é explicado pelo motivo de não prioridade da forma acampamento, isto é, não havia pressão pela desapropriação da terra e pela assistência técnica. Como não se concretizou uma relação com o Estado para angariar soluções para o acampamento, muitos militantes deixaram o MST por sua incapacidade de atender às demandas das famílias acampadas. Ou seja, *o ponto forte de permanência do MST como movimento social é justamente sua relação com o Estado*.

---

25 Pernambuco, região de maior número de ocupações de terra desde a segunda metade da década de 1990, é analisado por Ligia Sigaud (2010) e Marcelo Rosa (2008) a partir de uma interessante etnografia na zona da mata pernambucana, na qual descobrem uma dinâmica de ocupações curiosas – a forma acampamento ou forma movimento –, já que na região canavieira não existia a demanda por terra, mas é marcada pela relação entre trabalhadores e senhores de engenho. Na realidade, a expressão "sem-terra" foi produzida pelos movimentos por alimentar a crença em indivíduos dispostos em apostar na melhoria de vida debaixo das lonas pretas: "eles participaram de ações que produziram o efeito de fazer existir uma 'luta pela terra'" (SIGAUD, 2010, p. 256).

A hipótese segundo a qual há uma relação de interdependência entre o "sem-terra" e Estado parece ter sua validade. Contudo, não se pode confundir – ou mesmo, igualar – tal "ausência de autonomia", historicamente constituída pela categoria "sem-terra", com a inexistência de uma *autonomia política* que o Movimento pode ou não vir a ter.[26] Seja como for, o fundamental é que os trabalhos de Marcelo Rosa têm uma interessante contribuição na medida em que tocam em um tema intocável, ou melhor, *naturalizado* pela imensa bibliografia sobre o MST e os estudos sobre a questão agrária brasileira. Através de um detalhado acompanhamento da evolução da categoria "sem-terra" no Brasil, quando pela primeira vez foi anunciada na década de 1960, o pesquisador chega à conclusão de que "sem-terra" não é apenas fruto do desenvolvimento contraditório e desigual do capitalismo brasileiro. Na realidade, é a expressão de uma construção política que envolve o papel de mediadores políticos, principalmente o Estado. Com efeito, existe uma *unidade-distinção* entre a construção da categoria "sem-terra" e Estado, sociedade civil e sociedade política. Diante disso, seria equivocado, portanto, deixar de fora o papel da esfera estatal na formação dos movimentos sociais rurais pela demanda da terra no Brasil. O desenvolvimento histórico dos camponeses, particularmente do MST, possui essa *relação tensa de distinção* com o Estado que, dependendo da circunstância histórica, reproduziu uma maior ação política coercitiva ou maior legitimidade de seu poder, sem perder seu laço indissociável com o outro.

---

26 Para uma análise da autonomia política do MST, ver Arbex (2005) e Martins (2005).

# CAPÍTULO II

## "Vocação internacionalista" do MST e lutas políticas na América Latina

> Somente o socialismo é capaz de realizar uma grande obra de paz duradoura, de curar as mil feridas sangrentas da humanidade [...], de fazer surgir forças produtivas decuplicadas no lugar das que foram destruídas, de despertar todas as energias físicas e morais da humanidade e de por no lugar do ódio e da discórdia a solidariedade fraterna, a união por tudo que tem face humana.
>
> Rosa Luxemburg

O objetivo deste capítulo é fornecer elementos suficientes para compreender a construção do processo de relações internacionais do MST em um contexto claramente embrionário de consolidação nacional do movimento, ou seja, entre 1979 e 1992. Para a consecução deste capítulo, se destacará primeiramente as peculiaridades que vão impulsionar a "vocação internacionalista" das direções do MST desde sua gênese: 1) Os antecedentes e condicionantes econômicos e políticos, tanto na esfera nacional como internacional, que permitem um desenvolvimento capitalista particular no campo. 2) A influência da Teologia da Libertação, que se manifestada no corpo diretivo ao fornecer os elementos subjetivos de uma consciência latino-americana e internacionalista e ao exercer mediação com outros movimentos populares do campo na América Latina, já que o MST não possui esse leque de relações exteriores.

O segundo momento deste capítulo limitar-se-á ao exame do desenvolvimento da atuação política internacionalista que vai desde sua formalização em 1984/1985 até o biênio de 1992/1993. Dois momentos marcam essa trajetória: 1) É flagrante uma atração especial pela geopolítica na América Central durante a década de 1980, marcada por processos sociais de enfrentamento político, em especial na Nicarágua e El Salvador, para os quais o MST realiza diversas campanhas de solidariedade internacional. 2) De 1989 a 1992, o MST terá participação na *Campanha Continental 500 anos de Resistência Indígena, Negra e Popular*, que propicia a construção de identidades coletivas mais amplas – rompendo as relações setoriais que estavam circunscritas aos camponeses –, histórica e culturalmente atreladas aos setores sociais (indígenas e negros) marginalizados da América Latina.

## O "DNA INTERNACIONALISTA"

Condicionantes políticos e econômicos:
a emergência do MST

O MST surgiu oficialmente no I Encontro Nacional de Sem-Terra, no dia 22 janeiro de 1984, na cidade de Cascavel (PR), mas as primeiras ocupações de terra começaram em 1979, principalmente na região do Rio Grande do Sul.[1] O (re)início da luta pela terra[2] começa com trabalhadores rurais (conhecidos na região

---

1  Para detalhes das origens do MST no Rio Grande do Sul, ver Carter (2010).
2  No Brasil, até 1940, as manifestações de rebeldia e insubordinação camponesa foram animadas pelo messianismo e pelo cangaço como formas de organização, dentre as quais se tornaram paradigmáticas a Guerra de Canudos, no sertão baiano, e a Guerra do Contestado, na fronteira

como colonos) e famílias ocupando as fazendas Macali e Brilhante, localizadas no município de Ronda Alta (RS). Em vários pontos dos estados do Paraná, Santa Catarina, São Paulo e Mato Grosso do Sul começaram diversas ocupações de terra, mas o que marcou esse período histórico foi o acampamento Encruzilhada Natalino, no final do ano de 1980, próximo à estrada que leva a Ronda Alta, Sarandi e Passo Fundo, cidades da região norte do Rio Grande do Sul (FERNANDES, 2010, p. 165). Nesse contexto, a primeira manifestação de solidariedade internacionalista ao MST já marca presença com a visita de dois sindicalistas europeus, da Central Sindical dos Trabalhadores Independentes da França, que percorreram o acampamento em Ronda Alta para conhecer o problema dos agricultores sem-terra do Sul (JST, 1983, n. 21, s/p).

Para compreender a gênese do MST, é preciso recuar pelo menos algumas décadas na evolução da economia agrária no campo brasileiro, apontando quais eram os projetos agrários e suas contradições. Não por acaso, o "DNA internacionalista" que acompanha o MST desde seu berço está, igualmente, plasmado sobre uma realidade objetiva, ou seja, na forma histórica da estrutura econômica do campo.

A expansão do modo de produção capitalista no campo pode ser situada em seus primeiros passos quando ocorre a industrialização do país nos anos 1930, mas tomou decididamente um forte impulso durante a segunda década de 1950.[3] Embora o processo

---

entre Paraná e Santa Catarina. Para maiores detalhes sobre Canudos e Contestado, ver Monteiro (1974). Depois disso, ou seja, na década de 1950, surgiram novas forças de resistência camponesa no país, que ficaram caracterizadas pela concorrência de mediadores políticos como o PCB, Igreja Católica e Ligas Camponesas. Cf. Martins (1981).

3 "Com o fim do período transicional, que mantinha uma realidade efetivamente dual tendencialmente moderna nas cidades e tradicional no campo, temos a partir de 1930, a entronização da lógica de dominação material e simbólica tipicamente impessoal e opaca do capitalismo, também na periferia, que engloba e redimensiona, segundo sua própria lógica, todas as relações sociais" (SOUZA, 2003, p. 182).

de internacionalização do capital seja uma característica permanente do capitalismo – conforme já apontava Marx e Engels em seu célebre panfleto *Manifesto do Partido Comunista*[4] –, o momento político, econômico e social internacional que pode ser destacado por irromper uma crescente mercantilização em escala mundial da agricultura nas nações latino-americanas data a partir de 1945, quando "o capital repentinamente descobriu seu próprio internacionalismo" (ANDERSON, 2005, p. 31). Exemplo disso se dá nos acordos monetários de Bretton Woods, que estabelecem um processo ideológico e estratégico de unificação comercial (criação da Otan, estruturação do Gatt, nascimento da Comunidade Europeia), tendo como principal incentivador e liderança, enquanto coordenador internacional, os EUA.

> Nos Estados Unidos e, de um modo geral, no hemisfério norte, mais industrializado, desde o final da década de 1940 vem ocorrendo uma acentuada aceleração da taxa de transformação técnica da agricultura, como resultado da "quimicalização" (adubos, pesticidas, herbicidas), da mecanização e do desenvolvimento de sementes e animais de alto rendimento (criados para render cada vez mais leite e mais carne). Essas transformações técnicas promovem o crescimento significativo da concentração de corporações de "agroinsumos" a montante. Seu papel na formação de métodos agrícolas contribuiu, também, para a tendência à concentração na agricultura, onde um número menor de fazendas, maiores e mais capitalizadas, vêm

---

4   No lugar da tradicional autossuficiência e do isolamento das nações surge uma circulação universal, uma interdependência geral entre os países. E isso tanto na produção material quanto na intelectual. Os produtos intelectuais das nações passam a ser de domínio geral. A estreiteza e o isolamento nacionais tornam-se cada vez mais impossíveis, e das muitas literaturas nacionais e locais nasce uma literatura mundial" (MARX; ENGELS, 1998, p. 11-12).

aumentando a escala e a produtividade do trabalho (BERNSTEIN, 2011, p. 60).

Desde então, inicia-se, no contexto latino-americano, um processo acelerado de "modernização agrícola" – alta tecnologia de sementes, insumos químicos e equipamento agrícola –, chamado mormente de "revolução verde":

> A revolução verde gerou em alguns países da periferia o desenvolvimento de complexos agroindustriais competitivos internacionalmente, mas, mesmo nesses casos, as promessas de autossuficiência alimentar e de resolução dos problemas agrários não foram obtidas. Países como Brasil e Índia, por exemplo, continuaram com altos índices de pobreza e de desnutrição, além de terem enfrentado a partir de então crescimento dos conflitos rurais em função da concentração e expropriação de terras, migrações em massa, aumento da criminalidade urbana e do desemprego (VIEIRA, 2011, p. 177).

O que não pode ser obliterado é que o interesse econômico da introdução de técnicas de produção agrícola no continente latino-americano está emaranhado pelos ritmos sociais e políticos do capitalismo internacional, em que coincidiam interesses da burguesia industrial nacional.

> Nos anos sessenta [...] quando a revolução tecnológica impôs mudanças radicais nas relações de trabalho, os proprietários de terras rejeitaram a necessidade de fazer mudanças correspondentes e adaptativas no direito de propriedade [...]. Condenando-nos à *modernização inconclusa* (MARTINS, 1997, p. 23, grifo nosso).

No Brasil, isso foi desenvolvido por meio de um projeto representando setores sociais dominantes ligados à agricultura exportadora, conhecido como Confederação Rural Brasileira (CRB), criada em 1954. Ela se autosustentava em instituições estatais que travavam sobre o campo, o Serviço Social Rural (SSR), que, por sua vez, era uma entidade autárquica subordinada ao Ministério da Agricultura. Este esteve integralmente afinado com sua sugestões de intervenção no campo da confederação (MEDEIROS, 2010, p. 120). Essas associações e entidades assinalavam como um dos principais problemas no campo a baixíssima produtividade e apontavam como solução dos impasses nesse setor a mecanização da agricultura e a possibilidade de capitalização dos empresários e empresas rurais. O diagnóstico rapidamente transformou-se em projeto nacional para o campo brasileiro, o que significa que a economia agrária do país caminharia inexoravelmente para o capitalismo moderno. Afinal, "a modernização da agricultura era um elemento central nas ideias sobre o 'desenvolvimento nacional', ainda que às vezes estivesse subordinada à busca pela industrialização" (BERNSTEIN, 2011, p. 63).

Ocorre, no entanto, que tal projeto declaradamente circunscrito a uma questão administrativa não tinha em sua meta a questão basilar da propriedade privada do campo. Ou melhor, chegava a ter: deixá-la completamente intocável. Mas não era apenas isso que estava por trás desse projeto de modernização da agricultura. Na época, um dos autores que problematizaram as antinomias do processo de modernização no campo brasileiro como socialmente perverso foi o historiador Caio Prado Júnior.[5] Em sua trajetória intelectual e política, o historiador marxista foi um dos pensadores brasileiros que contribuiu decisivamente para inserir o problema

---

5 Para maiores informações *documentada* sacerca de Caio Prado Júnior, ver Secco (2008).

agrário no cerne da agenda política brasileira.⁶ As profundas diferenças que o historiador guardava com a perspectiva stalinista, que apontava a existência de elementos "feudais" na estrutura econômica agrária do país, o incitaram a problematizar a ideia de que a evolução histórica da humanidade não caminhava por etapas invariáveis.

O historiador dedicou-se, principalmente nos anos 1960, em esquadrinhar mais sistematicamente a questão agrária no Brasil.⁷ Existiria, na avaliação do autor, uma relação de causa e efeito entre situação social de miséria da população rural brasileira e tipo de estrutura agrária no país. Sua compreensão ancorava-se na *não identificação* entre elevação do nível tecnológico da agropecuária e melhoria das condições de vida do trabalhador rural brasileiro: "há muitos que julgam serem esses dois objetos idênticos, e que da realização do primeiro resulta necessariamente o segundo" (PRADO JR., 2007, p. 185). A histórica discordância entre o que se enxergava (pesquisa empírica) e o que se pronunciava (pesquisa teórica) em relação ao universo periférico agrário fora resultado da falácia duma suposta solução da questão agrária com o projeto da modernização tecnológica por meio da mecanização:

> Em muitos casos, e até dos principais, os fatores positivos que favorecem a agropecuária brasileira como "negócio", constituíram precisamente, como constituem ainda, as circunstâncias negativas responsáveis pelo baixo nível de vida de nossa população rural (PRADO JR., 2007, p. 24-25).

---

6   Sua filiação ao PCB (em 1931), ainda que o partido fosse relativamente recente e frágil, mas já constituído, perdurou ao longo das décadas posteriores. Porém tudo indica que o marxista brasileiro, em suas proposições teóricas, tenha se distanciado do marxismo dominante no movimento comunista brasileiro.

7   Uma coletânea dos artigos redigidos por Prado Jr. em relação ao tema agrário foi reunida no livro *A questão agrária no Brasil* (2007).

Caio Prado desautoriza, nesse ponto, um pensamento ancorado no etapismo do qual seu partido é expressão teórica e política por excelência,[8] para, ao contrário, exercer uma compreensão mais adequada sobre as discordâncias dos tempos nas relações sociais agrárias da periferia. A questão agrária não poderia ser comportada nas soluções de caráter técnico, o que é reiterado, diga-se de passagem, obsessivamente pelo autor. Trata-se de um posicionamento pioneiro, numa época em que estava disseminada fortemente a ideologia do "progresso", manifestada pela chamada "revolução verde".[9] Em uma passagem o autor dirá:

[8] Uma amostra disso pode ser encontrada nas resoluções do Partido Comunista do Brasil (PCB), um dos personagens políticos mais importantes da história do campesinato brasileiro, principalmente as teses lançadas no período da década de 1950 e 1960. Nessa perspectiva, como registra José de Souza Martins, o famoso documento conhecido como o "Manifesto de Agosto", lançado no dia 1º de agosto de 1950, é paradigmático em sua concepção europeísta da história: "O 'Manifesto de Agosto', de 1950, definia uma base social de ação política do Partido Comunista composta estritamente de operários, camponeses e camadas médias, estas constituídas pelo funcionalismo pobre civil e militar, pelos pequenos comerciantes e indústrias e pelos intelectuais e honestos. O problema da sociedade brasileira estava na estrutura arcaica da economia brasileira, marcada pelos restos feudais e pelo monopólio da terra, que impediam a ampliação do mercado interno e o desenvolvimento da indústria nacional" (MARTINS, 1981, p. 82).

[9] Para o prestigioso historiador Eric Hobsbawm, a necessidade do "progresso" no campo nas nações latino-americanas era inevitável. Em suas palavras: "Na verdade, não fosse pela irrigação e a contribuição da ciência, através da chamada 'revolução verde', por mais controvertidas que possam ser as consequências de ambas a longo prazo, grandes partes do sudeste e sul da Ásia teriam sido incapazes de alimentar uma população que se multiplicava velozmente. Contudo, no todo, os países do Terceiro Mundo e parte do (antes ou mais socialista) Segundo Mundo não mais se alimentavam e muito menos produziam grandes excedentes exportáveis de alimento que se poderiam esperar de países agrários. Na melhor das hipóteses, eram encorajados a concentrar-se em safras especializadas para o mercado do mundo desenvolvido, enquanto seus camponeses, quando não compravam os baratos excedentes de alimentos exportados do norte, continuavam ceifando e arando à maneira antiga, de mão-de-obra intensiva" (HOBSBAWM, 1995, p. 285).

É preciso distinguir, porque de um lado, a avaliação de uma técnica não se pode fazer em termos absolutos, sem consideração a outras circunstâncias que a fazem ou não recomendável em dada situação. A técnica é um meio, e não um fim em si própria; e por isso somente vale em função do fim a que se destina e dos problemas concretos que com ela se objetiva resolver. Doutro lado, *o progresso tecnológico não significa necessariamente uma melhoria de condições do trabalhador. E, às vezes, até pelo contrário, pode agravá-las* (PRADO JR., 2007, p. 27, grifo nosso).

Evidentemente, uma *reforma* agrária como suposta solução da *questão* agrária do país era um conjunto de medidas visto distintamente entre os diversos setores sociais. Em razão disso, o autor de *História econômica do Brasil* qualifica como "impreciso" e "confuso" o conceito de reforma agrária, afinal de contas, desde sempre houve acirrada disputa e direcionamento político e ideológico em sua formulação. A reforma agrária, nesse sentido, não é expressão do aperfeiçoamento e elevação do nível tecnológico da economia agrária, mas enquadrada numa nova chave: como "elevação dos padrões de vida da população rural, sua integração em condições humanas de vida, o que não é e está longe ainda de ser o caso em boa parte do Brasil" (PRADO JR., 2007, p. 88). Daí compreende-se a ênfase da análise caiopradiana em três linhas de raciocínio: a preocupação da extensão protetora legal ao trabalhador rural, a atenção à desconcentração da propriedade fundiária rural e a utilização da terra.

Ao fim e ao cabo, conforme descrição bastante resumida acima da formulação de Caio Prado Júnior em relação ao problema agrário, a estrutura agrária brasileira e sua inserção através dos aparelhos da técnica e da especialização não elevam os padrões materiais do camponês, mas, ao contrário, aprofundam os padrões de exploração e dominação em sua vida.[10] De qualquer modo, as contradições do capitalismo moderno no campo brasileiro também foram motivo de depuração para o sociólogo Florestan Fernandes, que, também nos anos 1960, e diferentemente de Prado Júnior (mas não contrariamente), apontará como razão para as contradições sociais do campo brasileiro o caráter dependente do capitalismo internacional. Não custa lembrar da importância capital que a questão agrária e o mundo rural têm na obra do autor de *A revolução burguesa no Brasil*. Para a socióloga Élide Bastos, "não se trata de uma reflexão que tem como objetivo exclusivo o mundo rural, mas pelo contrário, é o estudo do mundo rural que possibilita o funcionamento da sociedade como um todo". Afinal, "o rural é o ponto nevrálgico que permite perceber o padrão da realização do capitalismo no Brasil" (BASTOS, 2002, p. 183).

Bem entendido, sob um enquadramento internacionalista, Florestan Fernandes em seu texto "Anotações sobre capitalismo agrário e mudança social no Brasil", redigido no ano de 1968, sublinha, antes de qualquer coisa, a importância da economia agrária para a sociedade brasileira:

> a economia agrária, de maneiras diversas em diferentes momentos, sempre operou

---

10 Mas atenção: embora sua concepção crítica em relação à interpretação da realidade rural brasileira seja claramente distinta da perspectiva "etapista" do PCB, o historiador brasileiro não aponta a solução da questão agrária sob uma perspectiva socialista. O autor de *A Revolução brasileira* afiança uma solução no interior da perspectiva capitalista, isto é, nos quadros de consolidação do modelo econômico e social vigente. Isso pode ser claramente constatado de seu próprio punho: "Estamos aqui considerando essa reforma dentro dos quadros do regime econômico e social vigente. Que é o da propriedade privada, a da terra inclusive. Não se trata assim, nem é este o caso em foco na atual conjuntura histórica brasileira, da transformação socialista do nosso regime" (PRADO JR., 2007, p. 91).

como matriz ou como suporte de dinamismo econômicos, sociais e políticos que alteraram, em sentido progressivo ou revolucionário, a organização da sociedade brasileira (FERNANDES, 2008, p. 173).

A importância desse setor como precípuo ao desenvolvimento capitalista estaria organicamente atrelada às economias centrais e hegemônicas e, por conta disso, indicaria uma peculiar estrutura agrária, que "sempre foi parte da economia brasileira estrutural e dinamicamente mais afetada pela condição apontada de heteronomia" (FERNANDES, 2008, p. 175). Enquanto mais sofisticadas as especializações para solidificar uma modernização tecnológica na agricultura periférica, proporcionalmente mais novas relações sociais de dependência ao capitalismo internacional formavam-se: "aos poucos, surgiram vários tipos de vínculos heteronômicos, através dos quais *a economia agrária evolui na direção do capitalismo moderno*, mantendo os laços de dependência diante das economias centrais ou criando novos laços de dependência" (FERNANDES, 2008, p. 176, grifo nosso).

Ou seja, a economia capitalista brasileira, em especial o setor agrário, esteve sempre subordinada às economias centrais, absorvendo os padrões, as instituições e as técnicas dos países dominantes, formando uma modernização *sui generis* – dependente –, "montada para gerar crescimento econômico e desenvolvimento sociocultural externo" (FERNANDES, 2008, p. 177). Vistas as coisas por esse prisma, o termo que exprime de maneira mais adequada a economia rural brasileira é o de *subcapitalismo agrário*, pela tendência em bloquear a transformação cultural da própria economia agrária e pela tendência em reproduzir formas pré-capitalistas ou subcapitalistas de exploração do trabalho:

> A modernização da economia agrária não é, em si e por si mesma, um fator de mudança estrutural da situação ou de superação

efetiva das iniquidades socioeconômicas, culturais e políticas. Com frequência, ela se opera sem afetar profundamente a concentração social da renda e do poder. [...] Ela pode ser manipulada de maneira a incrementar as desigualdades existentes e a aumentar a eficácia dos controles sociais diretos ou indiretos, manejados pelos setores privilegiados do meio rural. [...] Na verdade, as formas extremas de desigualdade socioeconômica, cultural e política, imperantes no mundo agrário brasileiro, constituem requisitos *sine qua non* para a reprodução do trabalho não-pago, semipago e pago de modo ultrapassado (FERNANDES, 2008, p. 188).

No final de seu texto, o sociólogo marxista ainda acentua que o dilema rural brasileiro não ficaria circunscrito a uma questão técnica ou à questão geracional, como igualmente apontou o historiador Prado Jr., mas a um *desafio social* cuja resposta seria necessária e especificamente *política*. Desse modo, Florestan Fernandes marca dois caminhos como possíveis soluções para o dilema da economia agrária brasileira:

> ou *mediante soluções capitalistas*, através da absorção do padrão de desenvolvimento imperante no polo urbano-industrial (alternativa da "revolução dentro da ordem"), ou *mediante soluções socialistas*, absorvendo um novo padrão de desenvolvimento capaz de quebrar o impasse levantado pelas funções desempenhadas pela desigualdade socioeconômica na perpetuação do *status quo* (alternativa da "revolução contra a ordem") (FERNANDES, 2008, p. 188-189).

Ele reconhece, contudo, que as duas alternativas anunciadas são antípodas, mas que ambas pressupõem a ruptura com o capitalismo dependente:

> Em um sentido só a segunda é revolucionária, já que a primeira acarretaria, no plano da sociedade nacional, a consolidação e a universalização da ordem existente. Não obstante, mesmo ela [a solução capitalista] exige a "revolução agrícola", como ponto de partida; e pressupõe a ruptura, não só com a dependência dentro da dependência, mas com o próprio capitalismo dependente. Parece que, enquanto este persistir, a mera modernização das economias agrárias não provocará nem a completa integração do mercado interno nem a homogeneização relativa do desenvolvimento capitalista da economia brasileira como um todo. Pois, no fundo, é ele que gera o caráter subcapitalista das empresas agrárias, condenando-as a ser a maior reserva de injustiças, de tensões e de contradições da sociedade brasileira (FERNANDES, 2008, p. 189).

As avaliações sobre a realidade agrária brasileira traçadas pelos paulistas Caio Prado e Florestan Fernandes são de extrema importância para desmascarar o projeto de modernização do campo, fruto do cruzamento e acordo entre acumulação capitalista internacional e política nacional. Além disso, a constatação de extrema pobreza como padrão das condições humanas da população rural é o que faz emergir movimentos de enfrentamento e resistência contra o projeto econômico e político de modernização dependente no campo.

Com tais mudanças aceleradas na economia agrária, de forma desigual em várias regiões do Brasil, nas décadas de 1950 e 1960 passam a ocorrer com maior frequência constantes expulsões e despejos dos diversos sujeitos sociais do campo, disseminando, assim, tensões sociais em centenas de lugares no Brasil e envolvendo diversos mediadores políticos.[11] Da emergência dos movimentos

---

11 Nos anos 1950, década que marca diversas rebeliões no campo e diversos modos de conflito contra os seus opressores, há, nesse contexto, uma

populares do campo notou-se, além dos conflitos pela posse da terra, um campesinato brasileiro constituído por uma diversidade de grupos sociais oriundos de situações históricas muito distintas – arrendatário, parceiros, posseiros, lavrador, pequeno proprietário. Todavia, por mais que o campesinato brasileiro recaísse em uma base social diferenciada, envolvendo "interesses que não são idênticos e concepções igualmente diversificadas" (MARTINS, 1981, p. 11), esse conjunto de demandas aparentemente esparsas foi ganhando articulação e visibilidade, formando um complexo campo de disputas que, ao mesmo tempo, culminou em uma demanda geral pela reforma agrária e acarreto uum processo de constituição da identidade política camponesa.

Tradicionalmente, quando os posseiros eram despejados ou expulsos das terras, eles migravam para outras localidades, abriam matas virgens iniciando novas posses até serem novamente expulsos, reiniciando, assim, o ciclo itinerante. Ou, então, eram incorporados por fazendas e prestavam serviços como moradores ou parceiros. Contudo, como avalia José de Souza Martins, em virtude dessa particular expansão capitalista no campo brasileiro que estava ocorrendo nos decênios de 1950 e 1960, "o que vemos agora é o camponês vivendo uma nova etapa desse processo: após um período limitado de tempo como parceiro, transforma-se num

---

luta pela hegemonia dos camponeses e dos trabalhadores rurais, protagonizada pelos mediadores políticos – como a forma sindicato, as ligas camponesas, a Igreja Católica, os grupos de apoio e o Partido Comunista Brasileiro (PCB). Para ficarmos em apenas alguns exemplos, no tocante às rebeliões que marcaram esse contexto, temos a Revolta de Trombas e Formoso, em Goiás (cf., Cunha, 2007); a região de Américo de Campos e de Santa Fé do Sul, em São Paulo; a região de Campo Mourão e Jaguapitã, no Paraná; a região de Canapólis, em Minas Gerais. São movimentos populares do campo naturalmente bem distintos entre si – uns duradouros, outros com resultados curtos –, porém, a ligação entre eles, isto é, a unidade de todos os movimentos, estava na luta contra a renda capitalista da terra. Ver Martins (1981).

expropriado completo, num trabalhador à procura de trabalho" (MARTINS, 1981, p. 71).

Pois bem, outro momento de modernização dependente do campo, na história social do Brasil – e que tem diretamente relação com a emergência do MST –, deu-se por meio da estratégia política de impulsionar o desenvolvimento agropecuário implantado pelo regime civil-militar, acelerando enormemente as transformações no campo.[12] Ela teria sido formulada, antes mesmo do golpe de 1964, pelo Instituto de Pesquisa e Estudos Sociais (Ipes) e pelo Instituto Brasileiro de Ação Democrática (Ibad), grupos compostos por um corpo político-militar que congregava diversos intelectuais (FERNANDES, 1996, p. 33). A expansão capitalista nesse período manifestar-se-á através do envolvimento da entrada das grandes empresas capitalistas e grandes grupos econômicos no mercado brasileiro: (1) na produção agrícola e pecuária, (2) na comercialização e industrialização dos produtos agrícolas e (3) na venda de insumos aos produtores agrícolas (DELGADO; 2010). A estratégia política civil-militar, desse modo, forneceria todo um aparato de incentivos financeiros, legitimação institucional e jurídica para a ocupação dessas empresas e grupos na agricultura e na pecuária.

O processo tem início no mesmo ano do golpe civil-militar, que contou também com um esvaziamento político no campo quando foi aprovado o Estatuto da Terra. Tratava-se, então, de uma "legislação fundiária específica e de uma definição de critérios, instrumentos e instituições para concretizar uma reforma agrária" (MARTINS, 1985, p. 30). O fato, contudo, é no mínimo irônico, já que as reformas sociais propostas por João Goulart (presidente do país antes do golpe) – com apoio do PCB – estavam sendo postas em prática pelos conservadores. Isto é, trocaram-se

---

12 Para uma análise sobre a política de desenvolvimento agropecuário na época civil-militar, ver Martins (1985) e Oliveira (1996).

os autores e manteve-se o projeto (MARTINS, 1994). Ironias à parte, o Estatuto preconizava critérios de desapropriação bastante precisos, em relação especialmente à classificação das propriedades, fazendo diversas distinções. O latifúndio, por sua extensão e por sua exploração, poderia transformar-se em empresa rural, o que escapava da possibilidade de ser incluída nas desapropriações. É particularmente interessante, nesse sentido, uma frase proferida pelo então ministro do Planejamento Roberto de Oliveira Campos, poucos meses depois da aprovação da legislação fundiária: "o destinatário do estatuto é o empresário, o produtor dotado de espírito capitalista, que organiza a sua atividade econômica segundo critérios da racionalidade do capital" (CAMPOS *apud* MARTINS, 1985, p. 33).

Segundo o economista Guilherme Costa Delgado, desde os "anos de chumbo" um dos interlocutores sobre o efervescente debate acerca da reforma agrária no país seria o economista Delfim Neto. Ele sustentava a tese da "*modernização agrícola sem reforma agrária*" posta em prática anos depois, quando se tornou ministro da Fazenda, corroborando com a ditadura civil-militar. Assinou o início de um projeto que ficou conhecido como "processo de modernização conservadora no campo", ou seja, um "aprofundamento das relações técnicas da agricultura com a indústria e de ambos com o setor externo", que se caracterizou principalmente "pela mudança na base técnica de meios de produção utilizados pela agricultura, materializada na presença crescente de insumos industriais e máquinas industriais" (DELGADO, 2010, p. 85). Isso não significa, contudo, que a chamada modernização da agricultura generalizou-se por o todo campo brasileiro, estando o progresso técnico concentrado em regiões específicas.

O encaminhamento de uma suposta reforma agrária pela ditadura civil-militar estava orientado, como nos regimes predecessores, para a modernização econômica do desenvolvimento capitalista na agricultura, o que apenas agravou os problemas sociais do campo. O processo de especialização capitalista da produção agrícola e de ampliação da economia de mercado são sinais típicos desse projeto.[13] As tradicionais fazendas que produziam uma diversidade de produtos alimentares começam a degringolar, dando lugar à produção especializada de um único alimento; gradativamente, a força animal utilizada na aração da terra e no transporte de produção é substituída por máquinas, tratores e caminhões; ocorre uma aproximação orgânica entre indústria e agricultura, notada, por exemplo, na compra e venda de insumos aos produtores agrícolas.[14]

Ademais, não faltaram incentivos financeiros para que as empresas capitalistas e os grupos econômicos – em sua maioria estrangeiros – ocupassem a agricultura e a pecuária, principalmente na região que se tornou estratégica para a consolidação do projeto: a Amazônia. Não por acaso, ela "é incorporada à situação social e à estrutura de relações sociais, econômicas e de poder [e] constitu[i] a base contemporânea das lutas camponesas no Brasil" (MARTINS, 1985, p. 33):

> A política de incentivos fiscais constitui basicamente em conceder isenção de 50% no imposto de renda das grandes empresas estabelecidas em outras regiões, particularmente no Sul-Sudeste, desde que tais recursos fossem investidos na região Amazônica,

---

13 Em um estudo de Maria da Conceição D'Incao e Mello, durante a década de 1970, intitulado *O boia-fria: acumulação e miséria*, a autora deflagrou, através de um estudo de caso da região de Alta Sorocabana, de um lado, a existência de uma população economicamente ativa e em processo de enriquecimento progressivo e, de outro, uma parcela cada vez maior da população vivendo uma existência miserável. Ver D'Incao e Mello (1977).

14 Para uma análise das múltiplas relações que cercam a agricultura e a indústria através da ação do capital monopolista (processo de reprodução ampliada do capital) e produção do campo (reprodução de formas sociais não capitalistas), ver Oliveira (2010).

na proporção de 75% de capital subsidiado das novas empresas e 25% de capital próprio (MARTINS, 1988, p. 19).

O ritmo e a forma de ocupação pelo grande capital transformaram radicalmente a região. Com incentivos fiscais, o avanço da grande fazenda foi enormemente acelerado. Nessa época, os impactos e as tensões sociais no campo aumentaram de maneira significativa, e deram-se justamente pela penetração do progresso capitalista concretizado através de violentos despejos para abrir espaço às novas empresas (mineração, hidrelétrica e rodovias), assassinatos de trabalhadores, queima de casas, destruição de roças e o esvaziamento de território de maneira a aniquilar os povos indígenas. Ao expulsar muitas vezes índios e camponeses, as grandes empresas estimularam conflitos de um contra o outro com objetivo de se "livrar" de ambos (MARTINS, 1988).

O nascimento do MST, portanto, foi resultado da intensificação da questão agrária, por meio da implantação de um modelo de desenvolvimento da agropecuária no Brasil. Consequentemente, tal regime de acumulação capitalista beneficiou largamente as grandes empresas rurais e concentrou ainda mais a estrutura fundiária, mostrando-se incapaz de atender às demandas dos setores sociais do campo. Isso gerou a "desterritorialização de grande parte dos camponeses" (FERNANDES, 2000), e inúmeros conflitos por terra foram desencadeados pelos diversos setores sociais do campo brasileiro.

A influência internacionalista da Teologia da Libertação

É difícil ignorar a força política que a Teologia da Libertação (TdL) exerceu nesse período sobre o MST, não apenas na formação de sua organização e no apoio incondicional às ocupações de terra,[15] mas também na influência – decisiva – de estimular uma

---

15 Para uma síntese da importância da TdL na luta pela terra no país, especialmente no MST, ver Menezes Neto (2012). Para um estudo comparativo entre a influência da TdL no Peru e no Brasil, ver Iokoi (1996).

perspectiva internacionalista do Movimento – no sentido humanista do termo, que requer a libertação de todas as formas de opressão, dominação e exploração. A TdL propagará a importância do internacionalismo enquanto prática de solidariedade. Tal "empurrão" faz com que o MST construa paulatinamente diversas relações com movimentos populares no campo latino-americano. Para compreender a participação da TdL, é preciso pontuá-la na história e caracterizá-la de modo adequado.

Em seu livro *Guerra dos deuses: religião e política na América Latina*, o sociólogo franco-brasileiro Michael Löwy (2000c, p. 56) assevera que a TdL é expressão de um vasto *movimento social* que surgiu no começo da década de 1960, envolvendo setores significativos da Igreja (padres, ordens religiosas), movimentos religiosos (Ação Católica, Juventude Universitária Cristã, Juventude Operária Cristã) e organizações populares criadas por ativistas das Comunidades Eclesiais de Base[16] (clube de mulheres, associação de moradores). Por outro lado, a TdL reveste-se com um *corpo de textos* produzidos a partir da década de 1970 por figuras latino-americanas como, para ficarmos apenas em alguns exemplos, Gustavo Gutierrez (Peru), Frei Beto, Leonardo e Clodovis Boff (Brasil), Ignacio Ella Curía (El Salvador), Juan Carlos Scanone e Ruben Dri (Argentina) e Samuel Siva Gotay (Porto Rico).

Combatida fortemente pelo Vaticano, a TdL planta suas raízes no Concílio Vaticano II (1962-1965) e, posteriormente, na Conferência dos Bispos da América Latina (Celam), realizada em Medellín (1968) e em Puebla (1979), para pôr em prática as novas orientações teológicas e pastorais, a "opção preferencial pelos pobres", tomando posições contra as violações dos direitos humanos

---

16 "As CEBs são grupos formados por cristãos que, inspirados na leitura comunitária da Bíblia, atuam na realidade de sua vida através da organização de diferentes formas de reivindicação, junto com a promoção de iniciativas de trabalho cooperativo e a criação de frentes populares que visam conquistar transformações estruturais" (POLETTO, 2010, p. 141).

no campo e contra a política agrária da ditadura civil-militar.[17] Ou seja, a TdL seria uma corrente minoritária da Igreja Católica que orientou sua política para os oprimidos da América Latina.

A Teologia da Libertação foi resposta ao desafio que se colocava na América Latina: encontrar uma linguagem sobre Deus que nascesse da situação criada pela pobreza injusta em que vivem amplas maiorias (raças depreciadas, classes sociais exploradas, culturas marginalizadas, discriminações sobre as mulheres); e, ao mesmo tempo, um discurso alimentado pela esperança que levanta o povo na busca da libertação (IOKOI, 2003, p. 241).

Quadro 2.1. Principais características da Teologia da Libertação

| Os princípios básicos da Teologia da Libertação |
|---|
| 1. A luta contra a idolatria (não o ateísmo) como inimigo principal da religião, isto é, contra os novos ídolos da morte adorados pelos novos Faraós, pelos novos Césares e pelos novos Herodes: Bens materiais, Riqueza, o Mercado, a Segurança Nacional, o Estado, a Força Militar, a "Civilização Ocidental Cristã". |
| 2. Libertação humana histórica com antecipação da salvação final em Cristo, o Reino de Deus. |
| 3. Uma crítica da teologia dualista tradicional, como produto da filosofia grega de Platão, e não da tradição bíblica na qual a história humana e a história divina são diferentes, mas inseparáveis. |
| 4. Uma nova leitura da Bíblia, que dá uma atenção significativa a passagens tais como a do Êxodo, que é vista como paradigma da luta de um povo escravizado por sua libertação. |
| 5. Uma forte crítica moral e social do capitalismo dependente como sistema injusto e iníquo, como uma forma de *pecado estrutural*. |

---

17 "Medellín estabelece com vigor que os cristãos precisam se empenhar na luta contra as estruturas injustas da sociedade latino-americana e que este empenho é fundamental e básico para toda ação pastoral. [...] Em Puebla, a Igreja, encarregada de anunciar o Evangelho, colabora, mediante uma radical conversão à justiça e ao amor, na transformação das estruturas injustas da sociedade" (CATÃO, 1985, p. 57-58).

6. O uso do marxismo como instrumento socioanalítico a fim de entender as causas da pobreza, as contradições do capitalismo e as formas da luta de classe.
7. A opção preferencial pelos pobres e a solidariedade com sua luta pela autolibertação.
8. O desenvolvimento de comunidades de base cristãs entre os pobres como uma nova forma de Igreja e como alternativa para o modo de vida individualista imposto pelo sistema capitalista (LÖWY, 2000c, p. 61).

Como se pode observar no esquema acima, o fenômeno da TdL que emerge na América Latina parece estar distante de uma concepção religiosa que se limita à Igreja e a um ritual.[18] Na realidade, ela possui uma espécie de "código moral" que tem analogias com os princípios socialistas:

Quadro 2.2. Tentativa de analogia entre cristianismo e socialismo

| Afinidade ou correspondência estrutural entre o cristianismo e o socialismo: |
|---|
| Ambos rejeitam a afirmação de que o indivíduo é a base da ética e criticam as visões individualistas do mundo (liberal/racionalista, empiricista e hedonista). A religião (Pascal) e o socialismo (Marx) compartilham a fé em *valores transindividuais*. |
| Ambos acham que os pobres são vítimas de injustiça. É óbvio que existe uma distância considerável entre os pobres da doutrina católica e o proletariado da teoria marxista, mas não podemos negar um certo "parentesco"socioético entre eles. [...] Um dos primeiros autores alemães a falar sobre o proletariado, dez anos antes de Marx, foi o filósofo católico romântico Johannes Von Baader. |

18 Como afirma José Carlos Mariátegui em uma célebre passagem do *Sete ensaios*: "Já foram definitivamente ultrapassados os tempos do apriorismo anticlerical, no qual a crítica 'livre pensadora' se contentava com uma execução sumária e estéril de todos os dogmas e igrejas, a favor do dogma e da igreja de um 'livre pensamento' ortodoxamente ateu, leigo e racionalista. O conceito de religião cresceu em extensão e profundidade. Já não se reduz a religião a uma igreja e a um ritual. E reconhece nas instituições e sentimentos religiosos um significado muito diferente do que ingenuamente lhe atribuíam, com um incandescente radicalismo, pessoas que identificavam religiosidade com o obscurantismo" (MARIÁTEGUI, 2010, p. 163).

> Ambos compartilham o *universalismo* – o internacionalismo ou "catolicismo" (em seu sentido etimológico) – ou seja, uma doutrina e instituições que veem a humanidade como uma totalidade, cuja unidade substantiva está acima de raças, grupos étnicos ou países.
>
> Ambos dão grande valor à *comunidade*, à vida comunitária, à partilha comunitária de bens, e criticam a atomização, a anonimidade, a impersonalidade, a alienação e a competição egoísta da vida social moderna.
>
> Ambos criticam o capitalismo e as doutrinas do liberalismo econômico em nome do bem comum, considerado mais importante que os interesses individuais de proprietários privados.
>
> Ambos têm a esperança de um reino futuro de *justiça e liberdade, paz e fraternidade entre toda a humanidade* (LÖWY, 2000c, p. 116).

É principalmente a terceira característica – o *universalismo* – que importa para entender a chamada "vocação internacionalista" do MST. A *salvação universal* atribuída pelos cristãos e o *internacionalismo da luta* atribuído pelos socialistas atinge uma verdadeira fusão com a TdL. Como afirmava um antigo historiador francês chamado Renan, citado por Engels em um texto, aliás, em que o autor alemão sondava aproximar cristãos e socialistas: "Se você quiser ter uma ideia de como eram as primeiras comunidades cristãs, dê uma olhada na filial mais próxima da Associação Internacional de Trabalhadores" (RENAN *apud* LÖWY, 2000c, p. 18).

A ação prática pastoral da TdL se desenvolve em duas faces que não são excludentes, em escala local e internacional:

> A Igreja é uma instituição transnacional com raízes firmes em comunidades rurais. Por um lado, ela podia acumular recursos cruciais, informações e apoio político do exterior. Por outro lado, ela era um ator local representado pelo bispo, o padre paroquial e agentes pastorais locais (outros ativistas do clero e católicos leigos). A Igreja podia mobilizar grupos sociais rurais e recursos locais através de suas redes comunitárias e crenças religiosas (HOUTZAGER *apud* GUIMARÃES, 2006, p. 219).

Outra característica em que convergem os princípios da TdL e o internacionalismo socialista é a *prática de solidariedade*. Não por acaso, isso fez com que os sem-terra passassem a contar com um poderoso aparato de solidariedade "constituído por nada mais, nada menos do que a Confederação dos Bispos do Brasil, que desde a década de 1980 tem apoiado com maior ou menor grau as lutas sociais, especialmente de camponeses" (IOKOI, 2003, p. 239). O ato de solidariedade seria um princípio estrutural (de ajuda externa) resultado de um sentimento ou empatia, uma união além-fronteiras, acima das questões individuais; ela não é apenas sugerida pelos teólogos, mas é estimulada o tempo todo, como se pode notar no trecho de um texto de Dom Pedro Casaldáliga no início da década de 1990:

> Penso que deve crescer cada vez mais um tipo de solidariedade estrutural. Insisto muito na importância da intersolidariedade dentro do próprio continente. No meu entender, o Brasil é pouco latino-americano, tem pouca experiência de ser uma grande parte deste continente exterior a nós. Por isso, falo na intersolidariedade e penso que a data dos 500 anos é a grande data para a solidariedade do "primeiro" para o "terceiro" mundo, concretamente para a América Latina, da intersolidariedade entre América Latina, África e Ásia. Esta pode ser a grande ocasião para darmos um passo à frente na rejeição da dívida externa, da dependência do colonialismo, seja ele econômico, político, social, étnico e cultural. A solidariedade estrutural é importante porque trata-se de uma solidariedade que possibilite as alternativas sociais, políticas, econômicas e culturais dos povos do continente. A dívida externa não é nossa, é do chamado primeiro mundo e dos que exploram nossos povos. Há 500 anos eles nos devem e nós temos o

direito de cobrar, não eles (CASALDÁLIGA, 1991, p. 15).

A "solidariedade estrutural" não seria um instrumento para realizar um objetivo específico. Diferentemente, ela revelar-se-ia como uma "prática mística", como afirma Massino de Angelis (2005, p. 17): "seu objetivo tem uma realidade que não é de todo evidente para os sentidos daqueles que são chamados a se engajar no trabalho voluntário".

No Brasil, em 1975, surge a CPT (Comissão Pastoral da Terra), como articulação de bispos e agentes da pastoral comprometidos com os setores populares, principalmente em relação ao campo e à luta pela terra. A CPT teria duas características que foram fundamentais para a constituição do MST: o trabalho pastoral e a vocação ecumênica:

> Penso que a [pastoral é] um elemento importante de aplicação prática do que foi o Concílio Vaticano II e das outras encíclicas progressistas que o seguiram. E que, de certa forma, acabou sendo expresso na teologia da libertação. [...]. A Igreja parou de fazer um trabalho messiânico e de dizer para o camponês: "Espera que tu terás terra no céu". Pelo contrário, passou a dizer: "Tu precisas te organizar para lutar e resolver os teus problemas aqui na terra". A CPT fez um trabalho muito importante de conscientização dos camponeses [...]

> Há ainda um aspecto que também julgo importante do trabalho da CPT na gênese do MST. Ela teve uma vocação ecumênica ao aglutinar ao seu redor o setor luterano, principalmente nos estados do Paraná e de Santa Catarina. Por que isso foi importante para o surgimento do MST? Porque se ela não fosse ecumênica, se não tivesse essa visão maior, teriam surgido vários movimentos. [...] A

CPT foi uma força que contribui para a construção de um único movimento, de caráter nacional (STÉDILE; FERNANDES, 1999, p. 20-21).

Na época, era raro que um agente da pastoral, ao visitar um acampamento do MST para realizar uma missa ou transmitir alguma mensagem de solidariedade, não mencionasse a necessidade de união *fraterna*, *humanista* e *universal* com outros povos explorados do subcontinente. Sem o caráter ideológico da CPT – um dos fatores da gênese da MST –, de sua dimensão religiosa e moral, é difícil imaginar o encontro do MST com o "DNA internacionalista":

> Eu acho que houve uma vocação ideológica [internacionalista] das influências que nós sofremos da CPT. A CPT sempre teve uma visão latino-americanista, provavelmente por influência de Dom Pedro Casaldáliga, e mesmo porque a Igreja, de certa forma, ela é mais universal, né? Então, eu acho que a CPT sempre influenciou positivamente o MST, para nós termos uma visão mais latino-americana. E eles ajudaram, por exemplo, no congresso de fundação do MST, vieram delegações praticamente de todos os países da América Latina. E quem passou o contato foi a CPT porque nós nem existíamos e nem tínhamos uma rede de contatos. E eu acho que uma outra influência foi a ideia das esquerdas, que já estavam mais latino-americanizadas, né? A teoria da dependência, tudo isso, eu acho que foi criando um contexto para que o MST já nascesse com um DNA internacionalista (Entrevista com João Pedro Stédile *apud* VIEIRA, 2011, p. 182).

A figura de Dom Pedro Casaldáliga, bispo da Prelazia de São Félix do Araguaia, de Mato Grosso do Sul, é ilustrativo. O poeta e escritor de origem espanhola foi um dos primeiros religiosos a prestar solidariedade aos colonos acampados da Encruzilhada Natalino, onde chegou, inclusive, a celebrar missas com os sem-terra em Ronda Alta, reunindo em torno de 6 a 10 mil pessoas (MORISAWA, 2001, p. 126). Em uma carta que o bispo enviou para os trabalhadores sem-terra, em setembro de 1981, encontra-se uma influência bastante evidente de como a fé religiosa possui um caráter socialista internacionalista. Nas palavras do bispo: "Com vocês lutam muitos outros lavradores, operários, índios, desempregados, povo sem terra, sem moradia, sem alimentos e sem liberdade, nesse país, nesta América Latina, nesse mundo" (CASALDÁLIGA, 1982, p. 10).

Naquela época, o acampamento da Encruzilhada Natalino receberia também o apoio do Secretariado para a América Latina do Movimento Familiar Cristão (MFC), que em seu comunicado enuncia não apenas sua integral solidariedade aos acampados, como também se compromete a denunciar qualquer "ato de injustiça", e ainda associa uma interpretação da realidade latino-americana de inspiração claramente marxista, característica típica dos teólogos da libertação: "É o mesmo apoio – diz a carta endereçada à Campanha de Solidariedade – que estamos manifestando aos posseiros que são desalojados de suas terras, em todo o país e nesse nosso sofrido continente, vítima do capitalismo selvagem que sufoca nossos povos" (JST, 1982, n. 14, p. 6).

Mas o acampamento não receberia apenas moções de solidariedade e vários cultos ecumênicos. A Caritas – um dos braços das comunidades eclesiais de base – recebeu da entidade intereclesial com sede na Holanda 2,5 toneladas de leite em pó, o que permitiu alimentar adequadamente as crianças (IOKOI, 1996, p. 81). Logo depois, a mesma entidade enviaria um representante para conhecer de perto a luta pela terra no Brasil, na cidade de Ronda Alta. Na época, o tema da campanha que o comitê holandês passou a desenvolver era "comida para o mundo" – uma ideia embrionária que anos depois tornar-se-ia o elemento central da Via Campesina

–, inspirado fortemente na luta dos colonos da Encruzilhada pelo objetivo de produzirem mais alimentos. Ou seja, por mais que o processo de internacionalismo fosse claramente incipiente nessa época, ele já se desenvolve antes da fundação oficial do MST:

> Com certeza, eu acho que a teologia ou cristianismo da libertação teve um papel fundamental [na formação do MST]. Então você pega toda a ação política libertadora deste movimento que teve uma força enorme no nosso continente e fundamentalmente do que foi a revolução nicaraguense. A Revolução nicaraguense, salvadorenha, da Guatemala, a América Central de um modo geral, todo esse movimento de libertação teve uma força enorme onde os cristãos assumiram um protagonismo político do que foi a sua consigna – ver, julgar e agir: do ponto de vista de assumir a luta revolucionária, a luta guerrilheira. As diferentes estruturas desse movimento, os padres, os bispos progressistas, comprometidos e revolucionários fizeram a efervescência também do que foi esse movimento cristão... Que estava involucrado nos diferentes movimentos, popular, sindical, e isso contribuiu imensamente. E o MST, como é sabido, tem uma origem muito forte em todo esse movimento das comunidades eclesiais de base, das pastorais, da CPT, da Pastoral da Juventude Rural, que é daí também que nasce, que é uma força enorme para o nascimento do movimento... E a grande maioria dos dirigentes da militância do movimento desse período histórico vem dessa raiz de formação (Entrevista com Itelvina Masioli em 13 dez. 2012).

Além do vínculo entre a TdL e a "vocação internacionalista" do MST, quais as condições objetivas agrárias para entender esse fenômeno? Afinal, o Movimento não emerge sob um contexto socioeconômico marcado por uma estrutura agrária da periferia do capitalismo relativamente internacionalizada? Em outras palavras: o modo de produção e reprodução capitalista no campo brasileiro não tinha no coração do seu programa agrário a política de modernização da agricultura, que não é nada mais do que a conjugação da articulação de interesses da política nacional e das demandas do capitalismo internacional? Não por acaso, durante o I Encontro Nacional do MST, em 1985, pode-se perceber um "caráter anti-imperialista":

> Um outro objetivo importante que definimos foi o de lutar pela reforma agrária nas terras das multinacionais. Aparecia nesse objetivo o caráter anti-imperialista do movimento. Era a consciência de que estrangeiro não poderia ter terra aqui enquanto houvesse um brasileiro sem terra (STÉDILE; FERNANDES, 1999, p. 51).

Porém, mesmo que o MST explicitamente se assumisse com um conteúdo político "anti-imperialista", essa formação de consciência internacional fundada nas condições objetivas da realidade estava longe da maturidade. É possível, inclusive, que essa ideia fosse muito vaga e residual para a maioria dos militantes do Movimento. Não haveria, portanto, uma relação *automática* entre o internacionalismo do capital e o internacionalismo das lutas. Nesse contexto, o internacionalismo constitui uma pauta secundária ao MST, já que a linha prioritária consistia na necessidade de consolidar-se nacionalmente, o que de fato vai ocorrer nos anos seguintes. Sem contar que as aproximações com os movimentos sociais rurais ou com os comitês de solidariedade do exterior eram no fundo ainda ocasionais e restritas, o que inviabilizava uma discussão mais "orgânica" com outras organizações sociais e políticas da América Latina e suas realidades específicas.

Portanto, o elemento mais decisivo foi o apoio do campo religioso, que fornece ao MST uma clara propensão internacionalista. O papel político, ideológico, moral e religioso da TdL ajuda na aproximação do Movimento com organizações camponesas do exterior e na motivação de uma consciência humanista e universal latino-americana e de uma cultura política de solidariedade e fraternidade internacionalista permanente.

## A ATUAÇÃO POLÍTICA INTERNACIONALISTA DO MST

Depois do assim chamado embrião/gestação/nascimento do MST, cujo arremate dar-se-á com sua formalização, o Movimento atravessa um segundo momento (1986-1989), gravitando em ocupações em massa, expansão de sua base e desenvolvimento do corpo organizativo em outras regiões do país – principalmente Nordeste e Sudeste. Paralelamente, o MST irá intensificar suas relações com movimentos populares camponeses e indígenas espalhados pela América Latina, através do espaço de socialização política em encontros e congressos que ocorriam. Há nesse período uma clara atração e influência do MST pelos processos políticos que estavam ocorrendo na região da América Central – especialmente as rebeliões na Nicarágua e El Salvador –, que fizeram com que houvesse uma interação (solidariedade, intercâmbio, trabalho voluntário, pequenas campanhas de arrecadação de fundos, atualização de conjuntura) com organizações camponesas desses países. É a política internacionalista que ganha corpo.

### Primeiros contatos

Durante o processo de atuação política internacional do MST, entre 1985 e 1989, seu desempenho vai se ampliar significativamente no que se refere aos contatos no exterior com os movimentos camponeses e indígenas do continente latino-americano. Como foi frisado, isso se deve ao papel precípuo da TdL, um movimento que claramente tem um forte ativismo transnacional e latino-americano, por exemplo, no México, Peru, Chile, Bolívia, Equador, Colômbia, Argentina e Uruguai.

No 1º Congresso Nacional dos Trabalhadores Sem Terra, em janeiro de 1985, foram reunidos em torno de 1600 delegados de todo o Brasil (MORISSAWA, 2001, p. 141), além dos apoios de distintos setores sociais, principalmente intelectuais, operários e indígenas. O MST convidou delegações internacionais que marcaram presença no Congresso, como Unión Nacional de Agricultores y Ganaderos (Unag), da Nicarágua, a Coordinadora Nacional Plan Ayala (CNPA), do México, a Confederación Campesina del Perú (CCP), o Movimento Campesino Independiente (MCI), da República Dominicana, a Confederación Sindical Unica de Trabajadores Campesinos de Bolivia (CSUTB) etc. (JST, 1984, n. 41).

> Então já no primeiro congresso vem uma grande delegação estrangeira, o pessoal do Equador principalmente. Então quando eu assumi a coordenação, foi no final de 1985. O tema internacional era pauta de todas as nossas reuniões, sempre trazia gente de fora para contar as experiências e tal... e sempre acompanhamos de perto os acontecimentos da revolução nicaraguense e salvadorenha da época. Aí tinha a experiência do Peru, que tinha um auge de movimento revolucionário também, o colombiano, todo o processo de luta do *apartheid* da África do Sul que nós apoiamos e fizemos uma grande mobilização pela libertação do Mandela (Entrevista com Egídio Brunetto em 17 nov. 2012).

Naquela ocasião, houve o discurso em espanhol de um camponês da Federación Nacional de Organizaciones Campesinas (Fenoc), do Equador, reforçando os problemas comuns dos países da América Latina – como a falta do acesso à terra – e o "caráter anti-imperialista" que os movimentos deveriam possuir:

O camponês Messias Tatamuez, que falou em nome dos lavradores do Equador e das outras delegações estrangeiras presentes, discursou em espanhol, mostrando que a língua não tem fronteiras: "Os problemas são todos iguais na América Latina. Os assassinatos na luta pela terra também têm os mesmos motivos. Temos que nos unir para enfrentar nossos inimigos comuns, como o FMI, o imperialismo norte-americano e os latifundiários". No final de sua fala observou que "só a revolução popular pode libertar os explorados" (JST, 1985, n. 42, p. 4).

Obviamente, não se trata aqui de sistematizar a quantidade de delegações que participaram de congressos e encontros que o MST organizou durante aqueles anos, tampouco enumerar as participações no exterior em que o movimento brasileiro foi convidado em eventos análogos. Contudo, dificilmente o MST esteve ausente de eventos no exterior, mesmo sob as condições precárias de deslocamento. Em geral, deslocavam-se pouquíssimos militantes para tais funções, e são justamente esses militantes que atualmente são os principais dirigentes do MST. Trata-se, antes de qualquer coisa, de constatar a existência real desse intercâmbio que, *de fato*, foi se tornando cada vez mais constante,[19] e caracterizar a construção desse processo político do MST a partir dessa real aproximação.

---

19 Alguns exemplos dessas viagens, todas elas retirados do JST: em 1984, um membro do MST esteve presente em Lima, no Peru, reunindo-se com lavradores latino-americanos. Do mesmo modo, o MST participaria de um encontro internacional dos trabalhadores na Cidade do México, promovido pela CNPA (JST, 1984, n. 41, p. 2). Em 1986, o MST receberia o convite para o Primeiro Encontro Nacional da Mulher Rural, nas proximidades da capital chilena, organizada pela Comissão Nacional Campesina (CNA), onde estiveram três representantes (mulheres) do movimento (JST, 1986, n. 55, p. 16). No mesmo ano, o convite é feito em nome da Fenocin para seu VI Congresso Nacional, enviando um representante para o Equador (JST, 1986, n. 57, p. 16). Em 1987, a Confederação Camponesa e Indígena do Chile, "El Surco", convoca todas

No final de 1988, o MST cria então o setor de relações internacionais.[20] Há um duplo caráter nessa atividade de relações internacionais do MST: um caráter estratégico, que se traduz na intenção de construir articulações e alianças em escala internacional, e um caráter pedagógico e de formação, de aprendizado com outras experiências (a forma de organização dos movimentos, os princípios etc.):

> Eu acho que o nosso movimento já surge, mesmo que a grande maioria dos próprios militantes não tivesse consciência, mas alguns tinham, e evidentemente eles surgem com essa visão de que a luta da classe trabalhadora é uma luta internacional e de que é preciso construir espaços de articulação e alianças em nível internacional, já que os "inimigos" também – utilizando o jargão – têm uma atuação internacionalizada e, portanto, era preciso buscar nessas articulações políticas o fortalecimento da luta nossa e de outros. Mas também tem outro ingrediente: a ideia era aprender com os processos organizativos de luta dos outros países. Então,

as organizações para participarem do III Congresso em Santiago (JST, 1987, n. 62, p. 18) e, no Peru, o MST enviaria um membro de sua executiva nacional para participar do VII Congresso Nacional da CCP (JST, 1987, n. 66, p. 18).

20 Existe um claro desapego do MST a organogramas e à centralização de algumas informações como, por exemplo, o nascimento dos setores e coletivos que atuam dentro do movimento. Por isso, a data exata da criação do Setor de Relações Internacionais (STI) e/ou Coletivo de Relações Internacionais (CRI) não tem precisão, nem pelos próprios militantes do MST. Miguel Carter e Horácio Martins de Carvalho (2010, p. 306) informam que os primeiros contatos internacionais do MST surgem a partir do Setor de Finanças e Projetos e que o CRI surge em 1993, depois da experiência da "Campanha Continental de Resistência Indígena, Negra e Popular". Porém, *provavelmente* o SRI do MST é criado entre 1988 e 1989. Basta mencionar que os primeiros documentos assinados pela sigla SRI (publicado no JST) datam dessa época, além da formação de um comitê para a campanha já mencionada, que também data desse período.

em um primeiro momento, o MST atribuía aos militantes, quando convidava organizações internacionais, para acompanhar de perto cada dirigente e aprender com isso e, ao mesmo tempo, quando havia um congresso nós também nos distribuíamos: quem vai acompanhar tal país e o envio de pessoas em missão internacionalista para acompanhar as experiências históricas (Entrevista com Gilmar Mauro em 17 nov. 2011 em RUBBO, 2012, p. 23).

Nos anos 1980 [...] o MST ainda está nesse estágio de expansão e de consolidação, tanto na expansão para nacionalizar o Movimento como de ir fortalecendo. E essa determinação é enorme, de buscar na experiência dos outros povos do nosso continente, de aprender com as experiências acumuladas, aprender com os erros do nosso continente, das nossas irmãs e irmãos latino-americanos. Então nós tivemos uma fase onde o Movimento mandou muitas Brigadas para muitos países. Aí foi abrindo diferentes caminhos e construindo relações políticas (Entrevista com Itelvina Masioli em 13 dez. 2011).

Neste contexto da década de 1980, fase em que o MST procura expandir-se e consolidar-se em diversos espaços no país, do ponto de vista de suas relações políticas internacionais, existiu uma aproximação flagrante com os movimentos populares que estavam geograficamente localizados na América Central, em especial com a Nicarágua e El Salvador. Ali as relações internacionais dar-se-iam sob diversas formas: no intercâmbio de militantes, no papel de formação, no trabalho voluntário etc.

Podemos dizer que a primeira fase é essa que se inicia desde a criação do movimento, quando nós tivemos a possibilidade de receber alguns dirigentes de outras organizações, principalmente da América Central, que aí entra a Nicarágua, El Salvador, Guatemala; aqui na América do Sul, o Peru tinha organizações de camponeses muito fortes que nos ajudaram bastante a entender todo esse processo. E com isso também nós deslocamos alguns militantes nossos, que são nossos principais dirigentes de quadros para essas nações e atividades de solidariedade, de trabalho e também de estudo, de formação. Então, nós tivemos este primeiro período, a primeira fase das nossas relações internacionais. Isso no início dos anos 1980. E com isso tivemos experiências importantes, fundamentais, de como essas organizações atuavam em todos os seus aspectos... Obviamente sempre com a preocupação de não trazer modelos quadrados e implantar de forma [copiosa], mas sim buscar adaptar à nossa realidade (Entrevista com Joaquim Pinheiro em 17 nov. 2011).

Os movimentos populares cresceram na América Central, abalando a tradicional supremacia norte-americana na região. A Nicarágua era o maior país da América Central, com aproximadamente três milhões de pessoas e uma economia pobre, basicamente agrícola – dinamizada principalmente pela exportação do café. Durante 40 anos, a Nicarágua foi governada pela família Somoza, aliada ao governo dos Estados Unidos e às empresas multinacionais que dominavam as principais riquezas do país. Como afirma Matilde Zimmermann (2006), durante os anos de 1970, houve um aumento significativo de protestos, manifestações, ocupações e greves de trabalhadores e trabalhadoras por todo o país, descontentes com o governo de Somoza. Muitas dessas organizações que emergiram se associaram à Frente Sandinista de Libertação Nacional (FSLN), organização de estudantes e trabalhadores que se formou no começo dos anos

1960, tendo como referência a Revolução Cubana,[21] e que foi se tornando cada vez mais forte e combativa. A tensão só aumentava com os ataques violentos da Guarda Nacional desencadeados contra os habitantes do país, até que, finalmente, no dia 19 de julho de 1979, uma maciça insurreição popular liderada pelos guerrilheiros maltrapilhos da FSLN derrubou a ditadura de Somoza no país. O governo da "revolução sandinista", como ficou conhecido, apresentou avanços no setor de educação, saúde e na diminuição das desigualdades sociais do país. No entanto, durante toda a década de 1980, os sandinistas tiveram que enfrentar a hostilidade dos Estados Unidos, que bloquearam o comércio do país e financiaram a guerrilha dos chamados "contras", que visavam depor a todo custo o governo sandinista.

Em El Salvador, pequeno país também da região da América Central, as sucessivas fraudes eleitorais da década de 1970 levaram as organizações revolucionárias a concluir que se esgotavam as possibilidades de travar a luta apenas no campo institucional. A mobilização política se expressou na fusão do movimento guerrilheiro de base rural e no apoio de organizações populares urbanas e sindicais que criaram, em 1980, a Frente Farabundo Martí pela Libertação Nacional (FMLN). Ambos os países – Nicarágua e El Salvador –, durante toda a década de 1980, estarão mergulhados numa implacável guerra entre os Estados Unidos aliados à oligarquia local, e as forças sociais rebeldes.

O sucesso desses movimentos contrastou de maneira impressionante com seu

---

21 "A revolução cubana inspirou uma verdadeira proliferação de grupos de estudantes radicais na Nicarágua, entre 1959 e 1960: a Juventude Democrática Nicaraguense (ligada ao partido comunista), a Juventude Revolucionária Nicaraguense e a Juventude Patriótica Nicaraguense. Havia mais semelhanças entre eles: todos organizaram demonstrações públicas de solidariedade a Cuba e contra o governo de Somoza; alguns membros pertenciam a vários deles; e começaram a ver Sandino como uma nova luz" (ZIMMERMANN, 2006, p. 45).

anterior fracasso na década de 1960, e causou uma atmosfera que beirou a histeria em Washington no período do presidente Reagan (1980-8). Apesar disso, foram sem dúvida fenômenos revolucionários, embora de um tipo latino-americano conhecido; a grande novidade, ao mesmo tempo intrigante e perturbadora para os da velha tradição esquerdista, basicamente seculares e anticlericais, foi o surgimento de padres católico-marxistas, que apoiavam, e mesmo participavam e lideravam, insurreições (HOBSBAWM, 1995, p. 438).

Um grande número de padres e bispos brasileiros viajou para a América Central com objetivo de prestar solidariedade ao povo centro-americano, mas também para conhecer de perto a realidade que os países vivenciavam bem como dar atenção às formas de organização da população – como fizeram, por exemplo, os bispos Dom Augusto Alves da Rocha e Dom Mathias Shmidt (JST, 1988, n. 69).[22] Novamente, o já mencionado bispo Dom Pedro Casaldáliga teria destaque. Esse "latino-americano de adoção" – como gosta de se autonomear, já que havia nascido na cidade de Barcelona (Espanha) – também partiu para a América Central com o mesmo objetivo dos outros padres e bispos, onde chegou inclusive a escrever um livro – semelhante a um diário –, intitulado *Nicarágua: combate e profecia* (1986). Narra o dia a dia de sua viagem à Nicarágua, mas também em El Salvador e Cuba, e chama sempre atenção para a união fraternal dos povos da América Latina – "Peço a quantos têm olhos e ouvido e coração latino--americano que vejam e ouçam e sintam e respondam latino--americanamente" (p. 11). Em relação à prática de solidariedade internacional, menciona o sacrifício de uma militante uruguaia

---

22 Para uma análise da influência da Teologia da Libertação na Revolução Sandinista, ver Morlina (2009).

que chegou ao país debilitada, mas disposta a ajudar: "Marta, a moça uruguaia que veio até estes 'quintos pinos' com sua perna destroncada, é uma cálida testemunha dessa solidariedade e do anelo com que se acompanha, lá fora, a causa da Nicarágua" (p. 54).²³ A CPT, nesse sentido, desempenhou um papel fundamental como ponte – de apresentação e contato – entre o MST e as organizações populares no continente latino-americano, indo além, portanto, de apenas influenciar subjetivamente uma consciência ecumênica, universal e internacionalista.

> Na verdade, desde essa época, as comunidades de base tinham muita ligação com a Revolução Sandinista, que foi em 1979, e que vai coincidir [com as primeiras ocupações do MST]. Em nossas primeiras atividades vinha gente da Nicarágua que tinha um vínculo muito forte da Revolução Sandinista com a Teologia da Libertação [...]. Depois, mesmo no processo salvadorenho, quem era porta--voz da guerrilha era o padre "Rogério". Nós éramos das pastorais, então foi abrindo essa dimensão internacional da luta e dessa mistura com a teologia. Os próprios congressos da CPT traziam gente dessa área, o Congresso da CUT trouxe dirigente sandinista, inclusive que era da organização camponesa deles. Então foi abrindo essa dimensão. Mesmo antes de ter o MST já tinha um mínimo de relações, mas a compreensão ainda era mínima; aí o movimento já começou a mandar a gente para outros países antes mesmo de existir... essa articulação que tinha no Peru,

---

23 Também conhecido por escrever centenas de poemas dedicados "aos de baixo", Casaldáliga seria autor de um poema chamado "Hino a Reagan", com uma conotação política profundamente anti-imperialista e com claro apreço pela Revolução Sandinista, como pode se notar nesta estrofe: "A estrela de Sandino te espreita na montanha,/ e no vulcão desperta um só coração:/ como um mar de coragem, a Nicarágua menina/ romperá tua agressão" (CASALDÁLIGA, 1985, p. 43).

no México, no Chile (Entrevista com Egídio Brunetto em 17 nov. 2011).

Como membro ativo do Comitê Brasileiro de Solidariedade Internacional aos Povos da América Latina (CBS), o MST, em 1986, organizou inúmeras atividades que difundiam a situação de El Salvador – palestras, vigílias, celebrações, passeatas, moções de solidariedade (JST, 1986, n. 50, p. 12). No mesmo ano, em razão das comemorações do 1º de maio e da criação da Unión Nacional de los Trabajadores Salvadorenhos (UNTS), o MST enviou uma moção de solidariedade que foi lida no comício de encerramento do ato e El Salvador. A mensagem dizia:

> En nombre del Movimiento de los Trabajadores Rurales Sin Tierra, del Brasil, les transmitimos nuestro saludo fraterna solidario en este Primero de Mayo de 1986. Somos 12 millones de sin tierra y les enviamos nuestra solidariedad en su lucha por el derecho a la paz y la libertad (JST, 1986, n. 52, p. s/n).

Com relação às organizações populares do campo na Nicarágua, a aproximação do MST não foi caracterizada por um mero apoio retórico e distante. Ao contrário, houve um constante fluxo de intercâmbio; além da realização de visitas regulares à Nicarágua, houve inversamente muitos nicaraguenses que vieram divulgar pessoalmente a conjuntura política de seu país e, também, conhecer a luta do MST no Brasil. Sem contar as dezenas de atos e ações de ajuda ao povo nicaraguense.

> Em geral se constituíram comitês de solidariedade pelas forças populares, na maioria das vezes esses comitês funcionavam em São Paulo e eram coordenados por forças sociais com quem tínhamos relação. Então, com nossa vocação internacionalista e mais a proximidade com a Igreja e com essas forças,

desde o início, através de nossa secretaria nacional, que também passou a funcionar em São Paulo, sempre procuramos participar de todas as campanhas de solidariedade, de organização, de brigadas, que esses comitês promoviam. É claro, durante a década de 1980, a América Central era a que mais cativava e necessitava de solidariedade. Os comitês traziam lideranças e personagens representativos daqueles processos, e nós aproveitamos para fazer debates, levá--los em nossas áreas e atividades, conhecer enfim a situação da luta daqueles povos. E também acolhemos muitos militantes que vinham de outros países, corridos pelas ditaduras de seus governos (Entrevista com João Pedro Stédile em 14 junho 2012).

De maneira geral, as visitas que o MST recebia da Nicarágua não eram apenas de ativistas políticos ligados diretamente à Revolução Sandinista – como, por exemplo, a do vice-presidente Sergio Ramires Macedo (JST, 1985, n. 48, p. 14) e do embaixador nicaraguense no Brasil, Jorge Jenkins (JST, 1988, n. 75, p. 16) –, mas de trabalhadores rurais que estavam ligados à Associação dos Trabalhadores do Campo (ATC) e à União Nacional de Agricultores e Pecuaristas (Unag), como Ofílio Reyes Hernandez (JST, 1984, n. 39, p. 14-15). A visita de Esternila Prudente Larios, integrante das Comunidades de Base, e de Luisa Amanda Spinoza, da Associação de Mulheres Nicaraguenses, aos acampamentos dos sem-terra em Passo Fundo e Ronda Alta (RS), representa bem essa intenção. Na ocasião de sua visita, a militante discorreria sobre a "importância dos trabalhadores rurais" e da "organização das mulheres camponesas na Nicarágua" e convocaria apoio e solidariedade do MST àquele país. Em diversos acampamentos e assentamentos do MST, haviam sido criados dezenas de comitês de solidariedade para a nação centro-americana, onde os sem-terra coletavam alimentos, medicamentos e máquinas agrícolas para serem enviados ao povo nicaraguense (JST, 1985, n. 47, p. 14). Aliás, mesmo se não existisse uma visita "física" de alguma entidade da Nicarágua, o MST recebia o contato através de cartas das organizações populares nicaraguenses sobre a conjuntura de sua situação política e social e o pedido de apoio, e automaticamente o movimento já se organizava e enunciava campanhas de solidariedade para doações de ferramentas agrícolas, como facões, enxadas, machados, botas de borracha, lanternas, plantadeiras manuais (JST, 1985, n. 47, p. 2), mas também na venda de cartazes, *slides* de fotos e fita cassete sobre a história da Nicarágua, onde o dinheiro arrecadado era encaminhado à organização social e política que tinha necessidade (JST, 1987, n. 62, p. 14):

> Então, eu acho que realmente essas duas revoluções [cubana e nicaraguense] de fato marcam, vamos dizer assim, toda essa força e esse exercício da solidariedade, do internacionalismo como princípio fundante do nosso Movimento. Mas [...] o importante de tudo isso é que essas duas revoluções estão nesse marcos, do que isso traz pra esquerda mundial e, especialmente, latino-americana. Do ponto de vista das possibilidades, do debate político que estava colocado, da importância e do que foi esse fervor da solidariedade, das brigadas internacionalistas, as quais o mundo inteiro se voltou, essa juventude [...], comitês internacionalistas de apoio, arrecadação de fundos, campanhas, tudo que foi feito nessa efervescência política e cultural que essas duas revoluções trouxeram no nosso continente. E o nosso Movimento atuou fortemente, trazendo pra dentro do Movimento os debates; então tanto para Nicarágua quanto para Cuba nós fizemos grandes campanhas internas. O Movimento produziu material, trouxemos

esses cartazes, foi muito disso de como que nós fomos trazendo da nossa mística, do nosso debate da Revolução Nicaraguense e da Revolução Cubana com toda essa questão dessa luz, do horizonte que nós buscamos, da luta por justiça, da luta por possibilidades de construir um outro modelo de agricultura e de sociedade (Entrevista com Itelvina Masioli em 12 dez. 2011).[24]

Sempre com o objetivo de ajudar o governo sandinista e os movimentos populares do país, foi criada uma Brigada Brasileira para a Colheita de Café, *provavelmente* no ano de 1986, e assim como nos comitês de solidariedade, envolviam uma diversidade de entidades – jovens estudantes, militantes de sindicatos, comunidades de base, partidos políticos –, obviamente com a intenção central de colher safra de café, afinal, muitos lavradores nicaraguenses que desempenhavam essa função estavam em estado de guerra e, por isso, não podiam cuidar da agricultura do país. Os brigadistas ficavam no país aproximadamente 40 dias, com poucas variações, e trabalhavam oito horas diárias, recebendo apenas hospedagem e alimentação (JST, 1987, n. 60, p. 18). Nesse intercâmbio, o MST chegou mesmo a estreitar laços de cooperação com as entidades rurais da Nicarágua, assinando, por exemplo, um protocolo de cooperação agrícola e cultural com o ATC e aproximando-se em definitivo da Unag (JST, 1987, n. 21, p. 15).

A prática de solidariedade com a Nicarágua se expressava também em realizações de passeatas e encenações organizadas sempre pelo Coletivo de Solidariedade e Apoio à Luta da América Central, que aglutinava dezenas de entidades, entre elas o MST, com o objetivo, através do ato público, de se manifestar criticamente em relação à política imperialista dos Estados Unidos (JST, 1988, n. 72, p. 17). Era comum escrever documentos públicos em

---

24 A influência da Revolução Cubana e das organizações camponesas do país será analisada no capítulo IV.

solidariedade à América Central. Por exemplo, a redação de um documento de solidariedade aos povos centro-americanos, encaminhado aos presidentes e ministros das Relações Exteriores da América Central e dos Estados Unidos, em que há uma clara manifestação de repúdio à situação de violência militar causada pelos norte-americanos na região e a proposta de uma "solução de paz", a fim de garantir "a autodeterminação dos povos centro-americanos":

> Solidariedade aos Povos Centro-Americanos
>
> Nós, abaixo assinados, sacerdotes, bispos, sindicalistas, dirigentes de movimento popular e de outras entidades representativas da Sociedade Civil Brasileira, acompanhamos com grande preocupação a situação de violência a que estão submetidos os povos centro-americanos.
>
> Estamos convencidos de que não haverá solução justa para os conflitos que já derramaram tanto sangue do povo centro-americano sem o respeito à AUTODETERMINAÇÃO desses povos. Por isso denunciamos a intervenção armada dos Estados Unidos da América na região como a raiz principal da violência que envolve o subcontinente, e estamos seguros de que só a retirada de tropas militares, de seu apoio econômico e da intervenção política dos Estados Unidos criará condições para a resolução da crise.
>
> Em solidariedade aos nossos irmãos da América Central, defendemos uma SOLUÇÃO DE PAZ, de acordo com a proposta dos Presidentes da região e do Grupo Contadora, que garanta o direito à AUTODETERMINAÇÃO DOS POVOS CENTRO-AMERICANOS, a NÃO INTERVENÇÃO DOS ESTADOS UNIDOS, que permita alcançar a PAZ COM JUSTIÇA SOCIAL, na região.

Brasília, 12 de agosto de 1987
(JST, 1987, n. 66, p 18)[25]

A relação entre o MST e a Nicarágua durante a década de 1980 é, desse modo, uma das facetas dessa fase inicial do processo da política de relações internacionais do Movimento. Além das diversas manifestações de solidariedade com a quais o MST se comprometeu – sempre, vale ressaltar, muito influenciado pela Teologia da Libertação –, existe também nessa relação o aprendizado e o acúmulo de experiência da situação política do país, desenvolvendo uma "consciência anti-imperialista" em escala continental, além da incorporação de princípios (formação de quadros, trabalho de base, da mística) para o aperfeiçoamento do movimento.

> No início dos cursos de formação do MST – inclusive nós não tínhamos um setor de formação e realizávamos parcerias com outras organizações, escola sindical –, nós aprendíamos até as músicas, *"Nicarágua, nicaraguita"*, hino da Frente Sandinista de Libertação Nacional (FSLN). A revolução nicaraguense tem um caráter popular bem interessante, ela conjuga elementos da Igreja, elementos dos setores indígenas, mas ela nos ensina muito sobre o trabalho de base, nos ensina nos princípios organizativos. Nós utilizamos vários documentos dos sandinistas, sobre vários assuntos, e reproduzimos para nossa militância. Evidentemente que ela tem um marco importante na composição do nosso movimento (Entrevista com Gilmar Mauro em 16 nov. 2011 em RUBBO, 2012, p. 24).

---

25  Além do MST, assinaram esse documento Dom Pedro Casaldáliga, Pastor Inácio Lemke e outros oito bispos. Também assinaram Lula da Silva, Luci Choinaski e Valdir Ganzer, como deputados do PT, e Djalma Bom, presidente do partido na época. E, finalmente, Jair Menezes e Avelino Ganzer, como presidente da CUT, além de mais cem dirigentes sindicais do país.

> Eu diria que o MST foi profundamente influenciado pela Revolução Sandinista da Nicarágua. A mística, a preocupação com a cultura, com a poesia, com a música; a questão de combinar o que tinha de melhor do cristianismo revolucionário de esquerda da América Latina com o marxismo, uma análise materialista, uma dialética da situação econômica e política. Então eu penso que esses vários fatores ajudaram a despertar e fortalecer no MST essa perspectiva anti-imperialista, internacionalista, a ideia da solidariedade. O MST fez várias campanhas, mesmo em 1984, de solidariedade com a Nicarágua (Entrevista com Marcelo Buzetto em 4 out. 2011).

A primeira fase da política de relações internacionais do MST não deixou de ter elementos importantes para a construção de alianças políticas em escala internacional posteriormente. *A existência do "DNA internacionalista" no corpo diretivo do MST deve-se fundamentalmente ao papel político e ideológico da TdL, que estimulou o desenvolvimento de uma consciência social e política internacionalista. Além disso, as entidades religiosas – a CPT, sobretudo – foram precípuas por serem mediadoras dos primeiros contatos do MST com o exterior.* Contudo, *ainda não se desenvolve efetivamente uma articulação estratégica internacional de luta*, por mais que, como veremos, a constância dessa relação aponte futuramente para formações orgânicas entre as organizações camponesas. O que não significa que não existia uma real inclinação sobre a existência de "problemas comuns" no campo na América Latina, como a concentração de terra e a intervenção norte-americana nos países, porém, tais questões eram ainda muito embrionárias nas discussões e, *na prática*, secundárias para um Movimento que tinha como prioridade consolidar-se nacionalmente.

O que se destaca nesse período é que a ação internacionalista do MST foi praticamente mediada pela solidariedade, especialmente com os países da América Central, como Nicarágua e El Salvador: 1) análises conjunturais permanentes acerca dos projetos e mecanismos de ação do imperialismo; 2) inserção e apoio aos projetos populares, através da assistência a refugiados, criação de brigadas de solidariedade, ajuda econômica, cartas de denúncia, manifestações e outras atividades; 3) criação de mecanismos de comunicação – como o próprio JST – que possibilitassem conscientizar sobre a manipulação e desinformação; 4) ações ecumênicas com a CPT "pela paz e pela vida", denunciando o conservadorismo da Igreja.

## "Párias da Terra": os protestos contra os 500 anos de dominação

Na América Latina, a Revolução Sandinista enfrentava os grupos guerrilheiros de direita – os "contras" – com amplo apoio dos Estados Unidos. Se o setor conservador não foi forte militarmente, do ponto de vista econômico seus ataques destruíram infraestruturas produtivas, empresas estatais agropecuárias, cooperativas, centros de escolas, hospitais e centrais elétricas, o que provocou perdas de quase 12 bilhões à economia do país, cujo produto interno bruto era inferior a três bilhões de dólares. Os Estados Unidos bloquearam os portos da Nicarágua e decretaram embargo comercial e econômico ao país. A economia nicaraguense entrou em uma crise profunda, com taxas de inflação superiores a 20.000% em 1988. No ano seguinte, os presidentes centro-americanos assinaram um plano de paz conhecido como "Esquipulas" (nome da cidade guatemalteca onde os governantes se reuniram), prevendo a desmobilização dos "contras" e, em troca, o governo sandinista anteciparia as eleições internas, em 1990 (JST, 1989, n. 82, p. 21). As eleições tiveram resultado inesperado: 40% da população votou na FSLN, que tinha como representante o presidente Daniel Ortega, e 54%

na oposição, liderada por Violeta Chamorro, da União Nacional de Oposição (UNO), que reunia partidos em sua maioria de tendência liberal-conservadora (JST, 1990, n. 92, p. 15).

Em El Salvador, em 1984 assumiu o presidente Napoleón Duarte, que, com ajuda dos Estados Unidos, tentava desenvolver um programa político para reduzir o apoio popular à guerrilha da FMLN, ao mesmo tempo em que aumentava a eficiência do exército. Todavia, o governo não conseguiu derrotar a guerrilha da FMLN, nem controlar os grupos paramilitares de extrema direita, apoiados pela oligarquia, que desencadeavam ondas de violência, sequestros e assassinatos. A guerra civil em El Salvador durante toda a década de 1980 teve mais de 75 mil mortos e aproximadamente um milhão de pessoas deixou o país. Em 1989, começa o processo conhecido como "acordos de paz", que envolveu governo, guerrilheiros da FMLN e ONU, que mediou as negociações terminando com as eleições livres em 1992 (MONTGOMERY; WADE, 2006, p. 129-130).

No Brasil, a derrota política da candidatura de Luiz Inácio Lula da Silva, em 1989, foi o ponto culminante da ascensão de um amplo movimento de estudantes, operários, camponeses, intelectuais e entidades religiosas que lutavam pelo fim da ditadura civil-militar desde o final da década de 1970 (cf. IANNI; 1980). Dentro das fronteiras nacionais, o MST estendia-se massivamente na região Nordeste e em alguns estados do Centro-Oeste, mas com a derrota nacional da candidatura de Lula e a vitória de Fernando Collor na Presidência da República, o MST também entra em refluxo em escala nacional, afinal de contas o novo governo empossado inicia um processo de repressão ostensiva ao Movimento:

> Durante o governo Collor, o Estado reprimiu violentamente o MST, invadindo secretarias e prendendo lideranças em diversas regiões do país. Nesse tempo, o MST passou por um processo de refluxo. A era Collor restringiu

seu processo de territorialização ao forçar o Movimento a diminuir o número de ocupações. Nesses anos, o MST investiu na organização interna dos assentamentos, forjando um sistema corporativista e ampliando as atividades nesses territórios (FERNANDES, 2010, p. 170).

Tratar-se-ia, portanto, de um período fortemente marcado pelo refluxo das lutas sociais internacionais; basta lembrar da queda do Muro de Berlim, do colapso das burocracias do Leste Europeu e das derrotas de governos e movimentos da esquerda latino-americana. Tudo somado, o MST, contrariamente, continuou consolidando, fortalecendo e amadurecendo suas relações internacionais.

> Ao contrário de muitas organizações que abandonam essa perspectiva de tradição internacionalista, [...] de 1989 a 1992, nós [do MST] vamos aproveitar esse momento para intensificar nossa presença em atividades internacionais, vamos ampliar o número de militantes que vão para intercâmbio com outras organizações, vamos aumentar o número de militantes que foram para outros países (Entrevista com Marcelo Buzetto em 4 out. 2011).

Em maio/junho de 1989, a CPT coordena o Encontro Latino-Americano sobre Experiências da Pastoral da Terra com a presença de representantes de 16 países. Além da decisão de criar uma "rede de solidariedade de proteção latino-americana", com o objetivo de aprofundar as formas concretas de comunicação e intercâmbio sobre as lutas camponesas e dos indígenas, as discussões inclinaram-se para analisar a situação social do campo na América Latina, entre elas, o tema do "processo de transnacionalização da agricultura" (JST, 1989, n. 84, p. 18). Um mês depois, o MST participaria do VIII Encontro Internacional de Solidariedade "Monsenhor Oscar Arnulfo Romero", na Nicarágua, promovido por organizações ecumênicas. Temas como "dívida externa" e "capitalismo internacional" começam a ser discutidos com mais afinco.

Um ano depois, entre 8 e 10 de maio de 1990, com a palavra de ordem "Ocupar, Resistir, Produzir", era realizado o II Congresso Nacional do MST, em Brasília, com a participação de 5 mil delegados de 19 estados do Brasil (MORISAWA, 2001, p. 146). A delegação estrangeira marcou presença com 23 entidades internacionais de 10 países da América Latina (Guatemala, Peru, Equador, El Salvador, Uruguai, Cuba, Chile, Colômbia, México e Paraguai) e um da África (Angola). Este último, composto de três dirigentes de organizações rurais angolanas, foi destaque, afinal de contas, pela primeira vez o MST recebia uma delegação estrangeira de um país situado fora do continente latino-americano. Além desse encontro, a delegação internacional havia participado dias antes do Primeiro Congresso Nacional do Departamento Rural da CUT (JST, 1990, p. 93).

No documento oficial redigido pela Direção Nacional do MST aprovado pelo Congresso, pela primeira vez era possível notar – no segundo parágrafo – uma referência explícita sobre a importância das relações internacionais e o interesse de construir *ações comuns* com movimentos e organizações latino-americanas:

> A necessidade da unidade latino-americana foi marcada pela presença de 18 delegações representando as entidades e organizações dos camponeses indígenas da América Latina e África. Sabemos que essa unidade não se constrói somente em congressos, mas principalmente nas ações comuns que desenvolvemos na luta. Neste sentido a solidariedade entre os trabalhadores deve ser fortalecida quando dos atos

que deverão ocorrer em função da "comemoração" dos 500 anos da América Latina (JST, 1990, n. 93, p. 3).

No tocante à política de relações internacionais que o MST está costurando em sua trajetória histórica, no período que corresponde aos anos de 1989 a 1992, a melhor expressão da concretização do processo dessa política, amadurecendo uma estratégia política internacionalista, é a participação ativa do MST na chamada *Campanha Continental 500 anos de Resistência Indígena, Negra e Popular*.

A ideia da Campanha teria sido gestada alguns anos antes de sua formalização pública, em 1989, por movimentos camponeses e indígenas equatorianos, e acabou se tornando um "divisor de águas" para o MST – embora nem todos os integrantes concordem com isso –, um segundo momento indispensável de sua política internacionalista:

> Acho que não se pode falar em "divisor de águas". Sempre as articulações internacionais são resultados de processos permanentes, demorados, contraditórios, que envolvem muitos fatores, de identidades de propósitos, de campanhas internacionais, e da necessidade de ir aglutinando forças. A campanha continental foi importantíssima, pois ela superou as articulações setoriais que até então existiam, realizadas entre os partidos, ou entre sindicatos, ou entre as igrejas. Nessa campanha juntamos todas as forças populares, que queriam ver outra América unida, e descolonizada. E foi um processo muito rico, tanto por sua amplitude, como pela generosidade em que todos participavam sem preocupar-se com protagonismos, ou lideranças continentais (Entrevista com João Pedro Stédile em 14 junho. 2012).

Então este momento possivelmente nós caracterizamos como um segundo passo. O MST passou a ser um ator importante nesse processo de articulação, ou seja, em um primeiro momento, aquilo que ainda era de conhecer e receber companheiros aqui, aprender com as lutas, enviar militantes, os dirigentes para atuar, brigadas de solidariedade, brigadas de trabalho, que trabalhavam durante o dia e estudavam durante a noite. Agora nós já estamos no segundo processo, em um segundo momento em que o movimento começa a ser já "ouvido". E aí, deste processo todo, a gente começa a analisar o quê o movimento é hoje, do ponto de vista dessa construção. Qual é a característica que nós podemos sinalizar hoje? É uma característica onde nós estamos sendo convidados por outras organizações para não só participar de reuniões, mas para atuar de forma um pouco mais longa com brigadas de militantes, atuando principalmente na área da informação, da educação, da produção, da cooperação, entendeu? (Entrevista com Joaquim Pinheiro em 10 dez. 2011).

Nem mesmo o fato de movimentos sociais e organizações políticas brasileiras participarem de uma campanha que protestava contra os resultados negativos do processo histórico da colonização espanhola, em 1492, ou seja, uma data aparentemente que não continha a dimensão histórica e simbólica para o país colonizado por Portugal, parecia causar constrangimento na participação das entidades populares brasileiras. Basta mencionar um documento redigido pela coordenação brasileira da campanha do MST, em 1992. O assunto, então, é colocado nos seguintes termos:

> Sabemos que para nós brasileiros, a data 1492 não tem grande importância histórica, pois o Brasil foi invadido a partir de 1500

pelos portugueses. Mas é muito importante nos entrosarmos com outros povos latino americanos, para assim discutir nossos problemas comuns, bem como buscamos formas concretas de fortalecer nossos laços de latino americanidade (JST, 1992, n. 119, p. 15).

Ora, a Campanha representa uma *mudança* do MST nas suas relações internacionais. A fase anterior era a de aproximação – em quantidade razoavelmente significativa – com os movimentos sociais rurais da América Latina, em um período em que o MST almejava prioritariamente constituir-se e expandir-se mais solidamente nas regiões do país (os primeiros intercâmbios caracterizavam-se por trocas "desiguais", ou seja, espaços onde mais se "escutava" do que "falava"). Doravante, a Campanha faz com que o MST não só crie um setor de relações internacionais em sua estrutura organizativa sendo uma das coordenadoras brasileiras da campanha, mas transforme, amplie e, principalmente, articule, pela primeira vez, uma ação extrassetorial continental.

> No nosso [primeiro] congresso veio um pessoal do Equador, presidente da Fenocin, uma das organizações históricas, e depois fomos estabelecendo com eles uma relação mais próxima. Então houve vários eventos internacionais convocados pelo setor camponês da federação sindical mundial. Ali foi se constituindo um laço entre essas organizações camponesas que não eram comunistas, como o caso da equatoriana. Em 1987 eles convocam o primeiro encontro andino para discutir a questão dos 500 anos e convidaram o Movimento para participar, por conta dessa aproximação. O MST nasce em 1984. Três anos depois, em 1987, eles montaram uma estratégia e convocaram o primeiro encontro continental de resistência para outubro de 1989. [...]. Na primeira fase era mais

de conhecimento, de intercâmbio, e ali já é mais de ação nossa, [...] e quando nós tiramos a coordenação coletiva do continente, o MST ficou como um dos coordenadores da campanha, representando o Cone Sul. Daí que nós temos uma ação mais ativa, mais propositiva (Entrevista com Egídio Brunetto em 17 nov. 2011).

[A Campanha] começa se gestando nas atividades em 1987/1988. Aí se decide fazer esse primeiro encontro e que dá esse caráter da campanha, a dinâmica que define toda essa metodologia de que ela vai tecer no continente o nome, os setores que estão articulados; os encontros e as ações em cada país que foram acontecendo de forma articulada; de organizar material de comunicação, foi dando essa unidade continental, que era uma coisa nova. Não que não existisse luta nos setores de atividades, mas a Campanha deu, do ponto de vista da articulação, uma mística de uma unidade de ação continental. Quando falo unidade de ação não significa que não teve problemas em construí-la porque teve a campanha, nós nos juntamos aos camponeses; no final ela chegou como Campanha 500 Anos de Resistência Indígena, Negra e Popular. Só que não foi assim desde o início, né? (Entrevista com Itelvina Masioli em 13 dez. 2011).

O período da Campanha de Resistência dos 500 anos da "descoberta" da América Latina representa um momento marcante não apenas para o MST, mas promove uma reestruturação dos movimentos sociais da América Latina (DOULA, 2002, p. 333). Afinal, com a deterioração gradativa das burocracias do Leste Europeu e o desmoronamento da URSS, a esquerda tradicional entra em uma crise profunda por perder sua principal referência e se enfraquece politicamente de maneira significativa nas regiões em que atuava. Tal conjuntura política, ao mesmo tempo, propiciou que setores sociais (camponeses, indígenas, negros, mulheres) considerados "secundários" para a tarefa socialista revolucionária – pelo menos na interpretação "oficial" dos partidos comunistas – estivessem na linha de frente da resistência da campanha, o que não deixava de ser surpreendente.

> Até então, na nossa avaliação, todos esses processos de articulação que ocorriam aqui no continente eram hegemonizados pelo partido comunista, não é mesmo? Como é que era feito? Através dos sindicatos, através das suas associações, ligadas aos partidos de países. Cuba, por exemplo, sempre foi vanguarda nesse processo de integração e até da solidariedade internacional. Mas com a queda do Muro em 1989, com o esfacelamento da União Soviética, estes partidos entraram em crise. Houve certo rearranjo, e a nossa participação nesse processo de articulação começa a ter uma importância. Porque veja você, o movimento como o MST, de camponeses, que não é filiado a nenhum partido político, que não é filiado a nenhum sindicato, e era muito comum, nesse período, os sindicatos serem correntes de transmissão dos partidos, principalmente dos partidos comunistas, e eles hegemonizavam todo esse processo de articulação continental. Depois de 1989, isso se "quebrou". Entrou em crise, e nós começamos a ser, digamos assim, ouvidos, já se pedia palavra. Nesses encontros que nós começamos a participar. Quem sabe a palavra correta seria "intervir". Ou seja, nossas intervenções nesses espaços já eram de certa forma mais respeitadas, porque nos outros momentos, até nós chegarmos a uma situação em que nós fossemos

ouvidos, era mais difícil, não é? (Entrevista com Joaquim Pinheiro em 10 dez. 2011).

Muitas organizações surgiram inclusive negando algumas práticas e princípios dessa esquerda que estava entrando em crise no Leste Europeu e no desaparecimento do socialismo soviético. Criam perspectivas para discutir novas formas de organização, novas formas de mobilização, sem negar a experiência importante do período anterior. Mas o que surge de interessante e de novidade, talvez, é um conjunto de organizações na América Latina, e que esses movimentos vão fazer uma análise muito crítica dos partidos de esquerda e daí vão procurar se desenvolver enquanto organização política e social de massas, organização popular, mas de maneira mais autônoma e mais independente em relação aos partidos. [...] Essa crise teórica, política, organizativa, programática da esquerda partidária acabou criando uma brecha e uma possibilidade para que outros movimentos fossem surgindo, porque os movimentos eram movimentos que tinham uma ligação direta com uma base social, o que não poderiam esperar de partidos (Entrevista com Marcelo Buzetto em 4 out. 2011).

O primeiro encontro ocorreu entre 7 e 12 de outubro de 1989, na cidade de Bogotá (Colômbia). A princípio, as organizações que estavam na linha de frente para planejar o evento eram setores indígenas e camponeses, tanto é que era chamado de Encontro Latino-Americano de Organizações Camponesas e Indígenas. Não havia, nesse momento, o setor negro. As organizações eram predominantemente da região andina (Peru, Equador, Colômbia, e Bolívia) e o MST. Estiveram presentes 39 organizações camponesas e indígenas, com participação de 72 delegados e 250 convidados e organizações. O Brasil foi representado pelo MST, CUT e UNI (União das Nações Indígenas). Foram discutidos temas diversos: terra, a questão da mulher, a questão da educação, cultura e dívida externa. Com relação à organização, a campanha foi dividida em cinco regiões (Norte, Caribe, América Central, Cone Sul, Andina), com um país sede do comitê regional e um país coordenador. O Brasil ficou com a coordenação da região do Cone Sul e com sede na Argentina. Definiu-se, então, caráter, significado e objetivos da campanha:

Quadro 2.3. Resoluções do I Encontro na Campanha contra os 500 anos de dominação

| Definições | Objetivos |
|---|---|
| • São 500 anos de invasão militar, política, social, cultural. Genocídio e evangelização. | • Difundir os documentos centrais aprovados sobre os 500 anos. |
| • Eliminação física de milhões de seres humanos. Massacre contra as nações indígenas, camponesas e populações pobres. | • Repudiar a celebração do V Centenário, "o encontro entre os mundos" promovido pela Espanha. |
| • A dominação e exploração de nosso continente por parte da Espanha, Inglaterra, Portugal, França, e atualmente por Estados Unidos, significa para o povo latino-americano colonização e imperialismo. | • Declarar o 12 de outubro o dia da dignidade continental, soberania e autodeterminação de nossos povos. |
| • A conjunção destes dois sistemas resultou no saque de nossos recursos naturais, destruição de nosso povo e nossa cultura, desequilíbrio ecológico que atenta contra a vida. | • Que a campanha de autodescobrimento da América signifique a recuperação do desenvolvimento da participação popular. Potencializar e consolidar as organizações e sua unidade. Levar a cabo um projeto de justiça, igualdade e respeito entre as raças e culturas de nossa América. Promover um reencontro com a histórica luta de nossos antepassados. |

| | |
|---|---|
| • Submissão de nossos governos às políticas imperialistas. | • Criar um comitê de unificação continental para coordenar as tarefas da nossa campanha em cada país e regiões continentais. |
| • Intervenção de forma encoberta, através da Lei de Segurança Nacional e formas diretas com forças militares. | |
| • O endividamento de mais de 400 bilhões de dólares da América Latina que gera miséria, fome, desemprego, entre tantos problemas. | |

Fonte: JST, 1989, n. 88, p. 22.

A reunião posterior foi realizada pela coordenadora da campanha na cidade de Cajamar (São Paulo) nos dias 13 e 14 de maio, no ano de 1990, e pautou-se, sobretudo, pela "necessidade de se abrir espaço para outras organizações que atuem na campanha". Ou seja, que envolvesse não apenas indígenas e camponeses, mas outros setores progressistas. Daí a mudança do *slogan* para "500 anos de Resistência Indígena e Popular", pois a palavra "camponês", que está circunscrita ao campo, é substituída por "popular", de significado mais amplo. Nesse mote, os dirigentes das organizações camponesas e indígenas reunidos na comissão organizadora também lançaram uma nota que sublinhava "a falta de uma consciência classista em nível continental, assim como a falta de intercâmbio de experiências", o que foi um dos fatores que ocasionaram a derrota do sandinismo, não apenas sua falta de capacidade estratégica. E pela primeira vez reivindicam a palavra *socialismo*, ainda que severamente críticos em relação ao Estado burocrático soviético: "Não deixamos de reconhecer os erros e de considerá-los como dolorosas experiências, mas tampouco deixamos de estar convencidos de que o socialismo é a única opção de liberdade para nossos povos" (JST, 1990, n. 93, p. 22).

Após o 1º Encontro Continental de Povos Índios, realizado em Quito (Equador), dois meses depois da reunião em Cajamar, encontro que apenas reafirmou os objetivos centrais da campanha dos setores indígenas (JST, 1990, n. 95, p. 23), é novamente realizado em São Paulo o "III Encontro Latino-Americano e do Caribe pela Solidariedade, Soberania, Autodeterminação e Vida dos Nossos Povos", entre 21 e 23 de junho de 1991 (JST, 1991, n. 103, p. 15). Além de aprofundar a questão dos 500 anos de "descobrimento", a proposta também era analisar alternativas para uma integração "orgânica" dos movimentos populares do continente (JST, 1991, n. 104, p. 15).

Em outubro do mesmo ano, na cidade de Quetzaltenango (Guatemala), é realizado o II Encontro da Campanha Continental, com mais de 250 delegados dos 28 países da América, 400 observadores e 150 jornalistas internacionais. Além das discussões de conjuntura e de um programa mínimo de atividades até o dia 12 de outubro do ano seguinte, quando ocorreria o III Encontro da Campanha – e último – em Manágua (Nicarágua), o nome da campanha tem sua última modificação: "500 anos de Resistência Indígena, Negra e Popular" (JST, 1991, n. 110, p. 9). Ou seja, nos encontros/reuniões houve a alteração do nome da Campanha por conta da incorporação de outros setores sociais. Distante de uma campanha "fechada" e "acabada", os quatros anos de intensas discussões e debates foram, na realidade, um *processo* que contribuiu profundamente na formação educativa e política dos participantes, além da *construção* de alianças com setores sociais não camponeses.

> Então você vê que é uma construção, tudo isso não é tão simples. Como que involucra os povos indígenas, os povos negros, os povos camponeses, os povos do campo? A Campanha também foi um processo de extrema aprendizagem, de leituras políticas comuns do continente. Quais são as ações do imperialismo,

quais são as ações das forças populares, como organizar essa contra-ofensiva. Então eu acho que foi um processo extremamente importante. Eu estou dizendo que a Campanha teve essa força, eu acho que cumpriu um papel importantíssimo na formação, na ação, na articulação política (Entrevista com Itelvina Masioli em 13 dez. 2011).

Esse processo foi muito (evidentemente precisaria de muito tempo até porque ele foi muito rico e teria que ser escrito) interessante porque, na verdade, ele conseguiu conjugar três setores que, do ponto de vista clássico, estavam fora de qualquer perspectiva. O camponês era ainda incluído na aliança operário-camponesa, e o indígena, negro e camponês sempre subordinado à classe operária; então essa campanha continental surge com força porque ela consegue articular os três setores, consegue desenvolver luta de massa, consegue articular continentalmente esses movimentos e fazer grandes ações como foi o grande encontro que aconteceu na Guatemala, onde juntamos milhares de pessoas (Entrevista com Gilmar Mauro em 16 nov. 2011).

Quadro 2.4. Encontros dos movimentos camponeses latino-americanos para a Campanha dos 500 anos

| Encontro/Reuniões | Local | Ano | Slogan |
|---|---|---|---|
| I Encontro | Bogotá (Colômbia) | 1989 | "Autodescobrimento da América, 500 anos de resistência indígena e camponesa" |
| Reunião da Comissão | Cajamar (Brasil) | 1990 | "500 anos de resistência indígena e popular" |
| Reunião da Comissão no Encontro dos Povos Índios | Quito (Equador) | 1990 | "500 anos de resistência indígena e popular" |
| II Encontro | Quetzaltenango (Guatemala) | 1991 | "500 anos de resistência indígena, negra e popular" |
| III Encontro | Manágua (Nicarágua) | 1992 | "500 anos de resistência indígena, negra e popular" |

Fonte: Deni Rubbo

Para além do objetivo central da campanha, que era contestar os discursos oficiais produzidos em face da celebração da descoberta da América, ela transcendeu suas propostas: 1) avançou nas discussões sobre criar projetos alternativos para a crise econômica inflacionária em que os países latino-americanos estavam atolados desde a década de 1980; 2) iniciou debates para criticar os efeitos da mundialização da economia e do modelo neoliberal; 3) deu ênfase ao tema da cultura a partir da ótica da diversidade. Ademais, como avalia a antropóloga Sheila Doula (2002), a Campanha foi um momento decisivo para os movimentos que estavam envolvidos em repensar várias dimensões de seu lugar na América Latina: na "re-elaboração de sua identidade", na "recomposição enquanto atores políticos", na defesa de que a "americanicidade exigia o reconhecimento da pluralidade", na construção de uma identidade particular, construída através dos séculos. Basta ler um longo trecho do documento redigido pelo SRI do MST, intitulado "500 anos de Dominação".

As organizações promotoras deste encontro acreditam que não houve um "descobrimento" e sim uma *invasão* militar, política e cultural. Houve uma brutal *imposição* por parte dos colonizadores europeus, onde nossos povos foram cruelmente submetidos aos seus costumes, sua religião e sua cultura.

O "descobrimento" marcou o *aprisionamento secular* da América Latina aos interesses das grandes potências europeias. Essa dependência gerou a miséria, a fome, o subdesenvolvimento a que nossos povos ainda são hoje submetidos. Esta situação agravou-se ainda mais com o peso da *dívida externa*. Como podemos comemorar uma "descoberta" se ela não existe? Como eles podem falar em descoberta se em nosso continente já existiam os índios? Como pode falar em descoberta, se o que eles fizeram foi o *extermínio* de milhares de indígenas? Quando nos forçaram a assumir uma cultura totalmente diferente da nossa? Quando não permitiam que nossos povos pudessem praticar suas religiões, suas culturas? Que descoberta é essa onde a lei que impera é a dos colonizadores? Em 1992 não existe nada para comemorar. Existe sim para denunciar. Denunciar a selvagem penetração dos colonizadores e imperialistas em nosso continente. Denunciar os saques que eles praticam contra as nossas riquezas minerais; a devastação de nosso meio ambiente; denunciar a situações dos camponeses que a cada dia são massacrados, assassinados pela ganância assassina dos latifundiários; denunciar a exploração a que os operários das fábricas são submetidos. Denunciar todos esses governantes corruptos de nossos países que estão a serviço do imperialismo, contribuindo para aumentar a miséria de nossos povos. Denunciar a intervenção do imperialismo norte-americano em política interna de outros países. A partir deste encontro, devemos ter claro o papel de cada um de nós. O papel que cada organização deverá ter em busca de uma América Latina livre (JST, 1989, n. 87, p. 22, grifo nosso).

O conteúdo do documento revela claramente sintonia dos movimentos sociais rurais com as formas de luta do passado latino-americano. O caráter anti-imperialista é ressaltado por ser um elemento historicamente presente em todos os países latino-americanos. Como afirma a socióloga Ilse Sherer-Warren (1998, p. 64): "o movimento pode ser conduzido tanto por uma utopia que vise mudanças em processos civilizatórios de longa duração, como encaminhar reivindicações e formas de resistências que visem conquistas cidadãs mais imediatas". Ou seja, ao se reconhecer a campanha como produto de 500 anos de luta, o MST não atribui a si mesmo o começo de uma nova história, mas coloca sua ação em sintonia com um longo passado de enfrentamentos.

O coração da campanha também estava na *denúncia* e no questionamento de certas palavras – "conquista", "descobrimento", "civilização" – que foram disseminadas pela história "oficial" da América Latina, "encobrindo" a "invasão", a "brutalidade", o "aprisionamento secular", a "brutalidade", o "extermínio" dos povos autóctones. O documento é uma manifestação explícita daquilo que Enrique Dussel (1993; 2005) denominou de "mito da modernidade"; ou ainda, um posicionamento radical na tentativa de desmistificar o "mito da descoberta".

1. A civilização moderna se autodescreve como mais desenvolvida e superior (o que significa sustentar inconscientemente uma posição eurocêntrica).

2. A superioridade obriga a desenvolver os mais primitivos, bárbaros, rudes, como exigência moral.

3. O caminho de tal processo educativo de desenvolvimento deve ser aquele seguido pela Europa (é, de fato, um desenvolvimento unilinear e à europeia o que determina, novamente de modo inconsciente, a "falácia desenvolvimentista").

4. Como o bárbaro se opõe ao processo civilizador, a práxis moderna deve exercer em último caso a violência, se necessário for, para destruir os obstáculos dessa modernização (a guerra justa colonial).

5. Esta dominação produz vítimas (de muitas e variadas maneiras), violência que é interpretada como um ato inevitável, e com o sentido quase-ritual de sacrifício; o herói civilizador reveste as suas próprias vítimas da condição de serem holocaustos de um sacrifício salvador (o índio colonizado, o escravo africano, a mulher, a destruição ecológica etc.).

6. Para o moderno, o bárbaro tem uma "culpa" (por opor-se ao processo civilizador) que permite à "Modernidade" apresentar-se não apenas como inocente mas como "emancipadora" dessa "culpa" de suas próprias vítimas.

7. Por último, e pelo caráter "civilizatório" da "Modernidade", interpretam-se como inevitáveis os sofrimentos ou sacrifícios (os custos) da "modernização" dos outros povos "atrasados" (imaturos), das outras raças escravizáveis, do outro sexo por ser frágil etc. (DUSSEL, 2005, p. 60-61).

O filósofo e teólogo argentino parte da premissa de que o nascimento da Modernidade não começa com a Revolução Industrial do século XVIII e com a Ilustração, mas é o ano de 1492 que marca o nascimento da Modernidade, quando, anteriormente, a Europa não existia senão como periferia do mundo muçulmano.[26] Mas esta aproximação é feita às custas do ocultamento, encobrimento (oposto a descobrimento) do outro, do índio. Uma "práxis irracional de violência". A denúncia contida na campanha, portanto, é o ponto de vista *do outro, da vítima* (índio, negro, camponês, mulher) que descobre a sua "outra face": índio sacrificado, negro escravizado, mulher oprimida, cultura popular alienada. São setores sociais da América Latina que historicamente são considerados "marginais", "fora do lugar", "párias" da terra, que introduzem sua perplexidade ou indignação diante do banimento social, político, econômico e cultural que "sofrem" há séculos.[27]

---

26 É interessante mencionar que JCM compreende o "descobrimento" como um "ato político", como se pode observar em uma longa nota de rodapé no livro *Sete ensaios*: "A conquista foi um ato político. Interrompeu bruscamente o processo autônomo da nação quéchua, mas não implicou uma substituição repentina das leis e costumes dos nativos pelos dos conquistadores. No entanto, esse fato político abriu, em todas as ordens de coisas, tantos espirituais quanto materiais, um novo período" (MARIÁTEGUI, 2014, p. 54). Reconhecer como um "fato político" a "conquista" não significava uma opinião branda sobre o que fizeram os espanhóis. Em outro texto Mariátegui afirma: "A conquista espanhola aniquilou a cultura inca. Destruiu o Peru autóctone. Frustrou a única peruanidade que existiu. Os espanhóis extirparam do solo e da raça todos os elementos vivos da cultura indígena" (MARIÁTEGUI, 1970a, p. 26).
27 Para uma análise sobre a figura do pária como representante de uma expressão idiomática de crítica à autoridade e à exclusão social e política persistente, ver Varikas (2010).

# CAPÍTULO III

## Mundialização do campo e lutas agrárias transnacionais

Em Buenos Aires, na ponte de Boca:
*Todos prometem e ninguém cumpre. Vote em ninguém.*
Em Caracas, em tempos de crise,
na entrada de um dos bairros mais pobres:
*Bem-vinda, classe média.*
Em Bogotá, pertinho da Universidade Nacional:
*Deus vive.*
Embaixo, com outra letra:
*Só por milagre.*
E também em Bogotá:
*Proletários de todos os países, uni-vos!*
Embaixo, com outra letra:
*(Último aviso.)*

(Eduardo Galeano, *O livro dos abraços*)

Neste capítulo nos deteremos na atuação política internacionalista do MST a partir de meados da década de 1990, época de novos ingredientes. A dimensão internacionalista passa a ser compreendida pelo MST de maneira mais ampla e profunda. Como foi sistematicamente frisado no capítulo anterior, ela não apenas permanece pelo crivo do estímulo à prática de solidariedade (intercâmbios, visitas, campanhas etc.). Doravante o MST compreende o internacionalismo como uma realidade histórica presente, *uma relação social orgânica de sua práxis política*, em decorrência das contemporâneas transformações do capitalismo internacional no campo brasileiro. Tal percepção vem influenciar e transformar a própria interpretação das direções do MST em relação à dinâmica da agricultura brasileira e, principalmente, de sua própria concepção estratégica de ação prática.

Para entender essas complexas mudanças, é imperativo apresentar, mesmo de maneira preliminar, a contextualização e as características que compõem a chamada internacionalização capitalista no campo a partir da década de 1990, em especial como esse projeto político e econômico tem se manifestado no Brasil, que evidencia um longo processo de modernização do campo, intensificado a partir da era da "revolução verde". Paralelamente a esse contexto específico de mutações no mundo rural, há um aumento expressivo de ações coletivas dos setores do campo em vários países da periferia do sistema capitalista, em especial na América Latina. Somado a isso, essas camadas rurais têm adotado diferentes formas de ação internacional, ao coordenar suas articulações e campanhas cuja concretização é a formação da Cloc, coordenadora camponesa latino-americana, e da Via Campesina, movimento camponês internacional.

A emergência de articulações continentais e internacionais nesse período comprova, mais do que uma escolha prática, uma *necessidade* do MST de ampliar sua atividade internacional enquanto estratégia de ação em busca de alianças duradouras e de consolidação de projetos comuns. Ademais, o impacto dessa recomposição dos movimentos camponeses vai influenciar na mudança do MST com relação ao seu projeto político e sua ação na arena nacional.

## NOTAS SOBRE O CAPITALISMO CONTEMPORÂNEO NA AGRICULTURA

Mundialização, neoliberalismo e internacionalização no campo

Para que se possa entender e avançar minimamente sobre as transformações contemporâneas do processo de produção e reprodução do capitalismo ocorridas no campo é preciso ter em vista que sua dinâmica não está pavimentada por "leis naturais" ou "religiosas" – dúvida, por si só, mais do que razoável –, mas por um projeto que envolve todas as dimensões da vida social, em especial a política e a economia. Tal programa, conhecido pelo nome de "neoliberalismo", ampliara a dinâmica do capitalismo principalmente em escala internacional.

David Harvey, por exemplo, em *Neoliberalismo: história e implicações*, analisa que a marca do novo regime de acumulação do capitalismo contemporâneo responde a uma doutrina particular: o "neoliberalismo". Uma expressão que se tornou largamente corrente no léxico do pensamento político e econômico atual e não raras vezes permanece esvaziada de um potencial explicativo. Harvey traça uma definição desse processo de "neoliberalização", enfatizando as relações entre economia e política, assim como o papel do Estado:

> O neoliberalismo é em primeiro lugar uma teoria das práticas políticas-econômicas que propõe que o bem-estar humano pode ser melhor promovido liberando-se as liberdades e capacidades empreendedoras individuais no âmbito de uma estrutura institucional caracterizada por sólidos direitos à

Quanto ao Estado, seu papel

propriedade privada, livres mercados e livre comércio (HARVEY, 2008, p. 12).

é criar e preservar uma estrutura institucional apropriada a essas práticas; o Estado tem que garantir, por exemplo, a qualidade e a integridade do dinheiro. Deve também estabelecer as estruturas e funções militares, de defesa da polícia e legais requeridas para garantir direitos de propriedade individuais e para assegurar, se necessário pela força, o funcionamento apropriado dos mercados. Além disso, se não existirem mercados (em áreas como a terra, a água, a instrução, o cuidado de saúde, a segurança social ou a poluição ambiental), estes devem ser criados, se necessário pela ação do Estado (HARVEY, 2008, p. 12).

Versando sobre o mesmo assunto, François Chesnais, em seu livro *A mundialização do capital* (1996), aponta que a dinâmica do capitalismo contemporâneo está mais organicamente voltada ao âmbito financeiro e supranacional, afinal, o movimento do capital financeiro era muito mais lento como instrumento de controle das condições de valorização capitalista no mundo. Desse modo, tratar-se-ia, pois, duma "fase específica do processo de internacionalização do capital e de sua valorização, à escala do conjunto das regiões do mundo onde há recursos ou mercados, e *só a elas*" (CHESNAIS, 1996, p. 32). Sistematicamente submetida à valorização do capital privado, a "mundialização"[1] teria como suas

---

1   Ainda segundo Chesnais, a defesa por utilizar-se do termo "mundialização" ao invés de "globalização" (enormemente difundido pela diversos canais de comunicações) seria claramente uma opção estratégica: "A palavra 'mundial' permite introduzir, com muito mais força do que o termo 'global', a ideia de que, se a economia se mundializou, seria importante construir depressa instituições políticas mundiais capazes de dominar o

características essenciais a polarização nacional, ou seja, interna a cada país, e internacional, "aprofundando brutalmente a distância entre os países situados no âmago do oligopólio mundial e os países da periferia" (p. 37). Evidentemente, como constata o economista francês, existiria uma continuidade em relação a outras "fases" históricas do desenvolvimento desigual do capitalismo, assim como descontinuidades, sendo um processo histórico de dois movimentos em uma mesma unidade: de um lado, uma longa fase de acumulação ininterrupta do capital – pelo menos desde 1914 – e, do outro, um conjunto de políticas de "liberalização, de privatização, de desregulamentação e de desmantelamento da propriedade".

Sem a intervenção política ativa dos governos Thatcher e Reagan, e também do conjunto dos governos que aceitaram não resistir a eles, e sem implementação de políticas de desregulamentação, de privatização e de liberalização do comércio, o capital financeiro internacional e os grandes grupos multinacionais não teriam podido destruir *tão depressa* e *tão radicalmente* os entraves e freios à liberdade deles se expandirem à vontade e de explorarem os recursos econômicos, humanos e naturais, onde lhes for conveniente (CHESNAIS, 1996, p. 34).[2]

---

seu movimento. Ora, isso é o que as forças que atualmente regem os destinos do mundo não querem de jeito nenhum" (CHESNAIS, 1996, p. 24).

2 Tal movimento acelerado de acumulação em escala mundial passa a se manifestar, também, violentamente no domínio ecológico, que tem provocado um "esgotamento previsível de certos recursos chaves" e o "anúncio de mudanças climáticas que afetam as condições elementares" (CHESNAIS, 2007, p. 20-21). Não por acaso, afiança o autor, tal constatação toca intensamente a própria sobrevivência da chamada "civilização" sob "a ameaça radical da possibilidade de vida no planeta". Os parâmetros que sustentariam e fundamentariam o próprio "progresso", nesse sentido, estariam abalados com a iminência de futuros conflitos

Como se pode perceber, através dessa ligeira apresentação, tanto Chesnais quanto Harvey assinalam aspectos novos do capitalismo nas últimas três décadas – a emergência do "neoliberalismo" e da "mundialização". É esse quadro de processos que terá impactos decisivos na (re)ordenação da estrutura produtiva no campo em escala planetária.[3]

Henry Bernstein, por exemplo, em um artigo intitulado "A dinâmica de classe do desenvolvimento agrário na era da globalização" (2011), denomina o contexto internacional agrário – sob órbita do "neoliberalismo" e da "mundialização" – como "*regime alimentar corporativo do comércio multilateral*". O resultado de sua configuração atual deriva, em grande medida, dos problemas econômicos de "superprodução e escoamento de excedentes" desencadeados durante a famigerada "crise econômica" da década de 1970. Além do elemento econômico, segundo o autor, as mutações foram também de ordem política, estruturada e projetada a partir do esgarçamento dos países burocráticos do Leste Europeu.

De qualquer forma, parece não restar dúvida de que a emergência do novo regime de acumulação do capital na agricultura se tornou efetivamente *transnacional*. Basta olhar o protagonismo que os organismos multilaterais – como o Banco Mundial (BM), o Fundo Monetário Internacional (FMI) e a Organização Mundial de Comércio (OMC) – possuem para decidir os rumos das políticas agrícolas nacionais dos países da periferia do sistema capitalista. Sem contar o aumento das formas intercontinentais de empreendimento na indústria de alimentos e insumos e a especulação

---

pelo acesso a matérias-primas. Para uma análise sobre a crise ecológica, ver Wallis (2009) e Chesnais (2007).

3   Há algumas pesquisas recentes – caso de Zimbábue, África do Sul, Nepal, Polônia – apontando "intrigantes pontos de contatos" (MORAES, 2006) entre países que passaram pelos planos de ajuste estrutural disseminados no setor agrícola. Não é à toa que, paralelamente, centenas de movimentos sociais no campo em todo mundo protestariam por essa difusão planetária de um modelo único de desenvolvimento produtivista.

financeira para se apropriar, por exemplo, das patentes de direitos de propriedade intelectual do material genético de plantas.

Quadro 3.1. Temas da agricultura no âmbito do atual regime capitalista

| |
|---|
| 1. A liberalização do comércio, mudanças nos padrões de comércio de mercadorias agrícolas, e as disputas envolvidas, dentro e fora da Organização Mundial do Comércio (OMC); |
| 2. Os efeitos sobre preços de mercadorias agrícolas no mercado futuro, isto é, a especulação impulsionada pela "financeirização"; |
| 3. A eliminação de subsídios e outras formas de apoio aos pequenos agricultores no hemisfério sul, como parte dessa liberalização, em conjunto com a redução dos orçamentos governamentais e da ajuda para a agricultura; |
| 4. A concentração, cada vez maior, de corporações globais na indústria de agroinsumos e agroalimentos, marcada por fusões e aquisições; e do poder econômico de algumas poucas corporações no comando de fatias maiores do mercado; |
| 5. Novas tecnologias organizacionais implantadas por essas corporações em conjunto com cadeias de mercadorias agrícolas, através do processo, fabricação e distribuição a retalho – como, por exemplo, a "revolução do supermercado", no abastecimento global de alimentos e controle do mercado de vendas de alimentos, e as tentativas, por parte das grandes redes de supermercados, de entrar na China, na Índia e em outras partes do hemisfério sul; |
| 6. Como essas tecnologias se combinam com o poder econômico corporativo para moldar e restringir as práticas (e "escolhas") dos agricultores e consumidores; |
| 7. A pressão das corporações por patentes de direitos de propriedade intelectual do material genético de plantas, de acordo com as disposições da OMC sobre os aspectos dos direitos da propriedade intelectual no comércio (ADPIC), e a questão da "biopirataria" corporativa; |
| 8. A nova fronteira técnica: a engenharia genética de plantas e animais (organismos geneticamente modificados – OGM), que, em conjunto com a monocultura especializada, contribui para a perda da biodiversidade; |
| 9. A nova fronteira do lucro: a produção de biocombustíveis, dominada por corporações do agronegócio, com subsídios públicos nos EUA e na Europa, e seus efeitos sobre a produção mundial de grãos para consumo humano; |

10. As consequências para saúde, incluindo o aumento dos níveis de substâncias químicas tóxicas em alimentos de cultivo e processamento "industrial", e as deficiências nutricionais de dietas a base de *"junkfood", fastfood* e alimentos industrializados, o aumento da obesidade e de doenças relacionadas à obesidade, bem como a continuidade, e o possível aumento, da fome e da desnutrição;

11. Os custos ambientais de todos os temas referidos, incluindo os níveis de consumo de energia e emissão de carbono envolvidos na "industrialização" do cultivo, processamento e vendas de alimentos – como, por exemplo, no transporte do alimento por longas distâncias, do produtor ao consumidor, e o custo elevado dos produtos transportados por via aérea;[4]

12. Em suma, as questões relacionadas à "sustentabilidade" ou não do atual sistema alimentar global: seu crescimento contínuo ou reprodução ampliada, em conjunto com as trajetórias observadas (BERNSTEIN, 2011, p. 67-68).

Nessa mesma toada, Peter Rosset (2004) afiança como a terra tornou-se uma demanda indispensável para o mercado internacional. O Banco Mundial[5] tornou-se a instituição financeira

4   Os supostos "abusos" e "inconvenientes" da produção da agricultura moderna seriam flagrados através da utilização amiúde de praguicidas e fertilizantes que acarretam, por sua vez, a erosão dos solos e a contaminação de águas e alimentos por resíduos de agrotóxicos. Gilberto Dupas (2006) afirma que nesse curtíssimo período (as últimas três décadas), os níveis dos oceanos estão subindo duas vezes mais rapidamente que há 150 anos; a quantidade de dióxido de carbono na atmosfera começou a elevar-se com velocidade anormal. "Cerca de 2 milhões de hectares do planeta, quase um quarto das terras cultiváveis, estão degradados; e o custo para reverter a degradação é muito alto. Desde 1960, um quinto das florestas tropicais desapareceu. E, por causa da exploração exagerada, cerca de 34% das espécies aquáticas estão ameaçadas. [...]. A expansão agrícola, de 1945 até 2004, *foi superior à soma da expansão nos séculos XVIII e XIX; a destruição ambiental resultante contribuiu para perdas irreversíveis de vida vegetal e animal agravando o percentual de mamíferos, aves e anfíbios em extinção"* (DUPAS, 2005, p. 228, grifo nosso).

5   "O que levou o BM a, crescentemente, preocupar-se com o tema da política agrária, depois de praticamente abandoná-los nos anos 80, em função da saturação da agenda internacional pelas questões macroeconômicas e financeiras? Basicamente, por cinco razões principais: a) a oportunidade de despolitizar o tratamento do problema existente em grande parte dos países do Sul, uma vez que o fim da Guerra Fria, na sua

protagonista para o mercado de terra no mundo inteiro. Ainda segundo o autor, o BM apropriou-se do termo "reforma agrária" e lhe atribuiu sua versão "moderna", como peça central da política setorial para aéreas rurais. Ao incorporá-lo a seu léxico político, não havia mais problema em discorrer sobre a reforma agrária – ainda que historicamente a defesa da reforma agrária tenha emanado uma carga incontestável de "radicalidade" por movimentos e organizações camponesas e indígenas, ou seja, da luta dos subalternos.[6] Afinal, como afirma João Márcio Pereira (2009, p. 297), "trata-se de uma disputa político-ideológica com os movimentos sociais camponeses, especialmente aqueles aglutinados na Via Campesina, que têm outra visão de mundo e defendem outras propostas para o campo". A questão não estaria mais em negar a

---

visão, teria enfraquecido a vinculação entra a luta pela reforma agrária e um ideal de transformação social mais abrangente; b) a necessidade de liberalizar os mercados fundiários, por meio da eliminação de barreiras legais à compra e venda e ao arrendamento de terras, a fim de atrair o capital privado (nacional e internacional) e, assim, elevar a produtividade agrícola; c) a necessidade de dar resposta aos conflitos agrários e, em alguns casos, a ações de movimentos sociais pró-reforma agrária, com o objetivo de garantir a segurança do regime de acumulação dominante de propriedade da terra; [...] e) a necessidade de estimular a mercantilização total das terras rurais nas sociedades do antigo bloco soviético, a fim de consolidar sua transição ao capitalismo e acelerar sua inserção subordinada na globalização financeira" (PEREIRA, 2009, p. 279-280).

6 "A palavra 'reforma' foi sempre organicamente ligada às lutas dos subalternos para transformar a sociedade e, por conseguinte, assumiu na linguagem política uma conotação claramente progressista e até mesmo de esquerda. O neoliberalismo busca utilizar a seu favor a aura de simpatia que envolve a ideia 'reforma'. É por isso que as medidas por ele propostas e implementadas são mistificadoramente apresentadas como 'reformas', isto é, como algo progressista em face do 'estatismo', que, tanto, em sua versão comunista como naquela socialdemocrata, seria agora inevitavelmente condenado à lixeira da história. Desta maneira, estamos diante da tentativa de modificar o significado de 'reforma': o que antes da onda neoliberal queria dizer ampliação dos direitos, proteção social, controle e limitação do mercado etc., significa agora cortes, restrições, supressão desses direitos e desse controle" (COUTINHO, 2010, p. 35).

reforma agrária, mas incorporá-la e adequá-la dentro da lógica política estritamente de mercado. Ideologicamente, apontar a ideia de que a única maneira da real concretização da questão agrária dar-se-ia por meio da mediação da entidade internacional, o BM, através do oferecimento de subsídios e orientações precisas para sua execução. Basicamente, a lógica ancorava-se na ideia de que a ausência de investimento econômico na terra provocava os maiores indícios de pobreza nos países periféricos. A estratégia, nesses termos, era providenciar a promoção de pacotes de investimentos do setor privado em áreas rurais, acelerando o processo intenso de modernização do campo – que expressa a "reforma agrária para o mercado". Rosset salienta que esse programa do BM está sendo aplicado em países e com resultados muito semelhantes. O autor organiza e sintetiza as políticas de terra do BM numa "escala" que pode ser raciocinada em sequência referencial. Vejamos:

Quadro 3.2. O Banco Mundial e as políticas da terra

| Escala de reformas |
|---|
| Créditos para beneficiários |
| Bancos de terra |
| Distribuição através do mercado |
| Estímulo ao mercado de terras |
| Titulação com títulos alienáveis |
| Privatização de terras públicas e comunais |
| Cadastro, registro e demarcação de terras |

Fonte: Peter Rosset (2004).

Naturalmente, cada um dos países periféricos tem seu próprio ritmo de incorporação de tais projetos, uns mais lentamente e outros mais rapidamente passam a se enquadrar nas políticas da terra do BM, ou seja, na *adaptação* aos processos de desregulamento da economia no campo. Desde já, fica descartada qualquer possibilidade de orientar, dominar, controlar, canalizar tais processos.

O primeiro degrau, segundo Rosset, diz respeito à organização da situação da posse da terra, com objetivo de criar um promissor mercado de terras:

> Sem um mercado onde as pessoas possam comprar e vender terra e usá-la para assegurar empréstimos ou dar garantia aos investidores, e pessoas, companhias ou corporações possam obter um título e direitos de propriedade, de acordo com o banco, não haverá investimento na produção rural. Investidores exigem a segurança do direito de propriedade (ROSSET, 2004, p. 19).

Quando há segurança jurídica através de um levantamento/catalogação de terras, quando há segurança do direito à propriedade, o processo de privatização das terras públicas é viável mediante negociações com qualquer agente econômico que queira investir sua produção em um determinado espaço. Assim, o próximo passo é a regularização dos títulos da terra como alienáveis, *id est*, vendê-la ou usá-la como garantia de solicitação de crédito, pois se por algum motivo não ocorre o pagamento do empréstimo bancário, perde-se até a terra. Exatamente a legitimação de títulos de terras como alienáveis – o terceiro degrau – seria a forma de contrato que imprime a dinâmica do mercado de terras: "quando as economias borbulham, o valor da terra pode sofrer, a curto prazo, elevações drásticas, induzindo vários pequenos agricultores a vender seu pedaço de terra por um preço que parece bastante alto" (ROSSET, 2004, p. 19). Sem, ainda, entrar nos méritos dos problemas que estão nesse processo, o funcionamento do mercado de terras estaria, então, apto a fornecer os créditos para "beneficiários" através dos "bancos de terra" ("fundos de terra"), para comprar a terra e assegurar uma dívida baseada no preço pelo qual ela é vendida:

> O Banco argumenta que o "velho" estilo de reforma agrária, baseado na expropriação, tal como implementado por países independentes e/ou governos revolucionários, não é politicamente possível no contexto atual, porque as elites econômicas resistem e ocorrem muitos conflitos. Pagando a terra pelo preço de mercado – o Banco sugere – seria possível superar a resistência das elites e isso reduziria o conflito. [...] Existe uma diretriz do Banco que proíbe a compra de terras com recursos próprios, mas ele provê vários tipos de fundos administrativos e recomenda aos governos criar um fundo de crédito, com recursos quer do país quer de outros doadores. O crédito é disponibilizado aos sem-terra: assim, em tese, eles podem adquirir terra. Nesse modelo, o objetivo é não incomodar as elites econômicas, confiscando suas propriedades, mas apenas comprar a terra daqueles que estão dispostos a vender, pelo preço que estão dispostos a pedir (ROSSET, 2004, p. 22).

A política de terra do BM no seu modelo de "reforma agrária para o mercado" seria mais um exemplo de uma política agrária de "modernização da agricultura", particularmente em países da periferia do sistema capitalista. Exemplo evidente disso é o processo de reestruturação da agricultura latino-americana das últimas décadas. Para o sociólogo chileno Jacques Chonchol (2005), diante desse contexto de mercantilização da agricultura, ocorreria, pelo menos, três mutações decisivas: 1) os produtos agrícolas em destaque, ou melhor, aqueles que apresentariam uma maior taxa de crescimento, seriam os de melhor acesso a implementações *técnicas, capital* e *tecnologia,* "enquanto os cultivos realizados pelos pequenos agricultores familiares ou minifúndios mostraram estagnação ou retrocesso"(CHONCHOL, 2005, p. 45). 2) A crescente influência dos grupos/empresas multinacionais e insumos básicos, como agroquímicos e sementes, seriam os mais beneficiados desse projeto, impondo princípios de incentivo à agroindústria de exportação, baseada em produção de monoculturas em grandes territórios. Além disso, mediante a entrega de pacotes tecnológicos, as empresas multinacionais determinariam de modo cada vez mais direto "as formas de subcontratação e a distribuição temporal das tarefas produtivas". 3) Aumento da mecanização e do uso de insumos químicos como fertilizantes e pesticidas. Chonchol ainda faz uma diferenciação interessante acerca da *população rural* e da *população ativa agrícola* no território latino-americano. Contrariamente àqueles que retomam o discurso do fim do campesinato, o que ocorre é exatamente o contrário.[7] A população rural em termos absolutos teria aumentado: de cerca de 122 milhões de pessoas em 1980 para 127 milhões em 2000:

> Isso se deve à comunidade da migração campo-cidade, devido às mudanças tecnológicas poupadoras de trabalho e às transformações da estrutura produtiva, com uma diminuição

---

7   Só para termos uma brevíssima ideia da diversificação teórica que atinge historicamente os estudos sobre a agricultura brasileira, Ariovaldo Umbelino de Oliveira (1999, p. 70-71) divide os estudos em três correntes: 1) A hipótese de que para que o campo se desenvolva, do ponto de vista capitalista, seria preciso acabar com as relações feudais ou semifeudais e estender o trabalho assalariado do campo. Nesse sentido, "a luta dos camponeses contra os latifundiários exprimiria o avanço da sociedade na extinção do feudalismo", investindo, desse modo, no "capitalismo no campo". 2) A tese de que "o campo brasileiro já está se desenvolvendo do ponto de vista capitalista e que os camponeses inevitavelmente irão desaparecer, pois eles seriam uma espécie de 'resíduo' social que o progresso capitalista extinguiria". 3) Por último, a tese segundo a qual "o desenvolvimento do modo capitalista de produção no território brasileiro é contraditório e combinado": o capitalismo reproduz simultaneamente relações capitalistas e relações não capitalistas (ou relações camponesas de produção). Nesta última tese, o camponês não diminui na medida em que o capitalismo avança no mundo rural, nem mesmo se transforma em proletário do campo (em grande parte, ao menos); ao contrário, o sujeito do campo tende a se reproduzir como camponês.

da superfície cultivada e uma importante expansão das atividades que fazem uso pouco intensivo da mão-de-obra, como a pecuária, os cultivos oleaginosos e as plantações florestais (CHONCHOL, 2005, p. 45).[8]

Por outro lado, a população ativa agrícola ficou praticamente estagnada nos anos 1980-2000 com uma sensível queda no último período: "os principais aumentos da população ativa agrícola ocorreram na categoria dos trabalhadores autônomos e dos trabalhadores não remunerados, enquanto as maiores reduções ocorreram entre os assalariados" (p. 45). O sociólogo chileno conclui essaa diferença pode ser explicada em relação ao aumento intensivo da pecuária e da indústria florestal expressa a falta de emprego no campo. Basta mencionar que a partir dessa época um novo termo começa a ser utilizado por economistas e empresários rurais para agregar esse conjunto de técnicas, capital e tecnologia que têm sido a matriz estratégica de vários países, como o Brasil: *agribusiness*[9] primeiramente e, na sequência, agronegócio.

---

8     Sinteticamente, isso pode ser notado por aquilo que Oliveira (2001, p. 62-64) denomina de unidade contraditória da cidade/campo (o "rururbano"), na medida em que o processo contraditório e desigual de desenvolvimento da agricultura tem eliminado essa dicotomia entre a temporalidade urbana e a temporalidade agrária. O "agronegócio" é justamente esse exemplo no qual a industrialização dos produtos agrícolas pode ser feita no campo com os trabalhadores da cidade. Ver Fernandes (2004).

9     Semanticamente ocorreu uma fusão das palavras inglesas *agriculture* e *business* em meio ao contexto da chamada "revolução verde". O "agronegócio" (tradução para o português) passa, pois, a ser associado a outros agentes responsáveis por todas as atividades. Trata-se, então, de um complexo de sistemas que compreende e engloba agricultura, indústria, mercado e finanças, de modo que a atividade rural é o epicentro. Mas desconectar a atividade rural da atividade industrial ou confundi-las com "agroindústria", ainda que a segunda seja parte de seu amplo conjunto de sistemas, ou ainda, dos bens e serviços que lhe são inerentes, é simplificar essa nova configuração "moderna" do campo. É bem verdade que já se passam mais de 50 anos desde que os estadunidenses Davis e Golber, em 1957, formularam o conceito de *agribusiness*. Segundo os

O termo pode ser utilizado, desde que se tenham alguns cuidados metodológicos quanto à maneira como se emprega, já que ele reflete em larga medida disputas políticas de natureza diversa, além de que há falta de consenso em torno de sua localização e dos segmentos sociais que envolve. Assim, para tratar do tema "agronegócio", mesmo que de maneira preliminar, é mais prudente discorrer os alcances e os limites que o termo possui, ao invés de permanecer nos textos de "denúncia" e "apologia". Em um artigo sobre o assunto, os autores Heredia, Palmeira e Leite (2012) entendem que a ideia do "agronegócio" é uma radicalização do termo "agroindústria" (moeda corrente de autores nos anos de 1980 e início da década seguinte) e cuja preocupação principal era assinalar a interação entre agricultura + indústria via insumos e produtos, "em que o lado 'agrícola' perde importância e o lado 'industrial' é abordado tendo como referência não a unidade industrial local, mas o conjunto de atividades do grupo que a controla e suas formas de gerenciamento" (HEREDIA; PALMEIRA; LEITE, 2012, p. 160). Contudo, o que levou à adoção da expressão "agronegócio" foi o *boom* das exportações dos produtos agrícolas e agroindustriais nos anos mais recentes. O uso de "máquinas e insumos modernos", quando direcionado para exportação, reforça ainda mais a ideia de "agronegócio", afinal, uma de suas tônicas é o gerenciamento. Curiosamente, quando se refere à grande propriedade territorial, "uma marca das atividades rurais do 'agronegócio', a referência à propriedade rural desaparece nas formulações de seus técnicos e há quem tente, no plano ideal dos projetos, associá-la com perspectivas favoráveis aos pequenos produtores" (p. 160). Regina Bruno (2008, p. 87), por exemplo, em um trabalho

---

pesquisadores, os moldes analíticos tradicionais que enquadravam os setores isolados na economia produtiva de determinado país dificultavam cada vez mais a compreensão da formação de um conjunto complexo em marcha, de toda uma cadeia produtiva que interagia, em medidas crescentes, em vários setores de produção.

que busca captar os discursos de corporações, que fazem sistematicamente apologia ao "agronegócio", constata que neles se toma como pressuposição que os recursos tecnológicos por si só são constitutivos de progresso (tomando o "progresso" como algo positivo), em nome da "inovação" e da "modernização". Exemplo disso são os chamados transgênicos: "o discurso empresarial a favor dos transgênicos lança mão do suposto de que se posicionar contra significa um atraso em face da ciência e do avanço tecnológico. Os transgênicos representam o progresso" (BRUNO, 2008, p. 88). Ainda segundo a autora, a classe defensora desse projeto alega a falta de informação segura sobre os possíveis malefícios que poderiam causar à saúde o consumo de alimentos geneticamente modificados: "Enquanto o campo patronal remete-se prioritariamente ao direito de opção do consumidor, as lideranças dos trabalhadores sem-terra reivindicam o direito da pessoa de ser informada sobre os possíveis males dos alimentos transgênicos" (BRUNO, 2008, p. 89).

De qualquer forma, o "agronegócio" tornou-se definitivamente o símbolo da "modernidade" e do "progresso" no campo, mesmo que haja vozes dissonantes. Além disso, não seria menos ambíguo quando se quer precisar quais produtos fazem parte do "agronegócio". Assim, pelas "definições abrangentes do tema", em vários trabalhos (técnicos, jornalísticos e acadêmicos), há "uma tendência no sentido de que toda atividade agrícola com expressão comercial seja nele incluída e de que a importância dos produtos varie de acordo com o foco do analista" (HEREDIA; PALMEIRA; LEITE, 2012, p. 160-161). É metodologicamente necessário, portanto, uma definição de "agronegócio" que não se limite apenas às exportações de produtos agropecuários e agroindustriais. Quiçá a partir desse ângulo de análise se possa conhecer "a sociedade do agronegócio" (no sentido amplo do termo) enquanto uma totalidade aberta, ou seja, qual tipo de sociedade "existe ou se está produzindo dentro e em torno do agronegócio".

Ao tratarmos dos processos relacionados como o "agronegócio", é preciso compreendê-los como algo que extrapola o crescimento agrícola e o aumento de produtividade, alusões mais comuns nos debates sobre o setor. Seja para refletirmos sobre as circunstâncias que informam o movimento de expansão das atividades aí inscritas, igualmente, para pensarmos a validade de seu contraponto, isto é, o conjunto de situações sociais que não estariam aí compreendidas. Em boa medida, a permanência destas últimas tem sido apontada como "obstáculo", "atraso" ou, ainda, como experiências "obsoletas" num meio rural cada vez mais industrializado. Isso implica, entre outras coisas, em questionar a capacidade da "noção" de agronegócio em tornar-se chave explicativa das mudanças agrárias em curso (HEREDIA; PALMEIRA; LEITE, 2012, p. 161).

## Emergência e consolidação do "agronegócio" no Brasil

Mesmo de maneira preliminar e incompleta, apresentar a expansão do capitalismo no campo brasileiro a partir da década de 1990 não é tarefa fácil. As mudanças das últimas décadas, com o ritmo acelerado da modernização econômica da agropecuária brasileira desde a década de 1970, não resolveram – e parecem estar longe disso – importantes aspectos sociais, políticos e econômicos que ainda caracterizam as populações definidas como rurais. A permanência de índices de pobreza extrema em diferentes regiões do país, a retomada – a partir da abertura democrática – de uma significativa demanda pelo acesso à terra por parte de diferentes segmentos de trabalhadores rurais e o surgimento de distintas agências de mediação (políticas, técnicas e econômicas) que gravitam em torno das políticas de assentamentos rurais recolocam como desafio concreto e interpretativo a pertinência da questão agrária na compreensão da sociedade brasileira.

Como se sabe, o desenvolvimento no campo brasileiro se faz de forma desigual e contraditória, um processo carregado de temporalidades históricas distintas e não de uma expansão homogênea, linear, total e absoluta. Ou seja:

> No caso brasileiro, o capitalismo atua desenvolvendo simultaneamente, na direção da implantação do trabalho assalariado, no campo em várias culturas e diferentes áreas do país, como ocorre, por exemplo, na cultura da cana de açúcar, da laranja, da soja etc. Por outro lado, este mesmo capital desenvolve de forma articulada e contraditória a produção camponesa (OLIVEIRA, 2001, p. 185).

Não custa recordar mais duas características constantes que assediam a especificidade do caráter contraditório do desenvolvimento desigual no campo brasileiro: 1) O caráter rentista do capitalismo periférico brasileiro que se faz pela fusão, numa mesma pessoa, do capitalista e do proprietário de terra. *Não existe, portanto, a transformação dos latifundiários em empresários capitalistas. Os capitalistas industriais e urbanos são os proprietários de terra e os latifundiários.* 2) A concentração fundiária do país: "propriedade privada da terra no Brasil não pode ser compreendida como uma excrescência à lógica do desenvolvimento capitalista", mas "parte constitutiva do capitalismo que aqui desenvolve" (OLIVEIRA, 2001, p. 186-187).

Nessa perspectiva, a economia agrária brasileira vai ligar-se com mais vigor às demandas do ritmo do "capitalismo mundializado", em especial pelo saldo positivo na balança comercial do setor agropecuário:

> Com a crise internacional no início dos anos 1980, o setor rural brasileiro viu-se envolto no esforço de geração de superávits na balança comercial, aprofundando sua capacidade de exportação de produtos

agroprocessados e gerando divisas canalizadas para o pagamento dos serviços da dívida externa (SAUER; LEITE, 2012, p. 507).

Sem contar com a presença do capital financeiro na agricultura via entidades multilaterais, a importância crescente das empresas transnacionais (veja tabela 3.3.) e o investimento estrangeiro na compra de terras serão algumas das transformações recentes que o setor agropecuário brasileiro atravessa. O capital financeiro na agricultura brasileira, por exemplo, estrutura-se justamente com a modernização técnica da década de 1970, que, de uma vez só, impulsiona a agroindústria mediante o crédito rural subsidiado e aprofunda a valorização da propriedade fundiária. Basta mencionar os programas formulados e negociados com o BM implantados no governo de Fernando Henrique Cardoso e nomeados como Cédula da Terra e Banco da Terra.

> A experiência brasileira com os programas orientados pelo MRAM [Modelo de Reforma Agrária de Mercado] durante o governo FHC consumiu cinco anos (1997-2002) e foi uma das mais abrangentes em nível internacional. [...] Em nenhum outro país se gastou tanto com o financiamento de compra de terras para tantos trabalhadores rurais como no Brasil, assim como nenhum outro país contratou tal volume de empréstimos junto ao BM (PEREIRA, 2009, p. 297).

O objetivo era que o projeto possibilitasse o barateamento ao acesso à terra e constituísse assentamentos via mercado. O empréstimo pela aquisição de terras tinha dez anos de prazo de pagamento. O argumento do BM e do Executivo federal dar-se-ia na atitude mais cooperativa dos grandes proprietários. Em vez da forma "clássica" de redistribuição de terras por meio de desapropriações, tratar-se-ia de um programa que procura dinamizar o mercado de terras e a transferência da propriedade por compra e venda.

Sérgio Sauer (2004), por seu turno, assevera que por trás da imposição de determinadas práticas e valores através do programa de empréstimo do BM, estaria presente a disputa de um espaço produtivo privilegiado, ou seja, com maiores investimentos em tecnologia e assistência técnica por via de "empreendimentos coletivos". Assim, os agricultores "beneficiados" seriam obrigados a viver de forma que não estão acostumados, aglomerando-se aleatoriamente por participarem de um determinado programa de empréstimos. "O objetivo desses investimentos coletivos é produzir (monoculturas em larga escala comercial) e gerar renda para o pagamento, mas isso não está ocorrendo por diversos problemas que impedem a proibição coletiva" (SAUER, 2004, p. 54).[10] Esta seria uma conexão direta entre as políticas de terra do BM e a formação e consolidação da sociedade do "agronegócio" no Brasil.

A estrangeirização das empresas no espaço agrário é outro elemento que vem a calhar com a nova configuração no campo brasileiro, como podemos notar na tabela 3.3.[11] Essa tendência

10 Uma complementação a este estudo é o profundo trabalho de campo que o próprio autor fez nas áreas adquiridas pela Cédula da Terra. Sauer constatou que o fato de ter acesso à terra através do empréstimo do banco era uma prática aprovada pelos moradores, já que o desejo imediato de ter terra era predominante. No entanto, as insatisfações generalizadas por esses mesmos trabalhadores do campo eram pelos recursos pífios para a produção e a instalação de infraestrutura. Inclui-se também a falta de conhecimento sobre elementos básicos do projeto do qual participavam, principalmente sobre as condições para o pagamento do empréstimo. A comprovação do alto índice de desistência confirmaria a debilidade do programa.

11 A penetração das empresas estrangeiras no Brasil obviamente não é algo novo. Só a título de exemplo, o estudo de José Vicente Tavares dos Santos, em meados da década de 1970, já apontava que o setor vinícola gaúcho, atividade agroindustrial mais importante da região na época, sofria algumas transformações no que diz respeito ao declínio de empresas individuais e, paralelamente, e ao processo crescente de fusão de empresas, especialmente pelas multinacionais, de forma a centralizar o capital: "Tudo isso sugere que na estratégia de captação da mais valia em escala mundial também aparece a exploração do

global do aumento dos negócios de compra de terras no Brasil por estrangeiros tem se intensificado por conta da crescente demanda por alimentos, agroenergias e matérias-primas (FERNANDES, 2011; SAUER, LEITE, 2012). Em 2010, das dez maiores empresas com relação ao agronegócio que tiveram a maior receita líquida, seis eram estrangeiras, acumulando um lucro total – nacional e transnacional – de 97.069 milhões (ou 51% do total). 22 empresas estrangeiras controlam mais de 53% de todo o movimento, representando 98.624 milhões.

Tabela 3.3. Principais empresas do "agronegócio" (em US$ milhões)

| Ordem | Nome da Empresa | Sede | Origem do Capital | Receita líquida (R$ milhões) |
|---|---|---|---|---|
| 1 | BRF Brasil Foods | SP | Brasil | 15.906 |
| 2 | Bungue Alimentos | SC | Holanda | 15.780 |
| 3 | Cargil | SP | EUA | 13.489 |
| 4 | Unilever | SP | Grã-Bretanha/ Holanda | 11.967 |
| 5 | Nestlé | SP | Suíça | 11.426 |
| 6 | Copersucar | SP | Brasil | 6.437 |
| 7 | Bertin | SP | Brasil | 6.175 |
| 8 | Fibria | SP | Brasil | 6.000 |
| 9 | Souza Cruz | RJ | Grã-Bretanha | 5.475 |
| 10 | Bunge Fertilizantes | SP | EUA | 5.214 |
| 11 | JBS- Friboi | SP | Brasil | 5.149 |
| 12 | LDC Brasil | SP | França | 4.720 |
| 13 | COAMO | PR | Brasil | 4.205 |
| 14 | Amaggi | MT | Brasil | 3.963 |
| 15 | Suzano Papel e Celulose | BA | Brasil | 3.642 |

sobre-trabalho de uma produção não-capitalista, a produção camponesa" (SANTOS, 1978, p. 90-91).

| 16 | CNH LatinAmerica | MG | Itália | 3.353 |
|---|---|---|---|---|
| 17 | Heringer/Cargill | ES | Brasil | 3.192 |
| 18 | Syngenta | SP | Suíça/Holanda | 2.961 |
| 19 | Klabin | SP | Brasil | 2.868 |
| 20 | Seara | SP | Brasil | 2.772 |
| 21 | Martifrig | SP | Brasil | 2.625 |
| 22 | Imcopa | PR | Brasil | 2.623 |
| 23 | Cosan/Cargill | SP | Brasil | 2.583 |
| 24 | Aurora | SC | Brasil | 2.518 |
| 25 | Du Pont | SP | EUA | 2.409 |
| 26 | Dow Chemical Brasil | SP | EUA | 2.302 |
| 27 | Frigorífico Minerva | SP | Brasil | 2.507 |
| 28 | KrafFoods | PR | EUA | 2.440 |
| 29 | Yara Brasil | RS | Noruega | 2.096 |
| 30 | Novartis Biociencia | SP | Suíça | 1.753 |
| 31 | Bayer | SP | Alemanha | 2.002 |
| 32 | C. Vale | PR | Brasil | 1.981 |
| 33 | Mosaic Fertilizantes | SP | EUA/Canadá | 1.950 |
| 34 | Caramuru Alimentos | GO | Brasil | 1.904 |
| 35 | Da Barra | SP | Brasil | 1.792 |
| 36 | Masey Ferguson | RS | EUA | 1.711 |
| 37 | Jonh Deere | RS | EUA/Brasil | 1.695 |
| 38 | Universal Leaf Tabaco | RS | EUA | 1.468 |
| 39 | Doux Frangosul | RS | França | 1.661 |
| 40 | Itambé | MG | Brasil | 1.640 |
| 41 | Granol | SP | Brasil | 1.540 |
| 42 | Coouxupé | MG | Brasil | 1.519 |
| 43 | Ultrafértil | SP | Brasil | 1.489 |
| 44 | M. Dias Branco | CE | Brasil | 1.414 |

| 45 | LDC Bionergia | SP | França | 1.382 |
|---|---|---|---|---|
| 46 | Basf | SP | Alemanha | 1.375 |
| 47 | Lar | PR | Brasil | 1.367 |
| 48 | Diplomata | PR | Brasil | 1.350 |
| 49 | Bianchini | RS | Brasil | 1.328 |
| 50 | Comigo | GO | Brasil | 1.267 |
| | Total | | | 189.587 |

Fonte: Globo Rural/ Anuário do Agronegócio/2010

Em relação aos saldos positivos do comércio externo do país (cf. na tabela 3.4), com sucessivos recordes históricos que se somam a cada ano, exceto a queda de 2008 para 2009 em razão da crise financeira mundial, mantiveram-se em patamares altíssimos na balança comercial brasileira. Isso mostra, pois, a inserção cada vez maior do Brasil no interior da lógica contraditória do desenvolvimento do "capitalismo mundializado". O Brasil do campo moderno, dessa forma, "vai transformando a agricultura em um negócio rentável regulado pelo lucro e pelo mercado mundial. Agronegócio é sinônimo de produção para o mundo" (OLIVEIRA, 2003, p. 121). Assim, "ria-se internamente no Brasil uma nova burguesia internacionalizada. É o capitalismo mundial produzindo no Brasil uma burguesia nacional mundial" (p. 123). A burguesia local – no caso, a brasileira – assume papel inteiramente de "heteronômia" com respeito ao capitalismo mundial, confirmando o prognóstico de José Carlos Mariátegui e Florestan Fernandes.

Tabela 3.4. Evolução da balança comercial do "agronegócio" no Brasil 1998-2010 (em US$ bilhões)

| Ano | Exportações | Importações | Saldo |
|---|---|---|---|
| 1998 | 21.546 | 8.041 | 13.505 |
| 1999 | 20.494 | 5.694 | 14.800 |
| 2000 | 20.594 | 5.756 | 14.838 |
| 2001 | 23.857 | 4.801 | 19.056 |
| 2002 | 24.840 | 4.449 | 20.391 |
| 2003 | 30.645 | 4.746 | 25.899 |
| 2004 | 39.029 | 4.831 | 43.198 |
| 2005 | 43.617 | 5.110 | 38.507 |
| 2006 | 49.465 | 6.695 | 42.769 |
| 2007 | 58.420 | 8.719 | 49.701 |
| 2008 | 71.806 | 11.820 | 59.986 |
| 2009 | 64.780 | 9.900 | 54.880 |
| 2010 | 76.440 | 13.400 | 63.040 |
| 2011 | 94.968 | 17.500 | 77.468 |
| 2012 | 95.814 | 16.406 | 79.408[12] |

Fonte: Estatística do meio rural/2008/DIEESE/DATA/IICA/ Folha de São Paulo (2011)

O lugar da sociedade do "agronegócio" tornou-se, dessa maneira, um ponto indispensável para o entendimento dos processos sociais e econômicos do campo brasileiro, mas também, como já foi ressaltado, um ponto de fácil discordância de diversas entidades, estudiosos e mediações políticas. José de Souza Martins (2003), por exemplo, em um artigo sobre a "reforma agrária" no segundo mandato de Fernando Henrique Cardoso, reforça a

---

12 Os dados de 2011 e 2012 foram retirados da Secretária de Relações Internacionais do Ministério da Agricultura e do Departamento do Agronegócio da FIESP.

tese de que a reforma agrária em um país com as particularidades do Brasil finalmente encontrou o seu sujeito – o agricultor familiar.

Segundo Martins, o fortalecimento e alargamento das possibilidades da agricultura familiar não anulariam nem impugnariam "a convivência com o agronegócio e a grande lavoura comercial, essenciais ao processo de acumulação de capital para que o país se desenvolva numa escala que não pode ser a dos pequenos países pobres e das economias limitadas, como a cubana e a nicaraguense do sandinismo" (MARTINS, 2003, p. 157). No entanto, ocorre que o setor do "agronegócio" não estaria restrito à acumulação; na verdade, como destaca Francisco de Oliveira (2003, p. 150), são apenas transferências de patrimônio de uma "acumulação capitalista truncada e uma sociedade desigualitária sem remissão".

"Condutores performáticos da nova exclusão", a América Latina, e especialmente o Brasil, em meio aos últimos experimentos neoliberais, combinariam uma singularidade histórica e contemporânea que o autor denomina de *vanguarda do atraso e atraso da vanguarda*. Eis o que afirma o autor:

> É o atraso da vanguarda: síntese, *clé de voûte* [pedra angular], de complexos processos de nova direitização, neoconservadorismo, racismo físico e cultural, intensa transformação dos sujeitos sociais, desemprego que no fundo expressam uma radical exasperação dos limites da mercadoria. Uma crise da modernidade que volta a tangenciar os limites do totalitarismo, numa espécie de *Auschwitz* sem chaminés de crematório (OLIVEIRA, 1997, p. 33).

Não se trata mais de uma nação em construção, mas de um resultado, de uma síntese, de uma catástrofe social gestada através de uma lógica socialmente perversa entregue irrestritamente às exigências de uma economia internacional agroexportadora. Se ainda o progresso técnico operasse como nos tempos da Segunda

Revolução Industrial, quando ainda se permitia um salto à frente, "operando por rupturas sem prévia acumulação técnico-científica, por se tratar de conhecimento difuso e universal", agora, "*o novo conhecimento técnico-científico está trancado nas patentes, e não está disponível nas prateleiras do supermercado das inovações*" (OLIVEIRA, 2003, p. 138, grifos nossos). Em outro texto, o sociólogo marxista dirá:

> As economias da América Latina pertencem, agora, à família dos ornitorrincos, uma combinação esdrúxula de altas rendas, consumo ostentatório, acumulação de capital comandada pela revolução molecular-digital, pobreza extrema, lumpesinato moderno, avassalamento pelo capital financeiro, incapacidade técnico-científica (OLIVEIRA, 2004, p. 117).[13]

Para terminar, essa nova morfologia na agricultura brasileira tem impactado violentamente as condições biológicas e ecológicas. Por exemplo, o impacto negativo da chamada agricultura moderna nos agroecossistemas da Mata Atlântica e das florestas nos campos meridionais, localizadas nas regiões Sul e Sudeste, pode ser sintetizado assim:

> Solos erodidos exigem mais fertilizantes, que nem sempre suprem de modo adequado às necessidades nutricionais das plantas. Isso leva os agricultores a aplicar doses crescentes de venenos que também eliminam

---

13 No caso específico brasileiro, a estagnação de seu desenvolvimento deu-se "no exato momento em que nossa matriz industrial se completava, somos enfim uma economia industrial plena, porém encerradas a sete chaves na periferia da inovação tecnológica", e, nessa camisa de força interminável, "a intuição original do processo na sua inteireza faz tempo que deixou de girar em torno da ideia fixa construção-nacional-interrompida, herdada do imaginário possível da assim chamada modernização capitalista" (ARANTES, 2004, p. 17).

os inimigos naturais das pragas, facilitando – principalmente em plantações especializadas – a proliferação de insetos, ácaros, fungos e bactérias. Como esses agrotóxicos não conseguem eliminar toda a população de uma praga, os indivíduos sobreviventes se tornam cada vez mais resistentes (VEIGA, 2003, p. 203).

No cerrado, por exemplo, que constitui a mais rica savana do mundo e o segundo bioma brasileiro, atrás somente da região do Amazonas, a continuidade da política do "agronegócio" já se encontra ameaçada pelo esgotamento dos recursos naturais: "A dependência crescente de insumos químicos e de irrigação é uma ameaça não somente aos seus ecossistemas, mas ao próprio prosseguimento da agropecuária. [...] Nada menos do que 80% das pastagens plantadas em áreas de Cerrado apresentam algum tipo de degradação" (VEIGA, 2003, p. 203).

## LUTAS AGRÁRIAS TRANSNACIONAIS: CLOC E VIA CAMPESINA

A partir da década de 1990, cada vez mais o destino do planeta passou a ser vigiado pela opinião pública internacional. Muitos ativistas dos movimentos operário, feminista, ambiental, camponês e de direitos humanos, assim como de outros movimentos, têm defendido cada vez mais a adoção de diferentes formas de ação internacional.

> Não se pode ignorar o nascimento de um espaço público internacional onde diversas questões são cada vez mais debatidas através das Cúpulas Mundiais. Assim, em poucos anos se multiplicaram as conferências mundiais, suscitadas pelo sistema Nações-Unidas em torno de questões de interesse universal: A Cúpula do Rio (1992), sobre

o meio ambiente e o desenvolvimento; do Cairo (1994), sobre a população mundial; de Copenhague (1995), sobre o social; de Pequim (1995), sobre as mulheres; e a de Istambul (1996), sobre as grandes cidades. Seria ingenuidade crer que tudo que se decide se aplica ou que a forte participação de representantes da sociedade civil constituiria, com certeza, a garantia de posições corretas (REGALSKI, 2000, p. 65).

Tal cenário se refletiu agudamente nos movimentos sociais, já que "são formas de ações coletivas reativas aos contextos histórico--sociais nos quais estão inseridos" (SCHERER-WARREN, 1999, p. 14). Ou seja, muito dessa explosão social transnacional deve-se, em grande medida, ao conjunto de "políticas neoliberais" desenvolvidas entre os Estados, atores não estatais e instituições internacionais (notadamente as organizações econômicas multilaterais).

Durante a década de 1990, os programas de regulação e liberalização desencadeados pelos governos neoliberais modificaria decisivamente a estrutura produtiva do campo, que passa a ter um peso mais relevante na constituição da vida social do planeta. Diante desse quadro, ocorreria uma (re)alocação entre os movimentos sociais rurais e o Estado-nação, ampliando as reivindicações dos movimentos para outras instâncias políticas:

> A partir da década de 1990, começa a se estruturar uma articulação reticular de organização e movimentos sociais na América Latina, com experiências de organizações coletivas [...] que transcendem os limites do Estado-nação para constituir um marco de resistência espacial supranacional na região. A organização mais isolada unidirecional dos movimentos rurais ou urbanos na América Latina, típica das décadas anteriores, dá lugar a um cenário emergente de convergência de ações políticas, novas formas

organizativas, interesses e interações transfronteiriças e emancipatórias. Não somente se supera o Estado-nação como marco referencial para a política dos movimentos sociais, como se atenua a tensão fundamental entre Estado e movimento social, a partir do momento em que o primeiro deixa de ser visto como o *lócus* relevante da contenda política, num processo de identificação de novos interlocutores e inimigos frontais, relações de poder e dominação (BRINGEL; FALERO, 2008, p. 285).

Os movimentos políticos e sociais de camponeses despontam como uma oposição à chamada "globalização neoliberal". O marco simbólico dessa "nova onda" de contestação *provavelmente* deve-se ao levante na região de Chiapas, no México, no dia 1º de janeiro de 1994, pelo Exército Zapatista de Libertação Nacional (EZLN), que conclamava os indígenas a lutar por uma "autonomia local" e denunciar a "globalização neoliberal". Não por acaso, o dia da insurreição coincidia com a implantação do Nafta – Acordo de Livre Comércio da América do Norte –, que o México havia assinado com os Estados Unidos com o objetivo de formar um mercado comum somente para a circulação dos capitais e das mercadorias.[14]

Talvez a grande marca da ideologia neozapatista tenha sido articular as dimensões local e global da realidade mexicana: reivindicar uma autonomia para os indígenas de Chiapas tinha necessariamente que apontar os efeitos sociais da política neoliberal que se consolidava no mundo. Além disso, outro fator que também despertou atenção foi a velocidade com que seus discursos repercutiram no cenário internacional. A utilização da internet, desde então, foi um meio importante de difusão não só dos problemas de Chiapas, mas das reivindicações de camponeses e indígenas de

---

14 Para uma análise sobre do processo de construção ideológica e a dinâmica da matriz discursiva dos neozapatistas, ver Almeida (2010).

todo o mundo.[15] O sociólogo José de Souza Martins, por exemplo, batizou de "guerra eletrônica" essa nova forma de contestação trazida pelos neozapatistas: "a atitude do subcomandante Marcos [o porta voz principal dos zapatistas] parece mostrar uma consciência clara de que os problemas regionais têm seu centro nevrálgico na capital da formação da opinião pública internacional e no seu instrumento, a mídia" (MARTINS, 2002, p. 62).[16]

O levante rebelde dos povos indígenas mexicanos tinha como eixo a luta contra a destruição e a ausência de direitos à terra comunal indígena e simultaneamente contra a implantação do neoliberalismo. De acordo com Massimo De Angelis, as lutas dos neozapatistas responderam com um "internacionalismo totalmente novo". De um lado, uma de suas raízes assenta-se nas condições materiais da realidade econômico-social: o processo atual de acumulação capitalista baseado no aceleramento das políticas neoliberais. Do outro, o envolvimento de novos elementos na subjetividade dos "excluídos" da política neoliberal, como "dignidade, esperança e vida",[17] aditivos utilizados não como instrumento na luta con-

---

15 A Cloc, por exemplo, destaca-se também pela utilização de Tecnologias da Informação e Comunicação (TICs) para intensificar não somente o processo de articulação dos movimentos e das organizações camponesas, mas na construção de significados simbólicos e culturais. Para uma análise sobre o assunto, ver Zampier (2007).

16 Embora tenha sido uma inquestionável novidade a utilização de meios de comunicação digital, não se pode exagerar na análise. Muitas das análises sobre o EZLN – especialmente a literatura norte-americana – apenas focalizam (e louvam) esta dimensão, sugerindo "que o aspecto mais característico do grupo como movimento político é ter mudado o objetivo da luta do controle dos meios de produção para o controle dos meios de comunicação" (NUGENT, 1999, p. 178). Para um balanço crítico sobre o assunto, ver Nugent (1999).

17 Em um texto enviado pela internet para todo o mundo, redigido pelo Subcomandante Marcos, o internacionalismo é visto na seguinte chave: "contra a internacional do terror que representa o neoliberalismo devemos levantar a internacional da esperança. A unidade, por cima das fronteiras, idiomas, cores, culturas, sexos, estratégias e pensamentos,

tra o capital, "mas um ponto para a constituição da humanidade" (ANGELIS, 2005, p. 27).

Em 1996, os neozapatistas organizam na Selva Lacandona, em Chiapas, o I Encontro Intercontinental contra o Neoliberalismo e pela Humanidade. No encontro, participaram entidades de todos os continentes. Na ocasião, um dos militantes do MST que marcou presença no encontro como representante da delegação brasileira ressaltará especialmente a semelhança em relação ao impacto negativo das políticas neoliberais:

> Como o projeto é globalizante, suas consequências sociais são muito similares: graves problemas sociais, aumento do desemprego, diminuição dos gastos na saúde, educação. É o mesmo filme aplicado em todos os países. Se a ação do sistema capitalista é uma coisa que não tem país nem continente, a luta dos trabalhadores deve romper com o corporativismo, criando laços de solidariedade e de articulação política para fazer o enfrentamento a esse projeto (Gilmar Mauro em JST, 1996, n. 161, p. 17).

Contudo, se há possíveis "afinidades" entre os movimentos sociais mais divulgadas na América Latina – como a visibilidade internacional às demandas dos trabalhadores rurais e indígenas, participação ativa da Igreja Católica na organização de quadros, produção de uma rede de apoio[18] –, as diferenças entre as duas organizações não são menos importantes:

> Nossa relação com os zapatistas é fundamentalmente de solidariedade. Sua luta é justa, mas sua base social e seus métodos são diferentes dos nossos. Desde o princípio, sua

---

de todos aqueles que preferem a humanidade viva" (JST, 1996, n. 152, p. 20).
18 Para um estudo comparativo entre EZLN e MST, ver Vargas Neto (2007).

> luta é uma luta dos povos indígenas pela autonomia e se tivéssemos que apontar alguma crítica em relação às suas experiências, consistiria em assinalar a lentidão de seus progressos e sua incapacidade de converter esta luta em luta de classes, em escala nacional. Eles se baseiam numa luta por uma etnia específica, dentro de um território particular, enquanto que o MST é um movimento camponês que se transformou e se politizou em consequência do avanço do capitalismo, do neoliberalismo (STÉDILE, 2002, p. 123).

Ora, as diferenças e até mesmo críticas em relação à conduta dos neozapatistas pelos dirigentes do MST não seriam completamente "absurdas", tendo em vista a trajetória particular pela qual o Movimento enveredou, em escala nacional e internacional. Afinal, como apresentamos no capítulo anterior, os movimentos camponeses da América Latina estavam organizados também desde o final dos anos 1980, especialmente por meio dos debates sobre os 500 anos de resistência. No último encontro da campanha realizado em Manágua (Nicarágua), em 1992, surgiu a ideia de uma organização mundial de camponeses com a finalidade de desenvolver alternativas ao neoliberalismo. No ano seguinte, em Mons (Bélgica), será oficializada a criação da Via Campesina.[19]

> Fundada em abril de 1992, La Vía Campesina se gestou em uma reunião camponesa realizada em Manágua (Nicarágua), em razão do congresso da Unag. [...] Ali se reuniram camponesas e camponeses da Europa, América Central e América do Norte, com o ímpeto de combater o sistema [neoliberal] que abalava os direitos dos camponeses. No ano seguinte, em maio de 1993, em Mons (Bélgica), teve lugar a I Conferência

---
19 Para uma análise da Via Campesina, ver Vieira (2011), Desmarias (2013) e Nieymeyer (2007).

de La Vía Campesina – órgão máximo de debate e decisão que se reúne a cada quatro anos – onde é efetivamente constituída como organização internacional (LA VÍA CAMPESINA, 2009, p. 8).

No ano do encontro na Nicarágua, praticamente os mesmos movimentos camponeses da América Latina resolveram organizar outro encontro "paralelo" à ECO-92, que ocorria na cidade do Rio de Janeiro.[20] É durante essa reunião, que aconteceu na cidade de Vitória (Espírito Santo), que se decidiram princípios para a criação de uma coordenação latino-americana dos camponeses, que será a Cloc.

Das reuniões paralelas que se realizavam em Vitória, logo depois daquela conferência, nos reunimos apenas os movimentos camponeses, e acho que daquela reunião tiraram-se alguns princípios e a proposta do congresso constitutivo da Cloc. Lá nasceu inclusive o nome. E o Congresso se realizou depois em fevereiro de 1994, sob os auspícios da CCP [Confederação Campesina Peruana] (Entrevista com João Pedro Stédile em 14 jun. 2012).

Em fevereiro de 1994, é organizado na capital do Peru, Lima, o I Congresso Latino-Americano de Organizações do Campo, que seria a formação articulação continental de camponeses da Coordenadora Latino-americana de Organização do Campo (Cloc). A delegação brasileira esteve presente com 51

---

20 De 3 a 14 de junho de 1992, ocorreu a Conferência das Nações Unidas sobre o Meio Ambiente e Desenvolvimento, conhecido como ECO-92 ou Rio-92, que contou com a participação de inúmeros chefes de Estado com o objetivo de discutir as condições do meio ambiente no planeta e elaborar um documento para assegurar um desenvolvimento econômico sustentável.

participantes, dentre os quais 19 eram militantes do MST.[21] Na Declaração Final do Congresso de Lima, a Cloc não teria apenas como objetivo o intercâmbio de experiências, mas principalmente "buscar formas de organizações conjuntas" e "encontrar alternativas que se contraponham e resistam às políticas neoliberais que vêm deixando rastros de miséria e violência por todo o continente" (JST, 1994, n. 134, p. 14).

De maneira inédita na história mundial da luta dos trabalhadores do campo, surgem praticamente ao mesmo tempo dois movimentos transnacionais de camponeses na cena contemporânea. Ademais, como aponta Flávia Vieira (2011, p. 185), o fato de a formação da Cloc e da Via Campesina ter ocorrido de maneira paralela não significou uma disputa entre as duas. Na realidade, existirá uma colaboração orgânica entre as duas, mesmo porque parte significativa das organizações camponesas latino-americanas têm participado de ambas. O processo de internacionalização do capitalismo no campo finalmente encontrava a sua antítese, uma organização internacional de camponeses:

> Não deixa de ser chocante que apenas agora, depois de 500 anos de desenvolvimento capitalista, os camponeses tenham conseguido este grau de coordenação mundial. Os trabalhadores têm o seu dia há mais de um século e as mulheres há não muito menos tempo, mas os camponess só decidiram ter um agora [...]. Enquanto o capitalismo significava apenas industrialização, aqueles que trabalhavam na terra limitaram sua luta em âmbito local. No entanto, na medida em que a realidade da internacionalização neoliberal foi imposta a nós, começamos a ouvir histórias

---

21 Das entidades brasileiras, também estiveram presentes no Congresso o Departamento Rural da CUT, da CPT, do Movimento de Mulheres Trabalhadoras Rurais, o Movimento dos Atingidos por Barragens e Movimento da Transamazônica.

de agricultores nas Filipinas, na Malásia, na África do Sul, no México, na França: todos vivendo os mesmos problemas e os mesmos exploradores (STÉDILE, 2002, p. 123).

Desde então, a Cloc e a Via Campesina realizaram até 2010 mais quatro congressos e conferências cada uma. Em geral, nesses espaços ocorrem debates, plenárias e atividades. Em abril de 1996, ocorreu a II Conferência da Via Campesina, em Tlaxcala (México), na qual estiveram presentes 117 delegados de 69 organizações camponesas de 37 países. Durante os dias da Conferência é noticiado o Massacre do Eldorado dos Carajás (Pará-Brasil), onde foram assassinados 19 sem-terra e 65 ficaram feridos.[22] A Via Campesina declara publicamente o 17 de abril como Dia Internacional da Luta Camponesa. Pouco mais de um ano depois, em novembro de 1997, a Cloc se reunia em seu II Congresso, em Brasília (Brasil), com o tema *Unidos contra el neoliberalismo por la tierra, por la vida y la produción. Hagamos nuestra integración!*, precedido pela I Assembleia de Mulheres no Campo. Ela contou com a participação de 338 delegados de 23 países, representando 49 organizações.

A III Conferência da Via Campesina foi realizada em Bangalore (Índia), em outubro de 2000, precedida pela I Assembleia Internacional das Mulheres Camponesas, repetindo o que a Cloc havia feito em seu II Congresso. Na ocasião, participaram mais de 100 delegados de 40 países. O III Congresso da Cloc ocorreu em agosto na Cidade do México (México), no ano de 2001, precedido pela II Assembleia das Mulheres do Campo e a I Assembleia da Juventude Latino-americana. O Congresso reuniu 320 delegados de 27 organizações de 18 países, com o tema *Soberania Alimentaria! Por um Futuro sin hambre!*

---

22 Para uma reconstrução pormenorizada do Massacre de Eldorado dos Carajás, ver Nepomuceno (2007).

A IV Conferência da Via Campesina ocorreu em junho de 2004, em Itaici (São Paulo), reunindo mais de 500 pessoas de 76 países. Ocorre também a II Assembleia Mundial de Mulheres e a I Assembleia Mundial de Jovens na Via Campesina. Houve a incorporação de mais de 40 novas organizações camponesas e a África tornou-se mais uma região da Via Campesina (VIEIRA, 2011, p. 197). O IV Congresso da Cloc ocorre em outubro de 2005, na cidade de Iximulew (Guatemala), com o tema *Una década de lucha, unidos contra el saque imperialista. Rendimos... jamás! Por la vida, la tierra, el territorio y la soberanía de nuestros pueblos.*

Quadro 3.5. Conferências Internacionais da Via Campesina: uma cronologia, 1992-2008

| Conferência | Ano | Local |
|---|---|---|
| I | 1993 | Bélgica |
| II | 1996 | México |
| III | 2000 | Índia |
| IV | 2004 | Brasil |
| V | 2008 | Moçambique |

Quadro 3.6. Palavra de ordem da Cloc: uma cronologia, 1994-2010

| Ano | Local/Congresso | Palavras de ordem |
|---|---|---|
| 1994 | Peru – I | "No más tierras en pocas manos, ni muchas manos sin tierra" |
| 1997 | Brasil – II | "Unidos contra el neoliberalismo, por la tierra, la vida y la produción. Hagamos nuestra integración!" |
| 2001 | México – III | "Soberanía Alimentaria! Por un futuro sin hambre!" |
| 2005 | Guatemala – IV | "Una década de lucha, unidos contra el saque imperialista. Rendimos... jamás! Por la vida, la tierra, el territorio y la soberanía de nuestros pueblos" |
| 2010 | Equador – V | "Contra el Capital y el Imperio, Por la Tierra y la Soberanía de Nuestros Pueblos, América Lucha!" |

Mas, afinal, o que trazem de novidades esses movimentos sociais rurais contemporâneos? Uma possível resposta está na criatividade em articular várias escalas organizacionais – local, regional, nacional, transnacional – e na diversidade de pautas e temáticas, como afiança a socióloga Ilse-Sherer Warren (2007). Seu conjunto de práticas políticas pode ser contemplado através da atuação no nível *organizacional, articulatório* e de *mobilização*.

Segundo a autora, o nível organizacional é constituído pelas entidades situadas em territórios definidos e com atuação contínua em relação ao cotidiano de sua população-alvo. Esse nível, na verdade, corresponde aos movimentos sociais rurais que compõem a Via Campesina/Cloc que atuam em suas bases. O nível político articulatório, por sua vez, refere-se às diversas formas de intercomunicação, diálogo e articulações desenvolvidas por coletivos interorganizacionais em torno de propostas de políticas sociais e a participação nessas políticas. A Cloc/Via Campesina têm defendido sistematicamente a reforma agrária genuína, integral e participativa para os camponeses, o fim da violência contra as mulheres camponesas e não camponesas, o desenvolvimento de ações para enfrentar o problema da imigração de jovens, a incorporação da cosmovisão indígena etc. (DOCUMENTOS POLÍTICOS DE LA VÍA CAMPESINA, 2009).

Finalmente, o nível político mobilizatório atua na esfera pública em busca de visibilidade e reconhecimento de suas demandas. A Cloc/Via Campesina têm se utilizado de marchas, manifestações e protestos, pressionando as várias entidades internacionais, como, por exemplo, as reuniões da OMC, que, segundo as entidades, é a principal instituição mundial que delineia a política agrícola para todos os países.

O nível político articulatório é também "especialmente relevante para a formulação de políticas públicas e a construção de ideários dos movimentos" (SHERER-WARREN, 2007, p. 7). A primeira aparição pública da Via Campesina deu-se em espaço internacional durante a Assembleia sobre Segurança Alimentar, em 1995, na cidade de Quebec (Canadá), em vista das comemorações dos 50 anos da FAO e, um ano depois, em Roma (Itália), durante a Conferência Mundial de Alimentação da FAO. Houve um espaço – embora sob circunstância claramente desfavorável – para que a Via Campesina pudesse apresentar sua proposta de combate à fome. A seguir, citamos algumas delas:

- Estabelecer um código de comportamento para o investimento agrícola a partir do equilíbrio e da sustentabilidade, em virtude da biodiversidade, a segurança e a autonomia alimentar. Se deve aproveitar prioritariamente o uso do conhecimento autóctone e das tecnologias locais, antes das tecnologias modernas semelhantes à "revolução verde".

- Exigimos uma reordenação radical do comércio de alimentos. Estes são primeira e fundamentalmente uma fonte de nutrição e só, em segundo lugar, um artigo comercial. [...] Os camponeses agricultores têm o direito a produzir alimentos básicos essenciais para seus países e controlar o mercado e seus produtos. Não é aceitável que a comercialização dos alimentos continue tendo como base a exploração econômica das pessoas mais vulneráveis. Deve acessar a comercialização de alimentos pela necessidade de gerar divisas estrangeiras para pagar dívidas externas dos países subdesenvolvidos.

- A participação democrática do sistema alimentar é essencial para a soberania alimentar. Os camponeses e pequenos produtores devem ter uma intervenção direta na formulação de políticas agrárias nos níveis locais, nacionais, regionais e internacionais (VIA CAMPESINA, 1996, n. 164, p. 17).

O conceito de *soberania alimentar* para Via Campesina/Cloc é a pedra angular de sua identidade e de sua plataforma política enquanto projeto alternativo ao modelo mercadológico dominante na agricultura contemporânea (VIEIRA, 2011; NIEMEYER, 2006; DESMARIAS, 2013). Sua importância é capital na medida em que influencia substancialmente a construção de um "novo projeto nacional" de cada movimento social rural participante – e o MST, como veremos, é um exemplo disso.

De qualquer modo, vale lembrar que o conceito não é fruto de uma ideia pré-concebida; na verdade, ele será produto de uma construção meticulosa através dos debates, conferências, congressos, encontros dos movimentos camponeses articulados internacionalmente em torno da Via Campesina/Cloc. O "projeto" de Soberania Alimentar foi incorporando e ressignificando uma multiplicidade de temas, como recursos genéticos, biodiversidade, agricultura sustentável e, principalmente, reforma agrária.

> Considerado por autores e dirigentes políticos como o projeto de contra-hegemonia da Via Campesina, essa ideia [soberania alimentar] envolve diferentes elementos. Por um lado, representa uma ressignificação da própria ideia de soberania, a qual passa a ser baseada nos povos e não nos Estados nacionais e que inclui novas relações norte-sul no que diz respeito à produção e à comercialização dos produtos agrícolas. O novo significado amplia também a noção de segurança alimentar, passando a englobar não apenas a quantidade de alimentos, mas a forma e a escala de produção dos mesmos. Por outro lado, a soberania alimentar representa a

ressignificação do tema da reforma agrária, não apenas entendida como acesso à terra e modernização do campo, mas como democratização da terra – bem comum e patrimônio da humanidade – que não pode ser apropriado privadamente. Junto a isso, questiona-se também a propriedade de outros bens naturais como a água, os recursos genéticos e, em especial, as sementes (VIEIRA, 2011, p. 260).

A construção do conceito de *soberania alimentar* permitiu que a Via Campesina/Cloc costurassem diversas parcerias e alianças inclusive com outros atores sociais não camponeses afetados pelo neoliberalismo e a participação em distintos espaços globais que, por sua vez, passam a compartilhar a causa defendida e a estabelecer ações em comum. No caso da Via Campesina/Cloc, isso se evidencia pela participação nos protestos contra as organizações multilaterais, a partir de 1999, e nas várias edições do Fórum Social Mundial, a partir de 2001. Tudo somado, "a Via Campesina se junta aos chamados movimentos antiglobalização para construir grandes protestos de lado de fora das reuniões" (VIEIRA, 2011, p. 215).

Isso contribui para entender os condicionantes que formam a "imagem externa" da Via Campesina. Exemplos não faltam de sua presença em protestos contra as entidades multilaterais: em setembro de 1999, na cidade de Seattle (EUA), interrompendo a Conferência da Organização Mundial do Comércio (OMC); em abril de 2000, na cidade de Washington (EUA), durante a reunião do Banco Mundial e FMI; em setembro de 2000, na cidade de Praga (República Tcheca), durante a Assembleia Mundial do BM e FMI, que termina um dia antes; em abril de 2001, na cidade de Quebec (Canadá), durante a reunião da Cúpula das Américas; em julho de 2001, em Gênova (Itália), na reunião do Fórum Social.

Além dessa participação, a Via Campesina tem se integrado ao Fórum Social Mundial (FSM).[23] Nos Fóruns ocorridos no Brasil e na América Latina, os movimentos sociais rurais do continente tiveram uma presença mais expressiva. Por exemplo, no II FSM, realizado em Porto Alegre, em 2002, mais de 1800 camponeses "acamparam" em um ginásio, denominado "Acampamento Internacional da Via Campesina". O FSM seria visto como mais um espaço social de formação, integração, intercâmbio e troca de experiências e culturas entre todos os participantes. Contudo, a partir do IV Fórum em Mumbai (Índia), em 2004, alguns questionamentos começam a surgir dos dirigentes da Via Campesina, principalmente com relação à ausência de uma deliberação política (VIEIRA, 2011, p. 217).

Um último elemento sobre a emergência dessas formas de internacionalismo contemporâneo protagonizadas pelas forças sociais camponesas é a sua diferenciação com relação às várias formas do "velho internacionalismo". Massimo De Angelis (2005), por exemplo, trabalha dois critérios de diferenciação: 1) a relação entre as dimensões nacional e internacional da luta; 2) a relação entre movimento operário e outros movimentos. Na primeira, o argumento basilar reside na ideia de que no "velho internacionalismo" a luta internacional subordinava-se aos objetivos estratégicos da dimensão nacional: "o objetivo da luta era basicamente nacional e o internacionalismo era um instrumento para este fim" (ANGELIS, 2005, p. 16). O segundo ponto do "velho internacionalismo" é a centralidade que conferia ao movimento operário e, por extensão, na subordinação de outros movimentos a ele.

---

23 Para um balanço do FSM, ver Leite (2003), Santos (2005) e Whitaker (2005).

Quadro 3.7. Comparação entre o velho e o novo internacionalismo

|  | Relação entre lutas nacionais e internacionais | Relação entre o movimento operário e outros movimentos |
|---|---|---|
| Velho internacionalismo | A dimensão internacional é um instrumento para a dimensão nacional. | Movimentos distintos. Subordinação ou marginalização de outros movimentos ao movimento operário. |
| Novo internacionalismo | A distinção perde o sentido. O "nacional" (assim como o "regional", o "local" etc.) é um momento do "global" e vice-versa. | Criação de alianças. |

Fonte: Angelis 2005, p. 16

Diametralmente, a prática social do internacionalismo contemporâneo tem dado provas de que ele está "definitivamente perdendo a dimensão 'nacional' como referência para transformação social. Desse modo e com o objetivo de definir uma alternativa, a luta local, regional ou nacional adquire um caráter global imediato" (ANGELIS, 2005, p. 20). Ora, a afirmação parece um tanto "exagerada";[24] afinal, além de correr o risco de diminuir as tradições históricas e culturais nacionais, ignora-se que os movimentos não deixam – e parecem estar longe de deixar – de atuar organicamente em seus respectivos países. A luta nacional pode apresentar-se com um caráter internacional, mas isso não exclui a importância de suas reivindicações específicas.[25]

---

24 Sentenciar o "exagero" não significa sua total rejeição, já que em muitos casos as fronteiras entre nacionalismo e internacionalismo não são tão evidentes. Como dirá José Carlos Mariátegui: "não se pode assinalar matematicamente onde termina o nacionalismo e onde começa o internacionalismo. Às vezes, elementos de uma ideia andam misturados a elementos da outra" (MARIÁTEGUI, 1970, p. 50).

25 Não por acaso, existiria nas direções do MST uma preocupação de analisar a situação econômica de uma nação – nesse caso, o Brasil – sob uma chave internacionalista: "Como a nação não seria o centro da questão, mas sim os 'espaços econômicos' mais amplos, não haveria lugar para

A respeito da América Latina, entendemos que o processo de libertação do povo terá que se dar de forma articulada, mas sem entrarmos em velhos chavões. Ou seja, não adianta ficar criando Internacionais e mais Internacionais, a partir de reuniões infindáveis. Tem muita gente criticando o projeto nacional, afirmando que ele não tem sentido. Ora, se o MST não tivesse atuação política aqui no Brasil na ocupação de terras e na organização da produção, por acaso teria conseguido algum reconhecimento internacional? É claro que não. Poderíamos estar totalmente pintados de vermelho, que ainda assim ninguém nos reconheceria em qualquer encontro. Se somos uma referência internacional é porque fazemos a luta aqui, com uma base social e local, em uma geografia estabelecida. É assim a luta de classes (MAURO, 1999, p. 96).

Em um trabalho em que compara a ação internacional dos trabalhadores do passado e a Via Campesina, a socióloga Flávia Braga Vieira (2011) chegou à conclusão de que existem *permanências* e *rupturas* com o "velho internacionalismo". De um lado, a continuidade histórica, por exemplo, aparece na prática de solidariedade internacional (o envio de brigadas internacionalistas, por exemplo), na alusão às lutas de trabalhadores do mundo em outros momentos históricos e na troca de experiências internacionais: "muitas vezes as próprias organizações e militantes são apontados como sendo os mesmos, isto é, haveria uma transmutação de um formato para o outro, mas com a manutenção

---

a luta puramente nacional – ou 'nacionalista' –, de acordo com alguns, e sim para as lutas com perspectivas mais largas, já que os países estariam inseridos, dentro de um quadro mais abrangente do capitalismo mundial. Por isso, seria necessária uma abordagem internacionalista" (MAURO; PERICÁS, 2001, p. 16-17).

de conteúdo, que se constitui num resgate das lutas passadas" (VIEIRA, 2011, p. 243-244).

Por outro, os elementos identificados pela autora como novidade em relação à articulação internacional da Via Campesina são os métodos de organização (busca pela horizontalidade, massificação das lutas e uma atenção especial aos riscos de burocratização), as pautas e temas (meio ambiente, luta das mulheres etc.), a luta pelo poder (há uma desvalorização da tomada do poder político) e, finalmente, a ideologia – considerada a mais expressiva para a socióloga.[26] Enquanto as articulações internacionais do passado primavam pela adaptação de uma ideia pré-concebida, a Via Campesina estaria aberta "para diversas filiações ideológicas e, mesmo, para a recusa de modelos ideológicos" (VIEIRA, 2011, p. 248).

## O MST E A MUNDIALIZAÇÃO DA LUTA CAMPONESA: INFLUÊNCIAS E TRANSFORMAÇÕES

Com a participação do MST na Cloc e Via Campesina, há um evidente alargamento de sua atuação política internacionalista, qualitativamente distinta do que estava desenvolvendo no CRI. Mas, afinal, quais são os elementos que estão por trás desse "novo" momento na política de relações internacionais do MST, para além do exercício de solidariedade internacionalista que marcou desde o início sua trajetória?

---

26 "Hoje, quando o movimento comunista internacional deixou de existir em grande parte como tal, é difícil imaginar a força imensa que seus membros obtinham da consciência de serem soldados de um único exército internacional que, por mais variado e flexível que fosse em sua tática, executava uma única e ampla estratégia de revolução mundial. Daí a impossibilidade de qualquer forma de conflito duradouro entre o interesse de um movimento nacional e a Internacional, que era o verdadeiro partido e da qual as unidades nacionais não eram mais que seções disciplinadas. Esta força baseava-se tanto em argumentos realistas quanto na convicção moral" (HOBSBAWM, 1985, p. 17).

Um primeiro elemento gravita em torno do processo de internacionalização do campo e os seus desdobramentos acionados pela política neoliberal. O novo modelo de agricultura seria o motivo fundamental para que o MST e os movimentos camponeses tomassem a iniciativa de ir buscar a articulação política de distintas maneiras e nos diferentes continentes e países.

Quando Cardoso ganhou seu segundo mandato em 1998, apertou o acelerador. A transição ao novo modelo econômico havia consolidado. Na agricultura, a entrada do capital internacional se fez através da via rápida, junto com a aplicação na agricultura brasileira do que chamam de modelo estadunidense e a internacionalização de nossa produção alimentar. A concentração de terra e da indústria agropecuária está nas mãos das multinacionais (STÉDILE, 2002, p. 120).

A internacionalização da luta pela terra e pela reforma agrária é uma necessidade urgente do período que nós estamos vivendo porque as grandes empresas capitalistas do mundo inteiro estão avançando para o interior dos países. Há um movimento das grandes empresas transnacionais, do grande capital de tomar conta, de controlar a água, a terra, os recursos naturais e fazer dessa atividade um grande negócio. Todo esse complexo do agronegócio vai se internacionalizar. O capital estrangeiro no Brasil e na América Latina vai chegar com força total. Grande parte das empresas que controlam esse setor de alimentos no mundo são grandes empresas transnacionais com sede nos Estados Unidos ou com sede na União Europeia (Entrevista com Marcelo Buzetto em 4 out. 2011).

As condições materiais, objetivas e concretas do mundo rural, portanto, são o dispositivo fulcral do nascimento da internacionalização das lutas camponesas (e para além delas), de modo que o MST começa a participar de diversas organizações, coordenações, associações, federações, movimentos e fóruns transnacionais sob a condição de construir uma identidade em contraposição ao modelo dominante da agricultura. Desse modo, a Via Campesina/Cloc foram gestadas como etapa final de um processo já há muito tempo em constituição, mas isso não exclui a importância de sua necessidade da composição de forças sociais camponesas internacionais como resposta ao modelo de internacionalização do capitalismo na agricultura.

> Claro que a etapa neoliberal a que chegou o capitalismo, internacionalizando suas empresas e passando a controlar a agricultura em todo mundo, e sobretudo o mercado mundial de alimento, forçou a que maior número de movimentos camponeses sentissem a necessidade de construírem alianças internacionais. Então a Via Campesina Internacional é sim fruto dessa necessidade (Entrevista com João Pedro Stédile em 14 jun. 2012).

> Agora cada vez mais, esse movimento é o que dá na Via Campesina. Como o capital se internacionaliza, especialmente esse modelo na agricultura rapidamente obrigou/criou condições de articulação internacional, uma organização internacional, que em outros tempos não seria possível, que rapidamente estabelece pontos comuns tanto de análise quanto de estratégia; então você [vê] que a Via Campesina se expande em seis e sete anos, é uma coisa inédita nas articulações internacionais (Entrevista com Egídio Brunetto em 17 nov. 2011).

Com efeito, a relação orgânica do MST com Cloc/Via Campesina no sentido da formação, do aprendizado, não é uma rua de mão única. Trata-se de uma relação de reciprocidade formativa: se por um lado o MST passa a conhecer, debater, discutir sobre uma diversidade de temas até então pouco depurados, por outro, a Cloc/Via Campesina também extraem princípios metodológicos do MST.

> O MST tem uma contribuição grande na construção tanto da Cloc como da Via Campesina. Mas o acumulado das duas articulações trouxe para o movimento um aprendizado muito grande, todo debate sobre soberania alimentar, a luta contra os transgênicos, a questão da OMC... E acho que nós contribuímos também com conteúdo, com método coletivo, com a questão da mística, então toda uma construção a partir da experiência do MST que também vai ter mais ressonância, e na prática importante nos dois espaços (Entrevista com Egídio Brunetto em 17 nov. 2011).

Bem entendido, para os membros das direções do MST, seria um *aprendizado*, e não um limite, diante de uma internacional camponesa que não utiliza o critério da ideologia como principal credencial para sua participação, como ressaltado anteriormente. Isto é, perceber que a metodologia de alianças e da unificação política entre os movimentos não deve ficar reduzida apenas a esse critério.

> Agora, nem todo mundo é socialista. Por exemplo, vai falar em socialismo para a turma do Leste Europeu, para os camponeses de lá. Eles não querem nem ouvir falar. Por quê? Porque viveram uma experiência [traumática]... Então se fôssemos pelo viés ideológico, nós teríamos muita dificuldade.

> Evidentemente que isso tem contradições, um monte de diferenças, mas nem por isso deixamos de construir essa experiência em escala internacional e eu acho que é uma experiência interessante que hoje existe. Lamentavelmente somente os camponeses têm isso. Lamentavelmente. Pois nosso sonho era ter uma internacional de trabalhadores, mas isso também não depende só da vontade de alguma organização, é um processo histórico e nesse tempo histórico de fragmentação e crise da esquerda dificilmente se viabilizaria um projeto desse tipo. Essa relação tem impactos dentro do MST também, porque você tem que se relacionar com gente que pensa diferente. Tem impactos positivos, inclusive de visualizar que uma construção política, uma aliança política, não se dá com quem pensa exatamente igual. E essa aliança política pode ser na tática, pode ser em temas comuns e pode ser uma aliança política que vai para além de temas comuns, uma aliança estratégica, como muitos movimentos que, além de lutarem por questões concretas, defendam a construção do socialismo. Então o aprendizado é bastante grande (Entrevista com Gilmar Mauro em 16 nov. 2011 em RUBBO, 2012, p. 26-27).

O papel da América Latina seria, então, fundamental para a consolidação da Via Campesina. Basta olhar que as primeiras assembleias de mulheres e da juventude começaram na Cloc e, posteriormente, na Via Campesina. Os dirigentes do MST registram a importância das discussões e propostas feitas a partir de problemas do continente latino-americano que transformaram campanhas continentais em campanhas internacionais.

> Não estou te falando isso como uma forma de nenhuma arrogância. O nosso continente sempre esteve à frente em puxar as

decisões gerais na Via, em provocar temas que no nosso continente já estávamos aqui enfrentando, debatendo; levar temas continentais que se tornaram depois temáticas internacionais. Essa própria questão da soberania, várias campanhas que nós aqui no continente estávamos tocando, fomos levando e que foram se tornando campanhas internacionais. Por exemplo, toda campanha das sementes, a luta contra os transgênicos foram deliberações dos congressos da Cloc que depois fomos pautando na Via Campesina Internacional e que se tornaram campanhas internacionais da semente.

Então você vê que nosso continente, pela dinâmica que tem do aprendizado também do que foi os quinhentos anos, eu acho que está à frente contribuindo pra que a Via Campesina também se fortaleça e avance. E por isso nós temos dito: a fortaleza da Via Campesina, como um movimento internacional, uma articulação internacional, ela está na fortaleza do país e nos continentes de ter essa capacidade de fazer a luta, de enfrentar, de propor e cada vez mais vai contribuindo de termos uma Via [Campesina] extremamente forte a nível internacional cumprindo verdadeiramente o seu propósito de globalizar a luta e de globalizar a esperança. E que hoje nós estamos avaliando talvez que o momento que nós definimos globalizar a luta e globalizar a esperança foi exatamente no momento de força de globalização do capital (Entrevista com Itelvina Masioli em 13 dez. 2011).

O exemplo mais explícito foi a Campanha Contra a Alca, que tem seu início em 2002.²⁷ O MST tem uma participação significativa na difusão de uma campanha de caráter continental e, posteriormente, toma dimensões internacionais no Brasil: incentiva a formação de comitês populares contra a Alca, realiza distribuições de materiais didáticos (cartilhas, livros, programas de rádio em CD, boletim explicativo, vídeos), promove palestras, debates, fóruns sobre o tema. Essa intensa participação, que contou com diversas organizações políticas e sociais não camponesas, tem seu respaldo através do resultado do Plebiscito Nacional sobre a Alca, realizado em setembro de 2002. A escolha da data de sua realização – 2 a 7 de setembro – não foi mera coincidência, já que eram os dias que antecediam os festejos "oficiais" do Dia da Independência do Brasil.

Em 2002 começa todo o processo, em que utilizamos já algumas experiências que nós tínhamos feito, com plebiscitos contra a dívida. Quando teve a campanha contra a Alca, nós já tínhamos acumulado muita experiência com plebiscitos populares contra a dívida, e depois essa foi de certa forma uma grande campanha, fomos muito vitoriosos. Primeiro pela quantidade de pessoas que participaram, o plebiscito teve mais de dez milhões de votos, isso fazendo em um período quando o PT estava em campanha, que não entrou, ou seja, não tinha nenhum

---

27 Desde 1994, juntamente com 33 países americanos, o Brasil esteve participando sobre uma eventual formação de uma Área de Comércio das Américas (Alca). "Com a Alca, o mercado brasileiro ficaria aberto, por acordo internacional, para as demais economias integrantes da área. Esse acordo teria como um de seus signatários a maior potência do mundo em termos econômicos, políticos e militares. A agenda de negociações, formulada basicamente pelos EUA, inclui não só a remoção de obstáculos ao comércio de bens, mas a fixação de regras comuns para temas como serviços, investimentos, compras governamentais, propriedade intelectual, entre outros" (LA VÍA CAMPESINA, 2009, p. 267).

apoio dos grandes meios de comunicação de massa, ou seja, foi o povo na militância mesmo que levou isso no braço, na cabeça e na força de vontade aí esse plebiscito mesmo. Foram dez milhões que votaram. Então mais do que o resultado, foi o fato da gente envolver uma grande quantidade de militância neste processo de debate, isso num processo de formação fantástico. Porque muitos diziam que nós não iríamos conseguir fazer isso porque debater esta questão da Alca é muito complexo, tem a ver a questão continental, a área de livre comércio, isso todos diziam 'vocês não vão', mas isso foi fundamental (Entrevista com Joaquim Pinheiro em 17 nov. 2011).

O MST amplia sua luta política internacionalista juntando--se com diversos setores sociais afetados pela política neoliberal que não estão *diretamente* ligados ao mundo rural através da participação em espaços como coordenadoria, fóruns, congressos, encontros, como, por exemplo: na manifestação do Grito Latino-Americano dos Excluídos, no ano de 1999, sob o lema "Trabalho, Justiça e Vida", na cidade de Brasília, ocorrendo simultaneamente em mais de 14 países; nas edições do Fórum Social Mundial e do Fórum Social das Américas (FSA), desde 2001; no I Congresso da Coordenadoria dos Movimentos Sociais, em 2001, em Quito (Equador); no I Encontro Internacional dos Movimentos Sociais, na cidade do México, em 2001; no Encontro da Campanha Jubileu das Américas, na cidade de Quito (Equador), em maio de 2002; e nas edições da Cúpula dos Povos.

> As nossas responsabilidades internacionais vão aumentando e nos exigindo, não só dos dirigentes, daqueles que têm disponibilidade de viajar, mas de toda a nossa organização, um entendimento maior do que está acontecendo no mundo. E talvez tenha sido

este o primeiro fato recente da conjuntura dos últimos dez anos. O capital financeiro se lastrou por todo o planeta, derrubou inclusive o socialismo burocrático. Ao mesmo tempo, trouxe com ele uma contradição: agora todos os povos do mundo sentem o mesmo problema e tem o mesmo inimigo (Entrevista com João Pedro Stédile para o JST, 2001, n. 214, p. 13).

O aumento da "responsabilidade internacional" não está na quantidade de espaços transnacionais de que o MST participa, mas na exigência segundo a qual para resistir e lutar contra o programa neoliberal no campo, é imperativo que se realizem análises e estratégias, em escala nacional e internacional. É nesse contexto que o elemento mais decisivo marca o internacionalismo do MST, que não havia ainda amadurecido no corpo de sua direção: a "construção de uma nova percepção dos militantes do movimento em direção às dimensões supranacionais da problemática da luta pela terra" (BRINGEL; FALERO, 2008, p. 281). Assim, o internacionalismo não fica restrito a um instrumento de cooperação e solidariedade internacional. *Doravante o internacionalismo será parte imanente ao MST, e é necessário compreender as transformações reais do campo brasileiro e de sua posição social e política diante de tal processo.* O "salto qualitativo" que está por trás de suas diversas mobilizações à luz de um cenário econômico e político mundial "desfavorável" – ou seja, denúncias, protestos, explicitação de conflitos, oposições organizadas; cooperação, parcerias para resolução de problemas sociais, ações de solidariedade; construção de uma utopia de transformação, com a criação de projetos alternativos e de propostas de mudança (SCHERER-WARREN, 1999, p. 14-15) – é a tomada de consciência a partir da realidade objetiva atuante, a internacionalização do mundo rural capitalista.

Essa nova compreensão transnacional da reforma agrária vai provocar, inclusive, uma alteração na política estratégica do MST no espaço da arena nacional, além de suas pautas reivindicativas serem ampliadas, incorporando novos elementos temáticos. Para tanto, basta observar as linhas políticas reafirmadas nos dois últimos Congressos Nacionais do MST. No 4º Congresso Nacional, realizado em agosto de 2000 na cidade de Brasília, uma das linhas políticas procura justamente impelir a que se desenvolvam "ações contra o imperialismo combatendo a política de organismos internacionais a seu serviço como o FMI, OMC, BM e a Alca" (JST, 2000, n. 203, p. 19).

O 5ª Congresso Nacional do MST, realizado também na capital brasileira em junho de 2007, contou com a presença de 181 convidados internacionais, representando 21 organizações camponesas de 31 países, e amigos e amigas de diversos movimentos e entidades. Na ocasião foi lançada uma carta de compromissos do MST com 18 pontos, dentre os quais destacamos:

- Articular com todos os setores sociais e suas formas de organização para construir um projeto popular que enfrente o neoliberalismo, o imperialismo e as causas estruturais dos problemas que afetam o povo brasileiro.

- Lutar para que todos os latifúndios sejam desapropriados e prioritariamente as propriedades do capital estrangeiro e dos bancos.

- Combater as empresas transnacionais que querem controlar as sementes, a produção e o comércio agrícola brasileiro.

- Defender as sementes nativas e crioulas. Lutar contra as sementes transgênicas. Difundir as práticas de agroecologia e técnicas em equilíbrio com o meio ambiente.

- Defender todas as nascentes, fontes e reservatórios de água doce. A água é um bem da Natureza e pertence à humanidade. Não se pode ser propriedade privada de nenhuma empresa.

- Preservar as matas e promover o plantio de árvores nativas e frutíferas em todas as áreas dos assentamentos e comunidades rurais, contribuindo para a preservação ambiental e na luta contra o aquecimento global.

- Fortalecer a articulação dos movimentos sociais do campo na Via Campesina Brasil, em todos os Estados e regiões.

- Contribuir na construção de todos os mecanismos possíveis de integração popular Latino-Americana, através da Alba – Alternativa Bolivariana dos Povos das Américas. Exercer a solidariedade internacional com os Povos que sofrem as agressões do império, especialmente agora, com o povo de CUBA, HAITI, IRAQUE e PALESTINA (CARTA DO 5º CONGRESSO NACIONAL DO MST, 2007, n. 273, p. s/n).

Como se pode observar neste documento, o MST integrou cada vez mais a dimensão ecológica no seu projeto de reforma agrária e de um "outro modelo de agricultura": mudança no sistema agrícola brasileiro de forma a favorecer a pequena agricultura, controle democrático e público dos recursos e do patrimônio genético, incentivo à agroecologia como proposta alternativa de uma agricultura que não incentive a destruição do meio ambiente. Ou seja, nos últimos anos houve um deslocamento do foco de luta do MST e da Via Campesina, "por entenderem que a contradição principal no meio rural brasileiro hoje está entre o agronegócio exportador e os trabalhadores rurais sem-terra, e não entre a desapropriação e o crédito fundiário" (GOHN, 2010, p. 146). Força motriz do Movimento, a bandeira da reforma agrária também será profundamente ressignificada. Ela não fica apenas atrelada à *redistribuição da terra*, o que problematiza a estratégia central com a qual o MST se identificou historicamente, a ocupação de terras. Aliás, a expropriação de latifúndios improdutivos passa a ficar em segundo plano. Nesse sentido, segundo os dirigentes do MST, pela ampliação e modificação do campo brasileiro, a discussão passa prioritariamente por *como* se deve utilizar a agricultura.

> Mas se o que se trata é de dar um passo para uma reforma agrária popular, temos que enfrentar o programa neoliberal enquanto tal, o que não é factível limitando-se a ocupar terras. Por esta razão, o MST tem se unido a outras organizações camponesas para combater as multinacionais de produção de leite e, sobretudo, de sementes geneticamente modificadas (STÉDILE, 2002, p. 120).

Em síntese:

> Nos últimos anos, o MST e sua contraparti-da internacional, a Via Campesina[/Cloc], deixaram de centrar seu programa e suas ações na *divisão de terra*. Passaram a propor um *novo modo de usá-la*, por meio de manifestações contra os transgênicos ou contra o desflorestamento promovido pelos CAIs e pelos métodos de cultivo e irrigação que identificam com efeito lucrativo no curto prazo e predatório no longo. Começaram a reivindicar um outro lugar para as atividades agropecuárias os projetos nacionais de desenvolvimento. O MST foi, aliás, um dos protagonistas, talvez o maior, no movimento

anti-Alca no Brasil e no momento pela rejeição da dívida externa, quando o PT e o governo Lula pareciam abandonar tais bandeiras (MORAIS; COLETTI, 2006, p. 114-115).

Essa mudança se traduz nas ações do MST contra as empresas multinacionais (Monsanto, Syngenta) que possuem a patente das sementes e o domínio do comércio na produção agrícola, utilizando-se largamente dos OGMs. Sem contar que muito dessa "nova" ação se deve pelo protagonismo das mulheres da Via Campesina do Brasil. Basta mencionar a ocupação das mulheres da Via Campesina no viveiro da Aracruz Celulose, na cidade Barra do Ribeiro (RS), em março de 2006 – conhecido como *o grito das mudas* –, que teve uma ampla difusão (negativa) nos meios de comunicação. Segundo Peschanscki, esse acontecimento simbolizaria um novo repertório de protestos do MST.

O *grito das mudas* expressa uma modificação na atuação dos movimentos que compõem a Via Campesina, especialmente o MST, o mais conhecido entre eles. A ação no horto florestal se diferencia do repertório comumente adotado pelos sem-terra. Até então, as marchas, as ocupações de terra e de prédios do Instituto Nacional de Colonização de Reforma Agrária (Incra), tipos de protesto característicos do MST, visavam a fazer pressão sobre o governo para que atenda as reivindicações do movimento e a sensibilizar a opinião pública em relação à reforma agrária. Mobilizações contra atores não governamentais, a não ser ocupações de propriedades privadas exigindo do governo uma desapropriação para fins de reforma agrária, ou seja, novamente envolvendo setores públicos, não faziam parte do repertório do MST (PESCHANSKI, 2007, p. 133-134).

Destarte, essas novas formas reivindicativas passam a constituir-se como um arsenal combativo do MST justamente a partir de sua experiência transnacional com a Cloc/Via Campesina e com outras organizações sociais e políticas na cena contemporânea. Contudo, a novidade decisiva desse período é que o internacionalismo não passa apenas pelo filtro do desenvolvimento de políticas de relações externas. Na realidade, essa dimensão transmuta-se em uma relação constitutiva no MST, tendo impactos em suas interpretações, ações e projetos na arena nacional.

# CAPÍTULO IV

## O internacionalismo multidimensional do MST

*Venis desde muy lejos... Mas esta lejanía,*
*¿Qué es para vuestra sangre, que canta sin*
*fronteras?*
*La necesaria muerte os nombra cada día,*
*no importa en qué ciudades, campos o*
*carreteras*
*De este país, del otro, del grande, de pequeño,*
*del que apenas el mapa da un color desvaído,*
*con las mismas raíces que tiene un mismo*
*sueño*
*sencillamente anónimos y hablando habeis*
*venido.*

Rafael Alberti

Neste último capítulo, nosso objetivo é apresentar e analisar a construção da ação exterior e transnacional do MST que tem atravessado, influenciado, ecoado, *sob uma forma multidimensional*, em várias atividades setoriais do movimento: formação, educação, finanças, projetos, comunicação, produção, direitos humanos, "mística", cultura. Como se ressaltou, a relação permanente e articulação "orgânica" com a Cloc/Via Campesina é o principal componente dessa atuação política internacionalista do MST, mas isso não quer dizer que sua relação social fique circunscrita apenas à sociedade civil, mas também desenvolve uma *relação social estatal* por numerosos projetos de cooperação e solidariedade com organizações, movimentos e governos.

Nesse sentido, apresentar-se-á, em primeiro lugar, como a dimensão internacional do MST está plasmada no trabalho da "mística", uma política cultural que busca gerar uma identidade sociocultural no militante sem-terra, que fomenta valores contra-hegemônicos, principalmente no âmbito subjetivo, simbólico e da imaginação da luta política. Em um segundo momento, será delineada a formação de inúmeros comitês de solidariedade internacional que estão localizados no continente europeu e na América do Norte. É interesse notar que eles se formam de maneira espontânea e não através de um "apelo" das direções do MST. A formação dos comitês contribui para que o movimento tenha uma divulgação internacional significativa e, em algumas ocasiões, apoio financeiro para projetos específicos. No terceiro item, serão destacadas as relações do MST com Cuba e Venezuela, *o que explicita uma relação social estatal no âmbito de sua política internacionalista*. A ênfase dessa aproximação recairá especialmente nas experiências de formação, na área de educação e de produção, já que vários acordos – que envolvem governos, como o próprio Brasil – firmados passam por essas áreas. Por último, uma avaliação sobre a relação entre o internacionalismo da direção do MST e sua base social e os desafios de apresentar a importância do internacionalismo.

### A CONSTRUÇÃO DA "MÍSTICA"

Originário da Teologia da Libertação, o trabalho da "mística" está presente na dimensão transnacional da luta do MST, um dos princípios que marcam presença na composição de sua estrutura organizativa. Trata-se de um elemento político-religioso que se manifesta como conjunto simbólico eficiente na formação de visões de mundo, *Weltanschauung*, no sentido que o sociólogo marxista Lucien Goldmann (1986) dava a esse conceito, uma concepção que atravessa o conjunto das formas de pensar voltado especialmente para a formação cultural.[1] O trabalho da "mística" busca cuidar da dimensão subjetiva da luta social. Como diz um dos documentos do MST: "valorizar a mística e a religião do povo como força de resistência e transformação profética da sociedade, apoiando as celebrações de fé próprias dos pobres da terra" (JST, 1991, n. 107). Segundo Ademar Bogo, um dos dirigentes do MST,

> a mística deve ser entendida como sendo um conjunto de motivações que sentimos e que sintonizam com nossa prática, impulsionando nossa luta para frente. Ela reduz a distância entre presente e o futuro, fazendo-nos viver antecipadamente à certeza dos objetivos que queremos atingir. Portanto, a mística não é uma coisa externa, muito pelo contrário; são motivações internas que cada um sente em contato com o coletivo, aumentando a participação, buscando elementos práticos e dando qualidade à nossa prática (BOGO, 1991, p. 3).

A "mística" é composta por valores humanistas (solidariedade, beleza, fraternidade, valorização da vida, capacidade de indignar-se, trabalho voluntário), carregada de símbolos (bandeira, faixa, música, poesia, danças, performances, teatro, jornais, cartazes, ferramentas de trabalho, broches, flâmulas), já que eles são representações materiais das utopias e tornam-se meios de comunicação entre as pessoas com o objetivo de garantir a unidade e a identidade do coletivo. Ela se faz presente em vários espaços da

---

[1] "Um visão de mundo é precisamente esse conjunto de aspirações, de sentimentos e de ideias que reúne os membros de um grupo (mais frequentemente, de uma classe social) e os opõem aos outros grupos" (GOLDMANN, 1979, p. 20).

atividade militante do MST: no encerramento e na abertura de reuniões e encontros, nos protestos e assembleias, nas palavras de ordem, na forma organizativa, no comportamento pessoal, nos cuidados com as pessoas. Conforme a antropóloga Maria Turatti (2005, p. 105), é preciso entender a mística como "discurso ideológico" e/ou "matriz discursiva" que se reveste de formas simbólicas com a função de ganhar adesão, gerar convencimento, estabelecer confiança. Conhecer, por exemplo, o hino do MST ou investir na construção de seus heróis e mártires faz com que se produza uma "ideologia com função simbólica determinada: fazer o sem-terra sentir-se integrante de um sujeito coletivo" (TURATTI, 2005, p. 106). Para a socióloga Maria Moraes Silva, a mística é composta por um coquetel de ingredientes religiosos, ideológicos, históricos, políticos e morais que tem como coluna vertebral a rememoração das lutas do passado enquanto inspiração para o (re)enraizamento do camponês: "é uma espécie de mistério que une os vivos e os mortos, no qual os primeiros são fortalecidos pelo exemplo dos segundos. A mística é a aura da perseverança e da força, necessárias à resistência" (SILVA, 2004, p. 82). O teólogo Leonardo Boff, por sua vez, ressalta uma forte relação entre mística e militância:

> [A mística] é o motor de todo o compromisso, aquele entusiasmo que anima permanentemente o militante, aquele fogo interior que alenta as pessoas dentro da monotonia das tarefas cotidianas, por fim, permite manter a soberania e a serenidade nos equívocos e nos fracassos. [...] Não há militância sem paixão e mística, pouco importa a natureza da causa, seja religiosa, humanística ou política. O militante vive no mundo das excelências e dos valores em funções dos quais vale gastar o tempo, correr riscos e empenhar a própria vida. Aqui se trata não de ter ideias, mas de viver convicções. São estas

que mudam as práticas e estas transformam as relações sociais (BOFF, 1993, p. 3).

Semelhante é a concepção do marxista Mariátegui (2011), já que sinaliza em sua obra *Defesa do marxismo* a dimensão espiritual da luta, o momento de rejuvenescimento da *fé social*, da ação prática, da vontade, do *páthos* revolucionário, em suma, a mística assume uma função ético-social que deve ser buscada "na criação de uma moral de produtores pelo próprio processo de luta anticapitalista" (MARIÁTEGUI, 2011, p. 55). Como se constrói uma "moral dos produtores"? Segundo o ensaísta peruano, não surge "mecanicamente do interesse econômico", mas forma-se na luta política com "ânimo heroico e vontade apaixonada" (p. 56).[2]

Mas, afinal, qual é a relação entre o internacionalismo e o trabalho de mística do MST? Ora, conforme o MST se aproximava e tecia uma variedade de relações com os movimentos populares do campo da América Latina – camponeses, indígenas, negros, mulheres –, se fortalecia uma identidade comum, intensificada por um componente religioso e milenarista.[3] Por sua vez, tal relaçãopropiciou ao MST uma forma específica de conduzir princípios éticos sobre como se comportar com as organizações sociais e

---

2   Em um texto intitulado "Gandhi", de 1924, encontra-se uma passagem interessantíssima a propósito da importância ética e espiritual da luta: "O socialismo e o sindicalismo, apesar de sua concepção materialista da história, são menos materialistas do que parecem. Apoiam-se sobre o interesse da maioria, mas tendem a enobrecer e dignificar a vida. Os ocidentais são místicos e religiosos ao seu modo. Ou não seria a emoção religiosa uma emoção revolucionária? No Ocidente acontece que a religiosidade se deslocou do Céu para a Terra. Suas motivações são humanas, sociais; não são divinas. Pertencem à via terrena, e não à vida celeste" (MARIÁTEGUI, 2011, p. 191).

3   "As manifestações de origem ancestral, principalmente quando se constituem em movimento coletivo, são veículos de ideias daqueles que lutam pela hegemonia interna dos grupos nas mais diferentes sociedades, sendo, também, um componente estratégico da luta social e um elemento fundamental na construção da identidade regional e também nacional" (FERREIRA, 2001, p. 86).

políticas do exterior. Como se pode notar em um dos documentos de formação do MST:

> a) conhecer as demais organizações. O primeiro passo é conhecer quem são nossos irmãos, como trabalham, quais suas experiências com a expectativa de aprender, de acumular experiência, procurando conhecer sua base e participar de atividades concretas nos países. E oferecer a mesma oportunidade para que nos conheçam.
>
> b) respeitar a autonomia das organizações. Nunca fizemos seleção por corrente ideológica, ou por postura política. Sempre respeitamos a posição dos outros, sabendo que cada país, cada organização tem sua história, tem sua autonomia. Nesse sentido, todos são importantes, independentemente do tamanho do país ou da visibilidade da organização. Sabemos que somente será possível construir e fortalecer uma articulação entre todas as organizações camponesas se respeitasse esse princípio. Por isso, combatemos também o hegemonismo ou vanguardismo de certas organizações ou as práticas que pudessem querer dar a linha para os outros.
>
> c) criar laços de identidade de classe entre os trabalhadores rurais e camponeses da América Latina para, sabendo-nos parceiros de um mesmo barco, explorados por um mesmo sistema, podermos desenvolver atividades de solidariedade e de internacionalismo. O internacionalismo deve contribuir para, com base em métodos de trabalho, de intercâmbio, contatos etc., recuperar os valores do humanismo e do socialismo e estimular a prática concreta da solidariedade (CADERNOS DE ESTUDOS ENFF, 2007, p. 57-58).

Por exemplo, no 4º Congresso Nacional do MST, em 2000, ocorreu a "Noite Latina", em que foi apresentada uma mística sobre a chegada espanhola no continente latino-americano. Na ocasião, Aleida March, filha de Che Guevara, recebeu inúmeras homenagens (JST, 2000, n. 203, p. 10). No II Fórum Social Mundial, em 2002, no espaço conhecido como "acampamento da Via Campesina Internacional", no qual o MST teve forte presença, ocorreu durante a abertura dos trabalhos uma mística que recordava vários personagens históricos como Tupac Amaru, Simon Bolívar, Rosa Luxemburgo, Emiliano Zapata e Che Guevara (JST, n. 218, 2002, p. 9).[4] Em 2007, durante o V Congresso Nacional do MST, foram apresentados por meio de rituais encenações dramáticas sobre o "inimigo" – o imperialismo – e, consequentemente, a necessidade de integração de todos os movimentos sociais rurais do planeta como uma resposta ao "capitalismo mundial". Ainda no encerramento desse mesmo congresso, foi encenado um casamento entre a figura do latifundiário (*nacional*) com as empresas e o capital *transnacional*. Um padre que dava a "benção" dessa aliança era representado pelo governo brasileiro. No momento do "sim, aceito!", os camponeses sem-terra – que não haviam sido convidados para a cerimônia – irromperam na cena, denunciando e tratando de impedir o casamento (BRINGEL; FALERO, 2008, p. 282).

Bem entendido, outro elemento da relação entre a mística do MST e o internacionalismo pode ser compreendido também através de outras duas direções – a de "influência" (sujeito) e a de "influenciado" (objeto). Em primeiro lugar, na forte influência carregada de simbolismo que a luta do MST exerceu nos movimentos camponeses de todo o mundo, especialmente com a repercussão

---

4   O MST também tem incentivado a integração com outros movimentos sociais da América Latina através da música camponesa. Em 2005, por exemplo, foi organizado o I Festival Latino Americano de Música Camponesa, no Paraná (RST, 2005, n. 29, p. 55-56).

do Massacre dos Carajás, no dia 17 de abril de 1996, que se converteu em Dia Internacional da Luta Camponesa pela Via Campesina. Desde então, anualmente, a cada 17 de abril, em várias partes do mundo – Europa, Oceania, Ásia, América Latina –, organizações sociais realizam a jornada mundial de luta camponesa com uma série de protestos, mobilizações, comunicados, debates, coletivas de imprensa, marchas, caminhadas, manifestações e outras formas de ação. Os protestos procuram seguir a pauta estipulada pela Via Campesina, como, por exemplo, a denúncia da política de liberalização do comércio agrícola, a destruição do meio ambiente, a rejeição aos agrotóxicos nas sementes agrícolas etc.[5] Paralelamente, ocorrem atividades e homenagens relacionadas à luta do MST em que diversas entidades apresentam exposições e lançam livros sobre a história da luta pela terra e sobre a questão da reforma agrária no Brasil, além da emissão de cartas para autoridades brasileiras (JST, 2003, n. 229, p. 9). Nessas manifestações mundiais, o trabalho da mística ocorre ao fim e ao cabo de cada evento. Por exemplo, em 2001, em Montreal (Canadá), 19 caixões cobertos com bandeiras do Movimento Sem Terra foram colocados em frente à sede da Conferência de Montreal, em clara alusão simbólica ao episódio ocorrido em 1996 (JST, 2001, n. 210, p. 8).

De qualquer forma, muito da composição de valores que constituem a mística do MST é influenciado sob perspectiva

---

5  Segundo as palavras do Secretário Internacional de Operações da Via Campesina: "Defendemos os nossos direitos camponeses e queremos que se levem em conta nacional, regional e internacionalmente nossas demandas principais: implementação dos princípios da soberania alimentar dos povos; reforma agrária verdadeira; manter e proteger as sementes como patrimônio dos camponeses, das camponesas e dos povos indígenas; proibição dos usos dos transgênicos, das patentes e de outras formas de propriedade intelectual sobre a vida; respeito e garantia de participação das mulheres, dos povos indígenas, dos 'dalits' e outros grupos marginalizados e excluídos nas nossas sociedades; denunciar internacionalmente a violação dos direitos humanos contra camponeses, camponesas e indígenas" (JST, 2004, n. 239, p. 3).

supranacional pela figura do marxista argentino Ernesto Che Guevara, pois este seria o símbolo da "luta contra o imperialismo norte-americano". Não por acaso, o MST realizou e participou de inúmeros eventos em homenagem ao guerrilheiro latino-americano. Basta mencionar, por exemplo, que o Movimento esteve com a maior delegação internacional no seminário "Ernesto Che Guevara 30 anos", na cidade de Rosário (Argentina), em 1997(JST, 1997, p. 9). Naquele mesmo ano, durante o mês de outubro, o Comitê de Defesa da Revolução Cubana (CDRC) e o MST, com mais de 350 famílias acampadas no Distrito Federal (Brasília), desenvolveram atividades de limpeza da cidade e de pintura nas escolas públicas. Um pintor desenhou um painel da face de Che em um muro da cidade, marcando o dia 8 de outubro como Dia Internacional do Trabalho Voluntário (JST, out. 1997, p. 9). Em 2005, jovens de assentamentos e acampamentos se reuniram na cidade de Cuiabá (Mato Grosso) para realizar a "Jornada de Solidariedade e de Trabalho Voluntário" (JST, 2005, n. 256, p. 6). Em 2008, a ENFF realizou o seminário "América Latina: 80 anos do nascimento e o legado de Che", no qual mais de 120 militantes puderam estudar e debater a trajetória do revolucionário argentino (JST, 2008, n. 288, p. 7).

Naturalmente, esta influência que o MST possui sobre o legado de Guevara se manifesta constantemente não apenas no momento da mística, mas com outros setores, sobretudo os ligados à educação e à formação: o "homem novo", a "solidariedade internacional", o "trabalho voluntário", o "espírito do sacrifício", a "indignação" são os valores do *humanismo* marxista defendidos sistematicamente por Guevara e que o MST, sem nenhum segredo, procura incorporar à sua práxis.[6]

---

6   Para uma análise da perspectiva humanista nos escritos de Che Guevara, ver Bensancenot e Löwy (2010).

> Além de entender o pensamento filosófico, crítico e revolucionário de Che, o desafio é compreender uma das coisas principais que ele demonstrou em sua prática. Negar os dogmas e os sectarismos que se implementavam na época, a partir da orientação do partido comunista da Rússia. A abertura de compreender o mundo e a realidade de forma dialética e dinâmica é uma marca no pensamento de Che. Ele fazia uma crítica às orientações fechadas que vinham do socialismo russo. Além disso, demonstrou um esforço em pregar teoria e prática cotidiana, na vida das pessoas, partindo dos valores, do trabalho voluntário, da solidariedade. [...] Nós do MST resgatamos permanentemente esses valores, as ideias centrais de seu pensamento e ação. Na lógica do funcionamento do MST, negamos também muitos dogmas, posições sectárias que tenham influência em nosso Movimento. Projetamos ideias e valores influenciados no humanismo de Che, que são valores muito presentes no nosso Movimento (Nei Orzekovski entrevistada pelo JST, 2008, n. 283, p. 12).

Tais valores éticos ("amor à humanidade", "sentido da justiça e da verdade", "respeito ao próximo", "indignação", "valores da entrega e do sacrifício"), no âmbito da consciência subjetiva, ativam a prática de solidariedade internacional que o MST conserva desde seu nascimento. Ou seja, por mais que a mística seja permeada por rituais, ela não se restringe a isso. Afinal, os princípios morais que a norteiam (guevaristas, por exemplo) são estimulados a que o militante os expresse em sua conduta individual, na prática cotidiana ("viver a mística cotidianamente"), com o objetivo de formar uma identidade coletiva e política através da formação da consciência de cada indivíduo.

## OS COMITÊS DE APOIO NA EUROPA E AMÉRICA DO NORTE

Em sua trajetória, o MST sempre contou com a solidariedade internacional de vários movimentos, organizações, associações, igrejas e ONGs progressistas. Basta mencionar – além dos exemplos apresentados – que, no conhecido acampamento que deu origem ao MST, a Encruzilhada Natalino, no Rio Grande do Sul, em 1981, a organização francesa Frères des Hommes esteve presente. A luta do MST e a luta pela reforma agrária no Brasil conseguiram exercer a simpatia de centenas de pessoas e grupos ao redor do planeta, que tomaram iniciativa de levar informação e debate por conta própria para a classe trabalhadora de seus respectivos países. As entidades se multiplicaram rapidamente a partir de meados da década de 1990, sob a formação de coletivos, conhecidos comumente por Comitês de Apoio, Comitês de Solidariedade, ou simplesmente Amigos do MST, espalhados em diversos países do mundo. Naturalmente, tal apoio não dependeu de um aval da DN do MST, muito embora os mesmos tenham percebido que era necessário que as organizações de solidariedade internacional tivessem mais força.

> O surgimento dos comitês de apoio no Hemisfério Norte não dependeu de uma política direcionada do MST. Foram ao contrário, as nossas lutas por aqui, de forma massiva, que resultaram como catalisador de vontades, de pessoas de lá, que querem realizar atividades de solidariedade internacional e se somaram a nós. Tampouco tem relação com o Massacre de Eldorado dos Carajás, ela apenas influenciou a escolha da data de 17 de abril, como Dia Internacional da Luta Camponesa e mais pelo fato de que justamente durante o massacre estava se realizando a Conferência Internacional da Via Campesina, no México, e aí os delegados,

impactados pelo massacre, tomaram a decisão de criar o dia internacional no calor dos acontecimentos (Entrevista com João Pedro Stédile em 14 jun. 2012).

No entanto, ao que tudo indica, uma possível explicação da multiplicação dessas entidades apoiadoras do MST assenta-se em três fatores – um episódio externo ao Movimento, um episódio que lhe é interno e um trabalho artístico que ajudou sua projeção no exterior: 1) o levante neozapatista, em 1994, com sua insurgência e sua nova forma de resistência e projeto alternativo de uma sociedade anticapitalista, reabilitou – e expandiu – a solidariedade política com relação aos movimentos sociais, baseada na prática do internacionalismo; 2) a chacina de trabalhadores rurais em Corumbiara, em 1995, e Eldorado dos Carajás, em 1996. A maneira com que os camponeses foram assassinados nesses episódios gerou uma aguda onda de protestos no exterior (principalmente na Europa e nos Estados Unidos) contra a violência e a impunidade no campo, principalmente durante as viagens oficiais do presidente da República (na época Fernando Henrique Cardoso); 3) a exposição e um livro sobre o MST (com prefácio do escritor português – e prêmio Nobel de Literatura – José Saramago), produzido e organizado pelo fotógrafo brasileiro Sebastião Salgado, com o título *Terra* (1997). A exposição percorreu 40 países e 800 cidades, levando o retrato dos integrantes do MST.[7]

Evidentemente, esses três fatores estão longe de ser a *causa única* da visibilidade internacional da luta do MST, mas não há dúvida de que eles provocaram um aceleramento da repercussão

---

7  "Boa parte se deveu a Sebastião Salgado e suas fotografias. A exposição '*Terra*' foi um êxito mundial e deu ao MST uma visibilidade global no campo das artes, sem que fora preciso um discurso ideológico. As imagens de Salgado nos projetaram internacionalmente, algo que estamos enormemente agradecidos" (STÉDILE, 2002, p. 117).

do Movimento com a finalidade de construir em escala internacional uma opinião pública favorável às lutas camponesas no Brasil pela reforma agrária. É nesse contexto que houve a formação permanente dos comitês de apoio. Os setores que impulsionam esses comitês são diversos: professores, militantes sociais, jornalistas, pesquisadores. Ademais, muitos contam com a contribuição de centrais sindicais, ONGs e igrejas cristãs.

Atualmente o MST recebe em torno de 40 apoios de comitês que estão concentrados basicamente em dois continentes, na América do Norte (Estados Unidos e Canadá) e na Europa (Espanha, Holanda, Suécia, Suíça, Áustria, Grécia Noruega, França, Bélgica, Itália, Alemanha, Escócia, Portugal). Somente para se ter uma dimensão da quantidade dessas redes de solidariedade, na Espanha, país de maior número de comitês (e do mais antigo, o de Barcelona, que começou em 1994), existem grupos em diversas regiões do país: o Comité de Suport al MST em Barcelona, o Komite Internazionalistak de Euskadi, o Comité de Solidaridad Internacionalista de Zaragoza, mas também em Santa Eugénia de Berga, Gernika, Bilbo, Mallorca, Galiza, Asturias, Valencia, Aragon.[8] Desde 1997 começou a ocorrer formalmente um encontro europeu dos Amigos do MST. Os *Friends of the MST* (FMST), nos Estados Unidos, surgem a partir de 1997 e estão nas cidades de Seattle, Chicago, Nova York, Boston, Portland, Los Angeles e Washington.

Os comitês procuram empenhar-se em executar diversas atividades de divulgação: debates, exposição (lonas pretas, camisetas, textos), atividades de formação, exibição de vídeos, filmes, documentários e fotos sobre a história do MST e da reforma agrária no Brasil e na América Latina. Amiúde convidam as lideranças do MST para que eles próprios apresentem a situação social

---

8    Até 2007, foi marcado o VII Encontro Europeu de Solidariedade com o MST, ocorrido em outubro de 2007, em Oslo (Noruega).

do campo.⁹ Mais do que isso: organizam abaixo-assinados, vigílias, audiências com organizações internacionais, redigem cartas às autoridades do governo, realizam manifestações públicas. Procuram coordenar um grupo de tradutores voluntários para fazer atualizações e notícias do MST em inglês.¹⁰ Organizam visitas aos assentamentos, acampamentos e escolas de formação brasileiras. Há também, nos comitês, uma preocupação em contribuir com o financiamento e a arrecadação de fundos para o MST, juntando-se muitas vezes com organizações e movimentos sociais ambientalistas e de direitos humanos.

> Embora pareça incrível, há um grupo de empresários estadunidense que envia fundos com certa frequência, sem que a gente tenha solicitado. Em regra geral, o dinheiro procedente da Europa se dedica à formação de ativistas. Estamos construindo uma escola – a Escola Nacional Florestan Fernandes (ENFF), aqui na Via Dutra – como projeto conjunto com a UE [União Europeia]. [...] Não vemos nenhuma contradição em colaborar com a UE em um projeto de construção, porque os países europeus têm saqueado o Brasil e já é hora que nos devolvam algo.

9 De acordo com Daniela Stefano (2004, p. 48), até o ano de 2002 o MST esteve em 62 países para onde mais de 400 militantes viajaram. Não custa sublinhar que várias das informações factuais que compõem este item são baseadas nos textos de Stefano (2004, p. 47-49) e José (1998, p. 24-25).

10 Para ficarmos apenas em dois exemplos europeus, a edição da revista brasileira *Caros Amigos* de novembro de 1999, sobre "O maior julgamento da história do Brasil" (a propósito da farsa do julgamento do massacre de Eldorado dos Carajás), foi publicada em Bruxelas, na Bélgica, em junho de 2000, graças a uma articulação de sindicatos, comitês e ONGs que tiraram um coletivo de tradutores franceses para realizar o trabalho de divulgação. No 1º Encontro Internacional Contra a Mundialização, em Milau, no Sul da França, foi distribuído um número especial ("*Solidarités*") do jornal semanal do PCF, *La Terre*, 24 páginas exclusivamente sobre o MST (JST, 2000, s/n).

Também tem outros projetos, por exemplo, existe com uma organização de direitos humanos que nos ajuda a ter representação jurídica (STÉDILE, 2002, p. 113).[11]

Ou seja, os comitês realizam, como destaca Daniela Stefano (2004, p. 47), um "trabalho importante de pressão e de atividades concretas nas questões de denúncias a violações dos direitos humanos e de conscientização da sociedade local em relação aos problemas da terra no Brasil". Movidos pela solidariedade política baseada na prática do internacionalismo, tais grupos superam o âmbito institucional e as relações estatais. Como afirmam Breno Bringel, Jon Landaluze e Milena Barrera (2009, p. 196), para o MST, "não existe uma cooperação econômica *per se*", já que há de existir por trás da solidariedade "laços políticos constituídos que incorporam na cooperação uma dimensão subjetiva construída ao largo de um processo histórico de lutas sociais".

É verdade que não se pode superestimar a força que os comitês de apoio exercem em seu país – muitos têm dificuldade de se sustentar, as atuações são de forma totalmente voluntária, não há remuneração. Por sua vez, o MST reconhece e estimula os projetos de cooperação e de divulgação, porém, não dependente inteiramente disso.

> O MST, como os zapatistas, foram salvos pela solidariedade, isto a gente tem claro. [...] O trabalho de divulgação das lutas do MST feito por várias entidades nacionais e internacionais é muito importante, isto é, um contraponto com o que diz e faz o governo FHC. Quando ele foi à França e recebeu um caminhão de terra ou quando ele foi à Itália e os intelectuais bateram pesado, isto criou um impacto internacional muito

---

11 A ENFF foi inaugurada em janeiro de 2005, localizada na região rural da cidade de Guararema.

grande e uma preocupação para o seu governo [...]. Temos a preocupação com a divulgação internacional do trabalho do MST, tanto é que está indo para Europa um quadro nosso para este trabalho mais político de articulação internacional. Mas volto a frisar, a solidariedade internacional não é suficiente se não avançar a luta concretamente na organização do povo. Eu sou convidado para vários debates: alguns participo, outros não, porque é aquele negócio: se ficar só nisto fico viajando. É interessante fazer o debate, mas se não é para organizar o povo, daqui a pouco você está voando, você vai ficar com a brocha na mão e a escada se foi, a base escapou dos pés (Entrevista com Gilmar Mauro em PERICÁS; BARSOTTI, 1997, p. 208-209).

Sinteticamente, portanto, esse apoio internacionalista se expressa concretamente das seguintes maneiras: 1) na organização e no apoio para o desenvolvimento econômico (financeiro) do MST, o que toca aos projetos específicos de desenvolvimento social e político; 2) na organização de um fundo de informações e notícias com o objetivo de divulgá-las através dos canais de comunicação disponíveis, como internet, material impresso e eventos; 3) na construção de uma rede capaz de responder aos alertas da mais alta prioridade política e de direitos humanos, injetando força para a luta global pela justiça social; 4) em oferecer suporte à comunicação e coordenação entre o MST e os grupos interessados.

Outro fator que não pode deixar de ser mencionado é que a internet tem se mostrado uma ferramenta importante na construção e integração do exercício de solidariedades desses comitês internacionais, na manutenção do fluxo regular de informações e denúncias em que os neozapatistas foram pioneiros.[12] Hoje em dia, no sítio da internet é possível ter informações do MST

---

12 Para uma análise sobre a internet e o EZLN, ver Figueiredo (2007).

em inglês, espanhol, francês, italiano, sueco, alemão, holandês, suíço, finlandês e norueguês, como se pode notar no quadro abaixo. Com um olhar atento aos sítios, rapidamente se perceberá que eles não reproduzem copiosamente a página oficial do MST. Na realidade, trazem informações da história e dos objetivos de cada comitê, notícias de seus respectivos países e procuram atualizar as notícias sobre o MST.

Quadro 4.1. Páginas na internet em outros idiomas sobre o MST

| Idioma | Endereço |
|---|---|
| Inglês | http://www.mstbrazil.org/ |
| Espanhol | http://sindomino.net/mstmadrid/ |
| Francês | http://amisdessansterre.blogspot.com |
| Italiano | http://comitatomst.it/ |
| Sueco | http://mstverige.blogspot.com/ |
| Alemão | http://www.mstbrasilien.de/ |
| Holandês | http://www.mstnederlane.nl/ |
| Suíça | http://www.infoterra.ch/ |
| Finlandês | http://maattomienliike.wordpess.com/ |
| Norueguês | http://www.brasilsolidaritet.com |

Finalmente, outro dado que contribui para entender esse amplo reconhecimento internacional – e, por extensão, auxílio, apoio, assistência de amplos setores transnacionais – são os prêmios que o MST recebe com certa frequência do exterior, o que também funciona como ampla divulgação do Movimento. Por exemplo, em 1991, o MST ganhou o Prêmio Nobel Alternativo concedido pela Fundação Right Livelihood Awards, da Suécia (MST, 2010, p. 26). No ano do Massacre de Eldorado dos Carajás (1996), o MST recebeu o Prêmio Internacional Rei Balduíno para o Desenvolvimento, da Fundação Rei Balduíno, da Bélgica – inclusive com participação na cerimônia oficial da premiação com a cúpula do governo real. A premiação tinha como objetivo "reconhecer publicamente pessoas ou organizações que têm uma contribuição importante e substancial para o desenvolvimento da democracia do seu país".[13] Em 1999, Gilmar Mauro, membro da Coordenação Nacional do MST, foi escolhido pela revista *Times* e pela rede CNN, ambas dos Estados Unidos, como um dos 50 jovens líderes do século XXI (JST, 2000, p. 14). Em 2001, a prefeitura de Siero, região da Astúrias, na Espanha, outorgou para o MST o Prêmio de Direitos Humanos, organizando exposições, debates e outras atividades em casas e institutos para que a população local conhecesse as ações do Movimento.

## O INTERNACIONALISMO ESTATAL: OS PROJETOS DE EDUCAÇÃO, FORMAÇÃO E TÉCNICA

O leitor mais deste livro certamente – e com toda razão – deve estar se indagando há algum tempo sobre a seguinte questão: por que afinal foi desenvolvida a relação entre Estado, sociedade civil e sem-terra, no Capítulo 1 do trabalho presente? Qual é sua relação efetiva com o tema proposto, isto é, o internacionalismo das direções do MST? Ora, além de organizar suas relações internacionais com movimentos e organizações, ou seja, com grupos da sociedade civil, como vimos amplamente, *ao mesmo tempo* desenvolveu relações políticas com o Estado, no âmbito de sua práxis internacionalista. Ou seja, o internacionalismo das direções do MST cultivou também *a ação da solidariedade estatal*, que sempre, a bem da verdade, esteve presente em sua trajetória (exemplo paradigmático eram as práticas recorrentes de solidariedade internacional com o

---

13 Jean-Paul Warmoe, coordenador de projetos e secretário na época do comitê de seleção do Prêmio Internacional Rei Balduíno, disse, em entrevista: "O prêmio quer encorajar o MST a continuar a sua luta pela Reforma Agrária. O objetivo da Fundação Rei Balduíno é reconhecer e premiar o MST pelas atividades que ele vem desenvolvendo até hoje. Também queremos chamar a opinião pública internacional sobre a Reforma Agrária e o MST" (JST, 1997, p. 15).

governo sandinista e cubano nos anos 1980), mas que ganha mais força a partir do biênio de 2003/2004, em especial com sua "adesão" ao projeto de governos latino-americanos Aliança Bolivariana para as Américas (Alba), no qual os movimentos sociais tem um espaço ainda muito pequeno (MUHR, 2010).

Nos setores de formação, educação, projetos e produção técnica, *a dimensão estatal internacionalista do MST* ocupa também um lugar privilegiado. Longe de esgotar o tema, que é difícil de ser mensurado, ficaremos apenas na relação que o MST estabeleceu com dois países da América Latina: Cuba e Venezuela (com mediação, às vezes, do Governo Federal a partir de 2003). Tal aproximação com os respectivos países, através de projetos de cooperação específicos, incide necessariamente em uma afinidade ideológica e política que o MST tem com os dois países.

Com respeito a Cuba, existe um contato de longa data; começa a ser construído ainda nos anos 1980, ou seja, quando da formação e consolidação do Movimento. Antes do país caribenho atravessar um período de forte crise econômica – em razão do fim dos países "socialistas" europeus e do desaparecimento da União Soviética em dezembro de 1991, o que reduziu o fornecimento de diversos produtos[14] –, Cuba tinha escolas de formação latino-americana abertas para todos os jovens militantes do continente. Por isso, Cuba era considerada pelas organizações e movimentos de esquerda da América Latina a principal referência de cursos de formação política.

> Nos anos 1980, o Movimento ainda está nesse estágio de expansão e de consolidação, tanto para nacionalizar o MST como de ir se fortalecendo internacionalmente. [...].

---

14  Só para ter uma dimensão da dependência econômica de Cuba, os países alinhados à União Soviética forneciam 85% das importações cubanas, 80% dos investimentos e recebiam ao redor de 80% das exportações do país (GARCÍA, 2011, p. 29).

E aí foi abrindo diferentes caminhos e construindo relações políticas. Obviamente, com Cuba essa conquista [foi] aos poucos [...]. De uma relação que se consolidou e que se fortaleceu e, realmente, num primeiro momento, era mais as relações com os partidos aqui no Brasil, os partidos de esquerda, e Cuba mantinha esse papel realmente da formação política a nível continental muito fortemente. Então tinha escola das mulheres, cada organização de massa em Cuba e o partido mantinha a sua escola de formação política com essa abertura com os cursos internacionais, né? (Entrevista com Itelvina Masioli em 12 dez. 2011).

Desde o princípio mantivemos uma relação fraterna e específica com a Anap [Associação Nacional de Agricultores Pequenos] e, através dela, nos eram oferecidas oportunidades de cursos, que eram realizados para estudantes de vários países, em diversos aspectos, que iam desde cursos apenas para mulheres, para jovens, ou áreas de cooperativismo. E sempre procuramos participar de todos. Às vezes, como aqui era ditadura, tínhamos que ir de ônibus para Lima, para depois pegar o avião para Havana (Entrevista com João Pedro Stédile em 13 jun. 2012).

Tradicionalmente, as escolas cubanas ofereciam cursos para organizações partidárias; contudo, aos poucos, foi se abrindo para organizações de outra natureza, como movimentos e associações. O MST enviou numerosos militantes para os diversos cursos de formação política em Cuba, organizados pelos movimentos camponeses, como a Anap, com o apoio do governo cubano – tais militantes permanecem, hoje em dia, sendo os principais dirigentes do Movimento.

Então se abriu caminho primeiro com a CPT, depois com o PT, [...] porque eles [os cubanos] tinham uma tradição que eles só se relacionavam com os partidos e não com os movimentos. Então não tinha como entrar, nem conversar com esses partidos da América Latina, nem com os cubanos. Mas nossa relação mais direta vai acontecer em 1988, já na terceira turma nossa que foi para Anap e começa a estabelecer uma relação (Entrevista com Egídio Brunetto em 17 nov. 2011).

E nesse caminho fomos abrindo espaço na escola do partido, para mandar militantes e dirigentes nossos para cursos da escola do partido – a Escola Nico Lopes –, e para a escola da juventude também, que a mantinha com abertura para cursos latino-americanos e africanos. E esse primeiro momento foi extremamente importante para muitos dirigentes, inclusive o Egídio [Brunetto] estudou; estudou em Cuba na escola da Niceto Peres, um conjunto de militantes. Eu fui pra escola da juventude (Entrevista com ItelvinaMasioli em 12 dez. 2011).

[...] Cuba nos oferece cursos de formação, aliás, as primeiras escolas de formação que nós mandamos nossos militantes. [...] em 1989, na verdade, eu fui fazer um curso de formação em Cuba, uns cinco meses (acho), formação de economia política, filosofia etc. e aprendi a falar espanhol e o MST precisava, pois estava iniciando o processo de relações internacionais e, na verdade, o fato de dominar a língua permitia acompanhar várias atividades e a participar do setor de relações internacionais (Entrevista com Gilmar Mauro em 16 nov. 2011 em RUBBO, 2012, p. 23-24).

No entanto, na década de 1990, os cursos foram fechando suas portas para a participação de militantes internacionais. O motivo dessa atitude deve-se ao período de crise econômica e às transformações profundas em que Cuba vai mergulhar – fase conhecida como "período especial":

> ainda na escola da juventude nós praticamente partimos em dois grupos; foi uma vez duas companheiras, depois fomos em cinco. E aí começaram as dificuldades. Tu já pegas 1990, inicia a crise, o "período especial", e também vai ser essa determinação em Cuba de ir fechando as escolas de formação política. Obviamente que elas continuam para os militantes e os quadros cubanos, mas fechando para participação internacional. E depois de 1994, com a crise, a força do período especial e toda a ofensiva imperialista, Cuba inicia uma nova etapa também a partir de 1994 que o comandante Fidel qualificou de "as batalhas de ideias" e é aí que vai nascer a Escola Latino-Americana de Medicina, a Elam, ela nasce nesse período (Entrevista com Itelvina Masioli em 13 dez. 2011).

A suspensão dos cursos de formação política não encerrou as relações entre o MST e Cuba. No Brasil, diante do quadro social--econômico dramático que o país cubano vivenciava,[15] o MST, juntamente com outras entidades, associações, movimentos e organizações, participou ativamente de campanhas de solidariedade internacional para arrecadação de fundos, como, por exem-

---

15  "A crise econômica foi muito intensa. O PIB caiu quase 35% entre 1989 e 1993; o déficit fiscal chegou a 33% do PIB em 1993, e as importações a preços correntes caíram 75% nesses quatro anos. A condição de vida da população piorou fortemente apesar dos esforços do governo. Assim, por exemplo, houve queda de mais de 30% na aquisição de calorias e proteínas por parte da população, e surgiram doenças decorrentes de carências nutricionais, como a neurite óptica e a neuropatia epidêmica em 1993" (GARCÍA, 2011, p. 29).

plo, a Campanha uma Gota de Amor por Cuba, com o objetivo de conseguir enviar um navio de petróleo para os cubanos (JST, 1992, n. 115, p. 14).

Além disso, o MST tem uma verdadeira fascinação pela pedagogia cubana, o que, por sua vez, tem uma forte influência no setor de educação e formação, especialmente sobre o setor de juventude. Não custa recordar que os "princípios teóricos" da pedagogia do MST são buscados em pensadores latino-americanos como, por exemplo, Paulo Freire e José Martí. A importância que o MST confere à educação e à formação é capital:

> Com o correr dos anos, o Movimento ajudou a organizar centenas de escolas e inúmeros cursos de capacitação para seus membros. Só entre 1988 e 2002, o setor de Formação fez cursos e oficinas para mais de cem mil ativistas do Movimento. Os cursos de formação realizados em parceria com universidades do país enfatizam o estudo da realidade brasileira e latino-americana. O MST, porém, é ciente de que a principal experiência educativa dos seus integrantes é feita na prática e na luta (CARTER; CARVALHO, 2010, p. 320).[16]

O internacionalismo da educação cubana se manifesta desde a década de 1970 através do envio de contingentes de professores e colaboradores para diversos países, como o Destacamento Pedagógico Ernesto Che Guevara, em Angola (1978), o Destacamento Augusto César Sandino, na Nicarágua (1980), entre outros. Assim, Cuba realizou inúmeros eventos sobre educação. Para ficarmos em apenas dois exemplos, o MST participou do Encuentro por latinidad de los educadores latinoamericanos, em 1995 (conhecido também como "Pedagogia 95"), ocasião em que foram feitos importantes

---

16 Para um estudo das relações entre pedagogia, educação e formação no MST, ver Caldart (2004).

intercâmbios em espaços educativos – em círculos infantis, escolas primárias e secundárias, Institutos Politécnicos Agropecuários e Industriais, Centro de Estudos sobre José Martí, Centro de Estudos sobre a América, Associação de Educadores Latino América e Caribe (JST, 1995, n. 145, p. 15). Em 1997, a delegação do MST viajou com 34 militantes para o XIV Festival da Juventude e dos Estudantes em Cuba (JST, 1997, n. 172, p. 6).

Não se pode deixar de mencionar a criação da Escola Latino-Americana de Medicina (Elam), fundada em 15 de novembro de 1999, que já formou 8.585 profissionais de 30 países da América Latina, do Caribe, da África, do Haiti e dos Estados Unidos (RODRÍGUEZ, 2011, p. 53). O objetivo é a formação de médicos que possam atuar em diversas comunidades urbanas e rurais precárias de acordo com as necessidades e limitações de cada região. Em 2000, segue a primeira turma do MST para estudar medicina em Cuba (MAZILÃO, 2011, p. 57). Desde então, com um convênio firmado entre o MST e o governo de Cuba, há uma média de 15 a 20 jovens filhos de agricultores sem-terra que anualmente viajam a Cuba com a possibilidade de cursar Medicina (MARCH, 2009, p. 11). Para frequentar o curso, o governo cubano oferece aos alunos bolsas de estudo integrais com direito aos seguintes benefícios: alojamento, alimentação, materiais escolares e didáticos, atendimento médico e odontológico, além de uma pequena ajuda para necessidades extras (RST, 2004, n. 26, p. 31).

Um último elemento que o MST tem incorporado da pedagogia cubana é a utilização do método de alfabetização "Sim, eu posso",[17] uma vez que a demanda por alfabetizações de jovens e adultos no MST é enorme (MAZILÃO, 2011, p. 42). Isso fez

---

17 Em 2006, a Unesco (Organização das Nações Unidas para Ciência e Cultura) concedeu a Cuba o premio 2006 Rey Sejong pelo programa de alfabetização de jovens e adultos "Yo si puedo". Em 19 países, a aplicação do método de alfabetização conta com 3,5 milhões de pessoas alfabetizadas (RODRÍGUEZ, 2011, p. 53).

com que no V Congresso Nacional, em 2007, o MST lançasse a Campanha Nacional de Alfabetização, voltada para as áreas de assentamento e acampamento. Para a consecução disso, segundo Ageu Mazilão (2011), foi preciso firmar um protocolo internacional de cooperação com Cuba, realizado pelo Governo Federal, em 2005, que contribuiu para que o MST utilizasse o método pedagógico, instalando experiências-piloto em assentamentos e acampamentos dos estados brasileiros (como, por exemplo, no Maranhão, Ceará, Piauí). No primeiro, por exemplo, onde a campanha foi mais sistemática, mais de 1200 trabalhadores rurais foram alfabetizados através do método cubano, que foi testado principalmente no assentamento Balaiada, no município de Nina Rodrigues, norte do Maranhão. Diante disso, a Secretaria do Estado de Educação declarou "território livre de analfabetismo" na região.

Com relação à Venezuela, o MST iniciou uma aproximação muito mais recente do que tem com Cuba. Nos anos 2000, o MST e a Via Campesina sondavam as organizações camponesas do país venezuelano na tentativa de incorporá-las ao movimento da Cloc e da Via Campesina. Na mesma época, o MST fez uma doação de mais de 400 kg de sementes de hortaliças agroecológicas Bionatur, produzidas organicamente pelas famílias assentadas em Hulha Negra (Rio Grande do Sul), através da Cooperativa Regional de Assentados (Coperal), em razão da ocorrência de fortes chuvas que destruíram vários pontos do país venezuelano (JST, 2000, s/n., p. 12). Além disso, a tentativa de golpe promovida pelas elites locais, canais de comunicação e os EUA para destituir o governo do presidente Hugo Chávez em abril de 2002 contou com uma reação apenas retórica do MST, em defesa do presidente venezuelano.

Na realidade, o momento de estreitamento dar-se-á quando o presidente Hugo Chávez viaja para a cidade de Porto Alegre para participar do V Fórum Social Mundial (FSM), em 2005. Na ocasião, o MST convida o presidente para visitar o assentamento

Lagoa de Junco, na cidade de Tapes (Rio Grande do Sul). Ali será firmado um protocolo de compromisso assinado pelo governo venezuelano, governo do estado do Paraná, Via Campesina Internacional, MST e Universidade Federal do Paraná com objetivo de criar a Escola Latino Americana de Agroecologia (ELA), na cidade de Lapa, Paraná, inaugurada ainda naquele ano, e a constituição do Instituto de Agroecologia Latino-Americano Paulo Freire (Iala), na cidade de Barinas, na Venezuela, inaugurado em 2006 (JST, 2005, n. 248, p. 11). Nesse contexto, o MST e a Via Campesina debatem a ideia de levar uma brigada de militantes para a Venezuela. Contudo, diferentemente daquelas que o MST desde sua gênese enviou, a brigada doravante teria como meta principal a cooperação em construir novas formas de produção agrícola e ter uma longevidade muito maior do que as anteriores (permanência de longos meses e, até mesmo, dois ou três anos) e, enfim, consolidar a aproximação com as organizações camponesas venezuelanas.

> [Chávez] conheceu a produção de arroz orgânico e tudo mais, né? Conheceu os nossos assentamentos, e nesse ato, surgiu a ideia de conformar uma brigada para ir para a Venezuela, onde estavam os movimentos camponeses venezuelanos, estava a Canez [Coordinadora Agraria Nacional Ezequiel Zamora] e outras organizações que subscreveram esse acordo, nessa ideia de que nós pudéssemos conformar uma brigada da Via Campesina, do MST e que fôssemos para a Venezuela que o governo iria nos apoiar, dar o suporte, para que pudéssemos iniciar um processo juntamente com os camponeses venezuelanos de construir de fato novas formas na produção agrícola. [...] Então nós fomos para a Venezuela, em outubro de 2005, com a seguinte proposta: de construir uma escola que pudesse ajudar na formação dos

agricultores, dos camponeses venezuelanos e também, outra escola no Brasil (Entrevista com Joaquim Pinheiro em 10 dez. 2011).

## O INTERNACIONALISMO DO MST ENTRE A BASE E A DIREÇÃO: DESAFIOS E LIMITES

Nesta altura parece ser interessante apontar o seguinte questionamento: a vocação internacionalista do MST, que está presente desde sua origem, não seria na realidade uma aspiração mais retórica do que real? Afinal de contas, essa dimensão chega efetivamente na base social do Movimento, ou seja, nos assentamentos e acampamentos? Em outras palavras: trata-se apenas de um desejo circunscrito à cúpula da Direção Nacional do MST, já que sua dimensão não surte um efeito significativo nas lutas concretas? E se por um acaso o tema do internacionalismo se difundisse nas bases do MST, como isso seria observado? Há um consenso sobre esse princípio?

Aos mais atentos, a dúvida procede. O MST é um movimento social amplo e diversificado e, por mais que os dirigentes queiram ressaltar sua unidade, cada região tem seu próprio ritmo de luta e de formação política e, sendo mais restrito ainda, cada acampamento e assentamento tem sua velocidade política, o que, muitas vezes, ocasiona inúmeros descompassos.[18] Diante disso, como

---

18 "Embora, contudo, o MST possua um discurso interno pautado pela reivindicação do socialismo [...] ele acalenta um projeto claro de Reforma Agrária, embasado em características de ordem econômica presas à lógica do sistema capitalista. Talvez por isso trate questões regionais de maneira menos afinada com a linha política geral que apregoa. [...] Assim, discurso e prática não estão necessariamente vinculados no MST. Defende-se o socialismo, realizam-se campanhas de solidariedade às lutas sindicais até contra o governo norte-americano, promovem-se atos contra o neoliberalismo, mas não se mantêm princípios fixos de alianças exclusivas com partidos de esquerda que apoiam genérica e abertamente a Reforma Agrária" (TURATTI, 2005, p. 86-87).

analisar tal questão? O internacionalismo ecoa de fato nos espaços da luta cotidiana de sua base social? E se a resposta for afirmativa, de que forma isso acontece? Como o internacionalismo se constitui em espaços aparentemente distantes? Nesse sentido, existiriam contradições, visões de mundo distintas em relação à linha política "oficial" que expressa o corpo diretivo?

Nesse ponto específico, todos os dirigentes entrevistados nesta pesquisa convergem numa afirmação comum: o internacionalismo ainda não ocupa a totalidade dos espaços em que o MST se faz presente – como se deseja –, embora os sinais de avanço sejam muito significativos.

Evidentemente, o tema do internacionalismo, seja qual for sua dimensão – subjetiva ou objetiva –, está distante da realidade de vários assentamentos e acampamentos do MST. Seria provavelmente espantoso ou, no mínimo, surpreendente para uma grande parte da base social do MST saber da existência de uma militância assídua do Movimento em escala internacional. Qual é a solução que a direção do MST e o coletivo de relações internacionais apresentam? Ora, não é nosso objetivo responder a todas as questões apresentadas; contudo, é possível, mesmo que de maneira limitada, sugerir alguns prognósticos, embora uma parte da resposta já tenha sido apresentada ao leitor. Vejamos.

Em primeiro lugar, é necessário constatar que – ao menos nas entrevistas realizadas – existe a preocupação real das instâncias diretivas de traçar estratégias de aproximação entre o tema do internacionalismo das direções do MST e sua base social:

> Há um esforço das instâncias de levar que os temas da solidariedade internacional fluam para base, no acampamento e assentamentos. E pelo que tenho visto, nossa base tem acesso a muitas informações sobre temas internacionalistas, e tem também participação ativam das campanhas que realizamos, e da motivação. Assim, como isso é feito

nos muitos cursos que fazemos na escola (Entrevista com João Pedro Stédile em 14 jun. 2012).

Assim como todos os outros temas que o MST coloca em discussão, ele [o internacionalismo] é um, e sempre foi e vai continuar sendo, pela relação dialética que ele tem, uma grande dificuldade, ou um grande desafio nosso de traduzir o que a gente discute na nossa base e o que a gente discute na nossa direção e fazer com que essas coisas se encontrem. Então, é um desafio sempre em todos os temas, não só o internacionalismo (Entrevista com Antonio Netto em 18 nov. 2011).

Eu diria assim que ele chega com mais força na militância do Movimento ainda, né? Então chega com mais força na militância e estão nas diferentes instâncias coletivas da organização, setores que estão nos diferentes cursos do MST, que vão para diferentes espaços, etapas de formação política do Movimento porque estão estudando, refletindo, debatendo, ajudando na tomada das decisões políticas do nosso Movimento. Então eu diria que ele tem mais força nesse público, que é a militância, já que estão nas diferentes instâncias e tarefas da organização e vivência. É convocado a permanentemente refletir, organizar, a desenvolver tarefas de solidariedade, a receber delegações, organizar intercâmbio. Agora da nossa base, ela é parte da nossa determinação política (Entrevista com Itelvina Masioli em 13 dez. 2011).

Ele [o internacionalismo] chega, mas não com a intensidade que nós gostaríamos ainda. Mas ele chega. O número de pessoas que estão viajando para fora que tiveram a oportunidade de conhecer experiências de luta em outros países é muito grande. Eu arriscaria dizer que hoje o MST é a organização do Brasil que mais tem desenvolvido esse tipo de atividade de intercâmbio internacionalista. Outras organizações fazem, mas talvez não na intensidade que estamos fazendo nos últimos anos (Entrevista com Marcelo Buzetto em 4 out. 2011).

Em muitas das campanhas de solidariedade internacional – como, por exemplo, com Cuba, Venezuela, Nicarágua, El Salvador, México e outros tantos – nas quais o MST esteve comprometido em sua trajetória de quase 30 anos, houve muitas vezes aproximação direta com diversos acampamentos e assentamentos. Ou seja, há todo um debate de formação política (que pode ser realizada também através do trabalho da "mística", música, eventos, jornal) para que todos compreendam a importância do compromisso de solidariedade, até mesmo mediante ações muito simples como, por exemplo, arrecadar lápis para o povo nicaraguense. Além disso, o internacionalismo pode chegar, também, através da escolha do nome dos acampamentos e assentamentos, como homenagem a algum mártir da história internacional. Sem contar os intercâmbios frequentes em que militantes de outros países passam dias ou até mesmo meses em espaços de socialização política. Tais estratégias, que são colocadas na prática segundo determinação política da direção nacional do MST, constituiriam o argumento central de que o internacionalismo expande para além da cúpula diretiva do Movimento.

> Hoje você tem pessoas do acampamento mais interessadas em discutir esse tema, em conhecer. Eu diria que avançou no MST, não é uma coisa que está exclusivamente na direção, mas para nós precisaria avançar muito mais. É que no Brasil, na esquerda brasileira, achamos que tem uma dificuldade muito grande de manter viva essa ideia do internacionalismo porque os problemas

do cotidiano puxam muito. Para você se preocupar mais com o corporativo, não é? Por isso precisa ter uma organização, militantes e dirigentes insistindo no tema para mostrar a ligação direta que tem a questão nacional e a questão internacional. Hoje, então, está bem melhor, não está só na militância e nos dirigentes, mas está na base. Mas ainda está em um nível e em um grau que não é satisfatório. Nós achamos que é ainda é pouco (Entrevista com Marcelo Buzetto, 4 out. 2012).

Na campanha que nós fizemos na crise Cuba de arrecadação de materiais escolares etc. fizemos até um cartaz de uma menininha cubana, não sei se você já viu, um cartaz superbonito, com trajezinho de pioneiro, deve ser nos anos 90, 93, 94 tal... e essa campanha foi muito intensa na nossa base, com contribuição extraordinária dos assentados e acampados, as crianças se envolveram nisso. A campanha em relação ao Haiti, agora, envolveu a participação de nossa base em arrecadação de produtos, doações etc. Os meninos que vem de lá, a gente faz questão de fazer essas rodadas, os próprios haitianos que estiveram conosco durante um ano, 60 haitianos que estiveram aqui vivenciaram experiências em todos os estados... então estiveram nos acampamentos e nos assentamentos difundindo isso. É um processo de tentativa permanente construir jornadas socialistas nos assentamentos, mas também ações concretas de solidariedade quando necessário, sejam elas um abaixo assinado, sejam elas de arrecadações concretas (Entrevista com Gilmar Mauro em 16 nov. 2011).

[...] quando a gente percebe, e dentro das nossas místicas, a presença de nomes, de lutadores de outros países, e isso são formas

> de a gente ir tentando transmitir ou até fazer com que esse processo vá fluindo naturalmente nesses espaços onde de fato o nível de consciência ainda é o da informação para essas questões. Há o fato também de esses militantes receberem visitas de outros companheiros de outros países nesses acampamentos, nesses assentamentos, e ao fazer conversas e tentar entender melhor, eles explicarem como é que a vida deles, automaticamente também as pessoas que vão visitar falam como que é a situação nos países; isso também é parte de um processo de formação, que vai fazendo com que a gente vá entendendo cada vez mais a importância de se juntar, de se unir, de entender melhor o outro (Entrevista com Joaquim Pinheiro em 10 dez. 2011).

As diversas estratégias ordenadas dessa "determinação política" para que a dimensão transnacional da luta ecoe fortemente na base social do Movimento enquadram-se, principalmente, numa questão pedagógica e de formação política para que os sem-terra atinjam uma espécie de "consciência política internacionalista madura". Nesses termos, os limites e as fraquezas podem rapidamente ser apontados.

> Você tem situações que são contraditórias também. É possível que você chegue num acampamento chamado Simon Bolívar ou em qualquer outro acampamento com outro nome [estrangeiro], é possível que você encontre gente que tenha dificuldade de explicar quem foi Simon Bolívar e tal. Pode lembrar que foi uma pessoa que foi revolucionária e coisa e tal, mas é possível que você chegue hoje em acampamento e encontre essa contradição que é uma alerta para nós. [...] É preciso fazer esse trabalho de formação da consciência e de esclarecimento de

explicar o porquê de estar dando esse nome. Então às vezes acontece também isso: um grupo de militantes ou dirigentes por conheceram a pessoa... Dão o nome e não fazem o trabalho de formação política. [...]. O pessoal tem um nome de um revolucionário em seu núcleo e em seu acampamento, mas tem dificuldade de explicar. Nós ainda temos limites, falhas e contradições como essas. Não é tudo perfeito (Entrevista com Marcelo Buzetto em 4 out. 2011).

Desse modo, o tema do internacionalismo, entendido como processo inacabado de formação política e pedagógica, tem muitas dificuldades em se difundir mais amplamente em espaços da base social, apesar do desenvolvimento de uma série de estratégias da DN para solucionar tal problema. Mas existe outro ponto do mesmo problema: as viagens que o MST faz para o exterior. Tradicionalmente, nos partidos comunistas do século XX, aquele que realizava as viagens internacionais só poderia participar de uma cúpula extremamente restrita ligada necessariamente à secretaria de relações internacionais e ao comitê central do partido. Ou seja, a circulação é circunscrita a poucas pessoas. O MST seguiria um procedimento semelhante? Quais seriam são as pessoas que viajam? Seriam sempre as mesmas? Existe algum tipo de critério sobre essa questão?

Sobre tal quesito, o MST tem um princípio segundo o qual não se pode viajar mais de duas vezes por ano. Isso para que ocorra justamente uma "democracia" de viagens, de rotatividade de pessoas no círculo de viagens ao exterior:

> O importante é que nós conseguimos mudar a metodologia nas relações internacionais. Acho que a grande contribuição do MST é essa. Não só do MST, não vou querer atribuir isso a nós. Mas o que eram as organizações sindicais internacionais? Várias federações,

muito turismo sindical, os países do Leste pagavam a passagem pra turma ir até Cuba, em isso levou a muitos oportunismos. O MST muda isso. Primeiro que não constitui uma direção oficial internacional. São coordenações, representação de movimentos. Não tem nenhuma estrutura burocratizada internacionalmente. Segundo, que busca estimular movimentos reais e, a partir dos movimentos reais, um intercâmbio internacional, e o processo de formação político-ideológico... mais autossustentado pelas próprias organizações, e esse é o processo que a gente vive atualmente (Entrevista com Gilmar Mauro em 16 nov. 2011 em RUBBO, 2012, p. 26-27).

Outro procedimento que a gente tem que é um princípio: estimular que novas pessoas façam viagens. A gente tem sempre um princípio de orientar o seguinte: que ninguém faça mais de uma viagem por ano ou duas viagens por ano. Que sempre a gente mande pessoas novas e outras pessoas que não tiveram uma oportunidade de viajar para conhecer essas experiências. A gente tem feito isso. Por isso que chega na base, porque é um pessoal da base que vai. Quem tá indo para essas atividades são pessoas que estão ligadas organicamente a uma tarefa concreta na base do MST. Seja uma tarefa de construir um movimento no meio urbano, seja na educação, seja a frente de massa na comunicação. Toda militância que está indo são militantes e dirigentes que estão numa tarefa com vínculo concreto com aquele setor que é a base social do MST (Entrevista com Marcelo Buzetto em 4 out. 2011).

A rotatividade de viagens através do limite do número de viagens internacionais permite, com efeito, uma dinâmica muito maior de circulação em escala supranacional de militantes do MST, incomparável à esterilidade dos partidos e sindicatos. No entanto, ainda assim esse critério não é garantia de que a base social tenha participação ativa hegemônica. Ela ocorre, ou seja, a base é incorporada nesse projeto, mas não é uma prática recorrente, constante. Além do mais, toda "regra" tem sua "exceção". As tarefas específicas de cunho "orgânico" permitem que o militante viaje mais de duas vezes ao exterior.

> [...] se nós estamos falando de relações diretas, de intercâmbios diretos, de camponês a camponês, de experiências, de vivências, quanto mais dirigentes – e se nós estamos dentro de uma concepção de que as Brigadas, as viagens internacionais estão dentro da nossa estratégia de formação política, de elevar o nível político, cultural da nossa militância, as viagens internacionais estão dentro dessa estratégia. Então por isso, como linha política, nenhum dirigente do Movimento deve fazer mais de duas viagens internacionais ao ano; exceto os dirigentes que estão com determinadas tarefas de funções e que são mais orgânicas. Exemplo: eu tô numa tarefa que é orgânica; eu não posso ir em cada reunião da coordenação internacional da Via Campesina; o Movimento vai definir que vá um dirigente. Então se tem três reuniões da coordenação internacional num ano ou quatro, eu vou nas quatro (Entrevista com Itelvina Masioli em 13 dez. 2011).

Para terminar, uma das estratégias que o MST e a Via Campesina do Brasil traçaram para que principalmente a base social dos movimentos sociais possa viajar ao exterior é a formação das brigadas internacionalistas. Como foi visto neste trabalho, o MST sempre incentivou e enviou dezenas de brigadas para o exterior, inspirados nas revoluções cubana e sandinista. Contudo, essas antigas brigadas do MST eram caracterizadas por sua efemeridade, ou seja, uma permanência de pouco tempo, com objetivo de prestar um serviço específico. O nome não mudou, mas a forma e o contexto das "novas brigadas" se transformaram. Doravante, as brigadas permanecem um tempo muito maior para que as funções prestadas sejam mais sistemáticas e orgânicas. As brigadas enviadas são da Via Campesina Brasil, mas o MST tem uma presença maior dentro do grupo. Além disso, a decisão dessa nova prática de internacionalismo é fruto da constatação de que a questão internacionalista tornou-se uma "realidade histórica", como afirmava José Carlos Mariátegui.

> [...] as brigadas são o resultado dessa nova estrutura organizativa do MST que de fato vai dando mais importância a esse tema internacional. Do ano 2000 para cá se fortalece no MST a ideia de que não basta mandar alguém lá para trocar experiências. O primeiro passo era ir, conhecer e voltar. Qual é o segundo passo? É você ver onde as organizações estão precisando de mais ajuda e apoio para fazer avançar suas lutas e mandar gente para ficar lá. [...] As brigadas surgem quando a gente começa a pensar o seguinte: um grupo de militantes que vão com a perspectiva de ficar mais tempo (seis meses, um ano, dois anos, quatro anos), porque aí a perspectiva de você ajudar a construir uma organização, o que leva mais tempo (Entrevista com Marcelo Buzetto em 4 out. 2011).

> Então é um conjunto de análises políticas do momento histórico que também vai levando o Movimento a compreender que se faz mais necessário ainda o exercício desse princípio do internacionalismo como seguindo essa tradição de ser uma das principais escolas de formação política da nossa militância, dos

nossos dirigentes. Então agora, nessa nova etapa do Movimento, que vai se consolidando a partir de 2005 com as brigadas, é que nós vamos seguir humildemente indo pra os países aprender a conhecer (Entrevista com Itelvina Masioli em13 dez. 2011).

Há atualmente grupos de brigadas do MST/Via Campesina na Bolívia, Guatemala, Venezuela, Cuba, Haiti e Moçambique.[19] Eles estão articulados e integrados com o projeto da Alba.[20] Ademais, todo militante que acompanha alguma brigada tem a obrigação de "prestar contas" ao movimento quando retorna.

> Porque todo militante do MST que foi para outras experiências, outros países, quando eles voltam são obrigados a prestar contas com a organização sobre o que fez. Então eles apresentam relatórios, trazem fotos, documentos, documentário, livros, dão palestras, falam nas reuniões, nos encontros do MST. Ou seja, tem um processo de socialização da experiência internacionalista. Na medida [em] que aumentava o número de pessoas que iam pra fora do país aumenta essa consciência que de fato a luta é internacional. Fica mais claro para base, para os

---

19 São informações que foram coletadas durante a palestra "Balanço e perspectivas", proferida por João Pedro Stédile, em dezembro de 2010, na Escola Nacional Florestan Fernandes (ENFF).

20 A Aliança Bolivariana para os Povos da Nossa América (Alba) se originou da resistência à Área de Livre Comércio das Américas (Alca) promovida pelos Estados Unidos e está centrada em conceitos de desenvolvimento endógeno. Ela é formalizada em 2004, a partir do Acordo de Cooperação Integral Cuba-Venezuela. Desde então, Bolívia, Nicarágua, República Dominicana, Honduras, Equador, São Vicente e Granadinas, Antígua e Barbuda acederam ao acordo como membros plenos. Para Thomas Muhr, a declaração final da III Cúpula de Chefes de Estado e de Governo para os tratados de comércio da Alba, publicada em novembro de 2008, pode ser vista como marco na "construção de um regionalismo contra-hegemônico" (MUHR, 2010).

militantes e para direção do MST a necessidade da internacionalização da luta pela terra e pela reforma agrária (Entrevista com Marcelo Buzetto em 04/out./2011).

A linha política de atuação das brigadas internacionalistas tem um pré-requisito: sua principal função deve ser de *cooperação* e não de *imposição* de determinada ação política estratégica. Tal linha política nem sempre é aceita incondicionalmente. Ou seja, nesse caso, o problema não é tanto a possibilidade de agregar o assentado ou o acampado em atividades internacionalistas;[21] a questão está nas discordâncias em relação ao andamento prático-político das brigadas.

Um exemplo que vem confirmar essa tensão política interna pode ser contemplado na Brigada Internacionalista Dessalines da Via Campesina, que atua no Haiti desde janeiro de 2009. A brigada contou em um primeiro momento com quatro militantes, mas teve que redimensionar seus objetivos e reforçar o número de participantes (27 foram enviados no mês de abril) diante do

---

21 Nota-se que os dois entrevistados eram oriundos de acampamentos do estado do Ceará, e posteriormente participaram da brigada de solidariedade do Haiti. Eles também fizeram parte do documento "Carta de Saída", assinada por 51 militantes de diversas organizações sociais do país, na primavera de 2011. Trocando em miúdos, membros ligados ativamente ao MST, Via Campesina, Consulta Popular e Movimento dos Trabalhadores Desempregados (MTD) romperam com os respectivos projetos estratégicos desses movimentos, principalmente pela relação com o Governo Federal. À primeira vista, a relação entre projeto estratégico do MST (e sua relação de acrítica com o Governo Federal) e sua política internacionalista não tem relação imediata. Contudo, vários dos questionamentos dos dois militantes em relação ao andamento da política internacionalista do MST na brigada de solidariedade do Haiti podem conter instigantes pistas para aproximar essa relação. Ela fica evidente na própria formação de uma *práxis política internacionalista de caráter bifronte a partir de 2002*. Ou seja, a partir desse momento é intensificada sua práxis internacionalista no âmbito estatal, que tem o aval do Governo Federal e, *até certo ponto*, controle sobre a natureza da relação que o MST cria.

terremoto que assolou o país em janeiro de 2010. As linhas políticas adotadas eram: 1) construir uma brigada da Via Campesina/MST/Alba, ampliada, com maior número de pessoas; 2) atuar no meio rural; 3) buscar apoio de governos locais no Brasil e da Alba, para ações que exigem investimentos; 4) atuar nas questões estruturantes; 5) realizar campanhas de esclarecimento sobre o Haiti e coleta de recursos materiais e humanos para a base. As cinco linhas de cooperação com os movimentos rurais haitianos são:[22] a) captação para o abastecimento de água; b) reflorestamento; c) instalação de banco de sementes; d) produção agrícola de alimentos; e) recursos humanos emergenciais.

O questionamento precípuo dessa linha política de atuação, por parte de alguns militantes, desdobra-se em duas diretrizes: primeiramente, na ideia de que para realizar todas as atividades mencionadas deveria a resolução ser deliberada pelos próprios membros da brigada e não ser decidida "externamente". Um segundo ponto gira em torno da própria atuação (ou função) política da brigada. Ela não poderia prestar apenas assistência técnica e permanecer "neutra" nas manifestações políticas, como de fato ocorre; na verdade, deveria participar ativamente de todos os fóruns da vida política haitiana.

> Então a gente entendeu que a direção política está clara, não é quem está lá, não era o coordenador da brigada que dava a linha política, já estava dada. Então eu tive raiva do coordenador lá, a gente discutiu, mas não era ele, ele fazia conforme o comando que já tinha daqui. Já estava pensado e não só pra Brigada do Haiti, pra outras brigadas, entendeu? Então nós éramos só tarefeiros,

---

22 Os contatos com os movimentos sociais haitianos incluem aqueles articulados com a Via Campesina, como Mouvement Peyizan Papay (MPP), Movimento Popular Nacional Campesino de Papay (MPNKP), Tet Kole ti Peyizan Ayisyen (TK), mas não ficam restritos a eles.

nós não pensávamos, e não valia o que nós avaliávamos (Entrevista com Socorro Lima em 7 jun. 2012).

> Mas se nós viemos para poder contribuir, ajudar, pra fazer um processo de formação, nós tínhamos que identificar o problema e depois tentar ajudar, acho que era isso a nossa função. E aí foi o primeiro balde de água. E aí começou a questão e começamos a dar uma apertada nesse Seminário que os caras começaram a dizer: "Mas, a Via Campesina já conseguiu o que queria aqui", isso no primeiro Seminário, "com os blogs, as páginas, e nós somos símbolo, gente; então nós não precisamos fazer nada, nós já somos símbolo" (Entrevista com Vanderley em 7 jun. 2012).

A concepção oficial de que a brigada deveria permanecer na esfera política como símbolo da solidariedade internacionalista através do trabalho de cooperação em várias frentes era visto entre os que questionavam sua conduta como um limite político.

> Então tem até uma hora que eu com raiva coloquei: "então, se eu fosse símbolo eu não vou trabalhar em coisa nenhuma, eu vou só passear aqui dentro; não sou símbolo? Símbolo não trabalha assim". E nós não, nós fizemos o trabalho lá, cavar poço, o que nós tentamos fazer, ter uma relação com a comunidade, ir pra igreja, ir no vodu, tudo isso a gente foi (Entrevista com Vanderley em 7 jun. 2012).

De qualquer maneira, isso reflete que os desafios e limites dessa política internacionalista do MST habitam fortemente o caráter da formação política e de ampliação dos espaços de circulação para o exterior, para que, com isso, se possa atingir plenamente sua base social. Não se pode ocultar, contudo, que se trata de um processo "inacabado"; e, portanto, em permanente "construção". Há várias atividades implantadas para que essa questão possa ser solucionada. Ademais, a concepção internacionalista da DN do MST – em termos de linha política – pode destoar da perspectiva de alguns militantes, que nutrem uma visão diferente do que seja internacionalismo, a exemplo das atividades das brigadas.

# Considerações finais

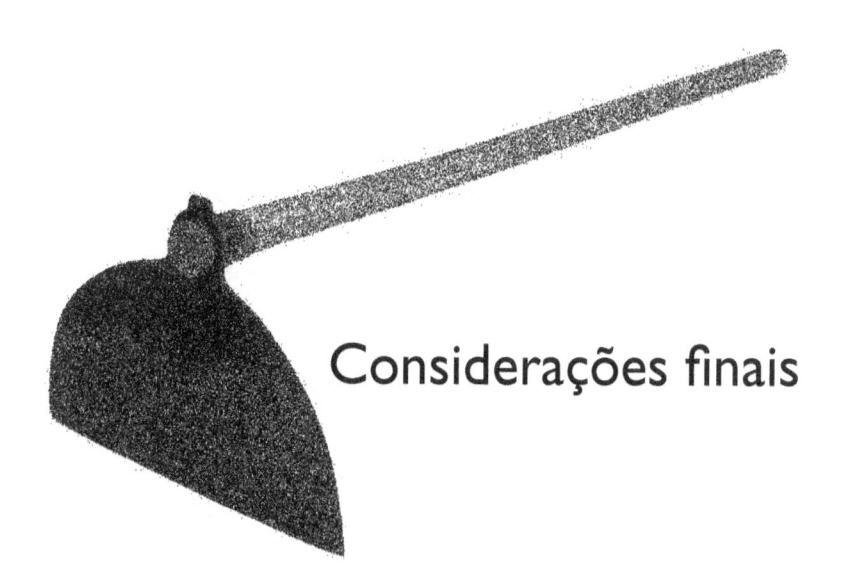

Do exposto neste trabalho, depreende-se que a política internacionalista do MST apresentou dois traços acentuadamente marcantes: a) um aspecto de atuação constituída por diversas influências externas de caráter eminentemente político e ideológico que assediaram sua trajetória em contextos bem datados, mas também motivada pela dinâmica do desenvolvimento desigual do capitalismo no campo – a economia nacional e o mercado mundial –, especialmente a partir da década de 1990, quando a política neoliberal ganha toda sua força no campo; b) um ativismo transnacional declaradamente heterogêneo que participa de múltiplas formas de mobilização (cooperação, solidariedade, informações, campanhas, intercâmbios, projetos), e se relaciona com distintos sujeitos (organizações sociais e políticas, ONGs, universidades, igrejas, governos...).

Diante disso, emerge daí o sentido segundo o qual é necessário levar em conta tanto a profundidade dos macrofundamentos (a estrutura agrária e suas contradições), que são efetivamente os condicionantes reais de sua formação, quanto investigar a composição de sua prática articulatória historicamente situada, a lógica da mobilização (SCHERER-WARREN, 1998), que desenvolveu uma eficiente rede política internacional.

No primeiro ponto, captou-se parte dos processos sociais de modernização do campo na América Latina particularmente no Brasil, como mecanismo indispensável ao padrão atual de acumulação capitalista mundial. Viu-se, também, que o conjunto da atual dinâmica do mundo rural na periferia engloba um amplo leque de relações sociais – industrial, financeira, tecnológica, mercado onde o capitalismo apropriou-se do conhecimento técnico--informacional. A ideologia do progresso contida no programa do "agronegócio" parece se materializar no vertiginoso crescimento atual das exportações desse setor, embora não se deva levar em conta apenas essa dimensão. Mesmo com os exorbitantes saltos na balança comercial favorável – nesse caso, no Brasil –, juntamente com as diversas políticas da terra protagonizadas pelo BM, nos últimos anos, o processo de incomensurabilidade das novas forças produtivas modernas no campo tem prejudicado em medidas crescentes as populações tradicionais camponesas e os pequenos agricultores. A contínua expulsão e deslocamento dos camponeses são determinados pelo avanço do capital internacional sobre a terra; quando se sujeita ao financiamento, a maioria não consegue pagar sua dívida, tendo que se submeter a diversas formas de exploração da força de trabalho no campo. Por outro lado, o processo de expansão do capital no campo tem, no transcurso das últimas décadas, se mostrado verdadeiramente impactante ao meio ambiente, assim como à saúde da população. Na arena ambiental, particularmente, tem aparecido um espaço permanente de degradação dos ecossistemas rurais, diminuição da biodiversidade, alterações irregulares do aspecto climático e devastação de áreas florestais (CHESNAIS, 2007; DUPAS, 2006; VEIGA; 2003).

A condição permanente de substrato necessário à estratégia mundial sob a dominância da valorização financeira nas economias rurais periféricas tem razoável capacidade de produção de venda real – cuja expressão atual seria o supracitado "agronegócio". Tal quadro desautorizaria de uma vez por todas a hipótese do "atraso" que reproduz os sucessivos laboratórios de pobreza pelo continente.[1] Destarte, ao ver e rever a importância econômica que a agricultura adquiriu em países da periferia do sistema por conta de sua modernização dependente (FERNANDES, 2008), o espaço rural periférico não está relegado a um papel "residual" e "secundário" em virtude do desenvolvimento urbano marcado na relação linear (e vulgar) entre modernização–industrialização–urbanização. Os intensos programas de modernização da agricultura e da agropecuária não assinalam o fim do campo e de seus agentes sociais, mas, ao contrário, provocam a *recriação* e a *reinvenção* do campo (SAUER, 2010) e de seus agentes sociais, modificando e intensificando suas relações sociais de exploração. Se por um lado o avanço do capital no campo desenvolveu relações especificamente capitalistas, como o trabalho assalariado, por outro, desenvolveu também "uma produção capitalista em relações não capitalistas" (MARTINS, 1989).

Tal processo, que, vale dizer, continua em "aberto", pôde ser verificado por meio do desenvolvimento das primeiras relações transnacionais do Movimento, já desde a década de 1980, momento em que priorizava sua consolidação nacional enquanto movimento social brasileiro. Nos anos que antecederam sua fundação, em 1984, há fortes indícios de que a presença operante da

---

1 A compreensão da particularidade da formação latino-americana como ponto de referência para uma história crítica do marxismo na América Latina esteve, como vimos, com muitas dificuldades para se consolidar, na medida em que ficou hegemonizada entre duas tentações opostas – o "excepcionalismo indo-americano" e o "eurocentrismo". A primeira negava com afinco as sociedades industriais europeias e colocava o marxismo como uma teoria exclusivamente europeia, o que, em outras palavras, significava a superação de seu aporte teórico para, afinal, aprofundar as próprias leis do "espaço tempo indo-americano", como fez Haya de la Torre; a segunda transplantou mecanicamente para a América Latina os modelos de desenvolvimento socioeconômico que explicam a evolução histórica da Europa do século XIX, fazendo com que toda a especificidade do continente fosse negada.

construção de seu "DNA internacionalista" não se efetivou através da política de modernização do campo brasileiro (em sintonia com o capitalismo internacional) orquestrada pelo governo civil--militar. Naquele momento, as condições materiais do mundo rural brasileiro exerceram pouca influência na construção de uma consciência internacionalista. Na verdade, a primeira injeção de internacionalismo – enquanto um princípio ético-social, político, econômico – que o MST recebe é através do trabalho político efetivado pelos teólogos, padres, bispos, pastorais que, em alguma medida, partilham da visão de mundo da Teologia da Libertação.

Afinal de contas, é justamente por efeito da difusão dessa visão de mundo, que propaga a ideia do *universalismo* – a humanidade enquanto uma totalidade – e a libertação de "todos os pobres da terra", que o MST incorporará uma sensibilidade ético-social internacionalista, na qual é exigida a libertação dos seres humanos de todas as formas de opressão, dominação e exploração. Como princípio, o internacionalismo do MST significa, em primeiro lugar, a obrigação da solidariedade internacional para com as populações desfavorecidas em todo o mundo, não importando a postura ideológica que elas tenham.

Recordemos, a este respeito, alguns dos principais exemplos de solidariedade internacional que o MST realizou na sua trajetória: na Nicarágua "sandinista" houve a realização de campanhas de arrecadação de ferramentas agrícolas para a população, o envio de uma brigada para colheita de café, o desenvolvimento de uma cooperação agrícola com os movimentos sociais rurais do país – como a ATC; em El Salvador, que estava em guerra, foram realizadas moções, passeatas, palestras; em Cuba, a campanha "Uma gota de Amor por Cuba", com objetivo de arrecadar um navio de petróleo.

O internacionalismo do MST enquanto "realidade histórica presente", como afirmava José Carlos Mariátegui, não surge em um vácuo, mas contra as forças econômicas e políticas de um programa prático conhecido como neoliberalismo. É produto do processo de desenvolvimento desigual do capitalismo na periferia do sistema capitalista. Ela tem, portanto, uma base econômica sólida. O mercado mundial, a "financeirização", o aumento de empresas transnacionais, determinam a internacionalização crescente das forças produtivas do campo.

O MST articula-se de maneira permanente e orgânica com a Cloc e a Via Campesina. Mas participa e articula-se, também em outros espaços sociais e por circunstâncias específicas, como, por exemplo, nas manifestações do Grito Latino-Americano dos Excluídos (a partir de 1999), no Fórum Social Mundial (a partir de 2001), na Coordenadoria dos Movimentos Sociais (2001), no Encontro Internacional de Movimentos Sociais (2001), no Encontro da Campanha Jubileu Sul-Américas (2001), no Fórum Social das Américas (2004), nos protestos mundiais – conhecidos também como "movimentos antiglobalização" – contra as instituições. Daí que, nos limites desse contexto – ou seja, de refluxo das lutas políticas e das organizações sociais "contra-hegemônicas"[2] –, o MST, em conjunção com a Via Campesina, exerceria, nas palavras de James Petras (1997, p. 271-272), "uma liderança informal de um novo tipo de internacionalismo emergente que tem suas origens no campo, mas se movimenta para alianças rural-urbana internacionais". Na realidade, o movimento primou em articular-se prioritariamente com as associações advindas da "sociedade civil" e com órgãos estatais, tendo, até aqui, orientado sua vocação internacionalista sob um nítido bifrontismo relacional.

Conforme também demonstrado, o desenvolvimento da CRI não ficou isolado, desamparado, separado da diversidade de

---

2 "Se no século XIX os setores mais conscientes do movimento operário, organizado nas Internacionais, estavam mais avançados do que a burguesia, hoje eles estão dramaticamente atrasados sobre aquela. Jamais a necessidade da associação, da coordenação, da ação comum internacional – do ponto de vista sindical, em torno das reivindicações comuns, e do ponto de vista do combate ao socialismo – foi tão urgente, e jamais ela foi também tão fraca, frágil e precária" (LÖWY, 2000b, p. 156).

setores e coletivos que compõem o MST. Contrariamente, o internacionalismo ressoou em outras dimensões de atuação, como no trabalho da mística, na cooperação, na formação e na educação. O papel da mística desempenha um papel relevante na relação entre religiosidade e movimentos sociais na América Latina. Ela está nas performances artísticas e dramáticas, nas canções, nos jornais, nas festas populares, na qual procuram incorporar os mártires da religião e da esquerda internacional, em especial da latino-americana. Além disso, movimentos camponeses do mundo inteiro passaram a realizar um ato semelhante ao trabalho de mística do MST, no dia 17 de abril, que se transformou no Dia Internacional da Luta Camponesa, de homenagem ao Movimento, mas também para reivindicar suas plataformas políticas. Contudo, para além de suas manifestações em atos, a mística é um poderoso aditivo na recriação de um conjunto de valores culturais e ético-sociais, muito dos quais trazidos do passado, tendo em vista a formação dos sujeitos políticos que compõem o MST. Basta mencionar, por exemplo, sua incontestável fascinação pelos valores humanistas defendidos pelo lendário marxista Ernesto Che Guevara.

Bem entendido, não podemos ocultar que as relações sociais internacionais do MST, costuradas com organizações políticas e movimentos sociais, isto é, genericamente chamada de sociedade civil, não anulou suas relações com governos e representantes do Estado, em especial com Cuba e Venezuela. Na realidade, nos anos de 1980 já era possível notar relações de solidariedade estatal com o governo sandinista e cubano. Ora, tal "internacionalismo estatal" ganha novos elementos a partir dos primeiros anos do século XXI, em especial com a ascensão do PT ao Governo Federal, em 2002. Sua relação com o governo de Cuba e Venezuela (Hugo Chávez) é estreitada através de projetos específicos, como a construção de escolas de agroecologia, cooperação de cursos de formação política e de medicina (no caso cubano), importação do método de alfabetização cubano em assentamentos, intercâmbios (ou brigadas) com maior durabilidade, não raras vezes mediado pelo governo brasileiro. Diante desse quadro, tudo indica que, a partir de 2003, essa práxis bifronte, isto é, articulações tanto com a sociedade civil quanto com o Estado, ganha força nas relações políticas internacionais do MST.

Por fim, por mais que o internacionalismo das direções do MST, na sua trajetória de 30 anos, tenha mobilizado o apetite internacionalista em outros espaços políticos do Movimento, sua difusão ainda é muito limitada na sua base social. No decorrer deste trabalho apresentamos inúmeros exemplos de prática de solidariedade da base social do MST, mas elas estão muito circunscritas e dependentes da Direção Nacional. De qualquer modo, essa e outras questões são um desafio permanente para a cúpula diretiva do MST.

Naturalmente, não há como prever o que vai acontecer com o MST nos próximos anos. As contingências da história podem surpreender qualquer previsão científica. No entanto, pode-se assinalar como se configura essa relação social política do internacionalismo das direções do MST atualmente. O principal movimento social camponês das três últimas décadas na América Latina, desenvolveu nos últimos anos uma existência bifronte no âmbito de suas relações internacionais: as direções se inclinam em relações cada vez maiores nos espaços estatais e nos ambientes da sociedade civil. É provável que esse contemporâneo internacionalismo bifronte das direções do MST se resolva através de um cálculo estratégico com relação ao Governo Federal. Os próximos encontros e congressos serão decisivos para resolver as encruzilhadas do tempo presente.

# Bibliografia

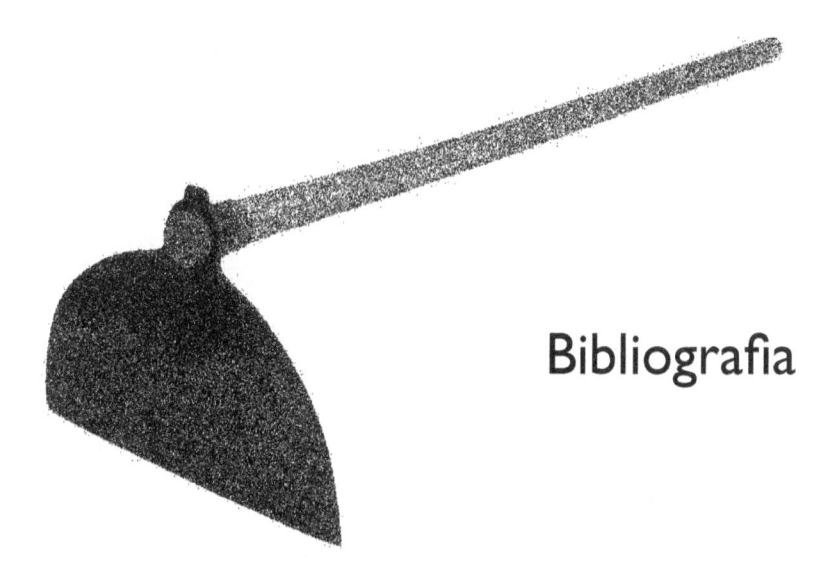

ALIAGA, Luciana. *A forma política do MST*. Dissertação (mestrado em Ciência Política) – Instituto de Filosofia e Ciências Humanas (IFCH), Universidade Estadual de Campinas, 2008.

ALMEIDA, José Rubens Mascarenhas de. *América Latina:* transnacionalização e lutas sociais no alvorecer do século XXI – da luta armada como política (o caso EZLN). Vitória da Conquista: Edições UESB, 2010.

ALONSO, Angela. "As teorias dos movimentos sociais: um balanço do debate". *Lua Nova*, São Paulo, v. 76, 2009, p. 49-86.

ANDERSON, Perry. "Internacionalismo: um breviário". *Anos 90*, Porto Alegre, v. 12, n. 21/22, 2005, p. 13-42.

_____. *Considerações sobre o marxismo ocidental/Nas trilhas do materialismo histórico*. São Paulo: Boitempo, 2004.

ANGELIS, Massimo de. "Globalização, novo internacionalismo e os zapatistas". *Novos Rumos*, n. 44, ano 20, 2005, p. 15-25.

ARANTES, Paulo Eduardo. "A fratura brasileira do mundo". In: *Zero à esquerda*. São Paulo: Conrad, 2004.

ARBEX, José. "Um movimento contra a escravidão". *Folha de São Paulo*, São Paulo, 13 maio 2006.

ARCARY, Valério."Internacionalismo e nacionalismo: dilemas da aposta estratégica". In: *Um reformismo quase sem reformas: uma crítica marxista do governo Lula em defesa da revolução brasileira*. São Paulo: Sundermann, 2011, p. 159-178.

ARICÓ, José. "O marxismo latino-americano nos anos da Terceira Internacional". In: *História do marxismo: o marxismo na época da Terceira Internacional*. V. VIII. Rio de Janeiro: Paz e Terra, 1987, p. 419-459.

_____. *Marx e a América Latina*. Rio de Janeiro: Paz e Terra, 1982.

BARSOTTI, Paulo; PERICÁS, Luiz Bernardo. "Balanço provisório do MST: entrevista com Gilmar Mauro". In: *América Latina: história, ideias e revolução*. São Paulo: Xamã, 1998, p. 205-226.

BASTOS, Élide Rugai "Pensamento social da Escola Sociológica Paulista". In: MICELI, Sérgio (org.). *O que ler na ciência social Brasileira* (v. IV). São Paulo: Anpocs/Ed. Sumaré; Brasília: Capes, 2002, p. 183-223.

BATISTA JR., Paulo Nogueira. "A Alca e o Brasil". *Estudos Avançados*, São Paulo, n. 17, v. 48, 2003, p. 267-293.

BERSNTEIN, Henry. "A dinâmica de classe do desenvolvimento agrário na era da globalização". *Sociologias*, Porto Alegre, ano 13, n. 27, 2011, p. 52-81.

BESANCENOT, Olivier; LÖWY, Michael. *Che Guevara: uma chama que continua ardendo*. São Paulo: Editora Unesp, 2010.

BIANCHI, Álvaro. "O marxismo fora do lugar". *Política & Sociedade*, Florianópolis, v. 9, 2010, p. 177-204.

_____. *O Laboratório de Gramsci*: filosofia, história e política. São Paulo: Alameda, 2008.

_____. "O marxismo de Leon Trotsky: notas para uma reconstrução teórica". *Ideias – Revista do Instituto de Filosofia e Ciências Humanas*, n. 14, 2007, p. 57-99.

BOSI, Alfredo. "A vanguarda enraizada: o marxismo vivo de Mariátegui". *Estudos Avançados*, São Paulo, n. 8, v. 4, 1990, p. 50-61.

BRAGA, Ruy. *A política do precariado:* do populismo à hegemonia lulista. São Paulo: Boitempo, 2012.

BRANFORD, Sue; ROCHA, Jan. *Rompendo a cerca:* a história do MST. São Paulo: Casa Amarela, 2004.

BRINGEL, Breno. *O MST e o internacionalismo contemporâneo.* Rio de Janeiro: UFRJ, 2015.

BRINGEL, Breno; CAIRO, H. "Articulaciones del Sur global: afinidad cultural, internacionalismo solidario e Iberoamérica en la globalización contra-hegemónica". In: CAIRO, Heriberto; GROSFOGUEL, Ramón (orgs.). *Descolonizar la modernidad, descolonizar Europa:* un diálogo Europa – América Latina. Madri: Iepala, 2010, p. 233-255.

BRINGEL, Breno; FALERO, Alfredo. "Redes transnacionais de movimentos sociais na América Latina e o desafio de uma nova construção socioterritorial". *Cadernos do CRH*, Salvador, v. 21, 2008, p. 269-288.

BRINGEL, Breno; LANDALUZE, Jon; BARRERA, Milena. "Solidaridades para el desarrollo. La política de cooperación activista con el MST brasileño". *Revista Española de Desarrollo y Cooperación*, Espanha, v. 22, 2008, p. 195-209.

BRUIT, Hector. *Revoluções na América Latina*. São Paulo: Atual, 1998.

BRUNO, Regina. "Agronegócio e novos modos de conflituosidade". In: FERNANDES, Bernardo Mançano (org.). *Campesinato e agronegócio na América Latina:* a questão agrária atual. São Paulo: Expressão Popular, 2008, p. 83-106.

CALDART, Roseli. *Pedagogia do Movimento Sem Terra*. São Paulo: Expressão Popular, 2004.

_____. "O MST e a formação do sem terra: o movimento social como princípio educativo". *Estudos Avançados*, São Paulo, n. 15, v. 31, 2001, p. 207-224.

CARDOSO, Fernando Henrique; FALETTO, Enzo. *Dependência e desenvolvimento na América Latina*. Rio de Janeiro: Zahar, 1970.

CARTER, Miguel (org.). *Combatendo a desigualdade social:* o MST e a reforma agrária no Brasil. São Paulo: Editora Unesp, 2010.

_____. "Desigualdade social, democracia e reforma agrária no Brasil". In: CARTER, Miguel (org.). *Combatendo a desigualdade social:* o MST e a reforma agrária no Brasil. São Paulo: Editora Unesp, 2010, p. 27-78.

_____; CARVALHO, Horácio Martins de. "A luta na terra: fonte de crescimento, inovação e desafio constante ao MST". In: CARTER, Miguel (org.). *Combatendo a desigualdade social:* o MST e a reforma agrária no Brasil. São Paulo: Editora Unesp, 2010, p. 287-330.

CARVALHO, Horácio Martins de. "A emancipação do movimento no movimento de emancipação social (resposta a Zander Navarro)". In: SANTOS, Boaventura de Sousa (org.). *Produzir para viver:* os caminhos da produção não capitalista. Rio de Janeiro: Civilização Brasileira, 2002, p. 235-281.

CASALDÁLIGA, Dom Pedro. *Nicarágua:* combate e profecia. Rio de Janeiro: Vozes, 1986.

CATÃO, F. *O que é a Teologia da Libertação?* São Paulo: Brasiliense, 1985.

CERVO, Amado Luiz. "A periodização da História da Política externa Brasileira". *Textos de História,* São Paulo, v. 1, n. 1, 1993, p. 49-57.

COLETTI, Claudio. *A trajetória política do MST:* da crise da ditadura ao período neoliberal. Tese (doutorado em Ciências Sociais) – Instituto de Filosofia e Ciências Humanas (IFCH), Universidade Estadual de Campinas, 2005.

CHESNAIS, François. "As contradições e os antagonismos próprios ao capitalismo mundializado e suas ameaças para a humanidade". *Outubro,* São Paulo, n. 16, 2007, p. 11-34.

_____. *Mundialização do capital.* São Paulo: Xamã, 1996.

CHONCHOL, Jacques. "A soberania alimentar". *Estudos Avançados,* São Paulo, v. 19, n. 55, 2005, p. 33-38.

COMPARATO, Bruno Konder. *A ação política do MST.* São Paulo: Expressão Popular, 2003.

COUTINHO, Carlos Nelson. "A hegemonia da pequena política". In: OLIVEIRA, Francisco de; BRAGA, Ruy; RIZEK, Cibele. *Hegemonia às avessas:* economia, política e cultura na era da servidão financeira. São Paulo: Boitempo, 2010, p. 29-43.

CUNHA, Paulo Ribeiro. *Aconteceu longe demais:* a luta pela terra dos posseiros em Formoso e Trombas e a revolução brasileira. São Paulo: Editora Unesp, 2007.

D'INCAO E MELLO, M. C. *O boia-fria:* acumulação e miséria. Rio de Janeiro: Vozes, 1975.

DELGADO, Guilherme Costa. "A questão agrária e o agronegócio no Brasil". In: CARTER, Miguel (org.). *Combatendo a desigualdade social:* o MST e a reforma agrária no Brasil. São Paulo: Editora Unesp, 2010, p. 79-112.

DEPARTAMENTO INTERSINDICAL DE ESTATÍSTICA E ESTUDOS SOCIOECONÔMICOS. *Estatísticas do meio rural.* Brasília: MDA/DIEESE, 2008. Disponível em: <http://www.dieese.org.br/anu/estatisticasMeioRural2008.pdf>. Acesso em: 6 jan. 2011.

DESMARIAS, Annette Aurélie. *A Via Campesina:* a globalização e o poder do campesinato. São Paulo: Cultura Acadêmica; Expressão Popular, 2013.

DUSSEL, Enrique. "Europa, modernidade e eurocentrismo". In: LANDER, Edgardo (org.). *A colonialidade do saber: eurocentrismo e ciências sociais.* Perspectivas latino-americanas. Colección Sur Sur/Clasco/Ciudad Autónoma de Buenos Aires, 2005, p. 55-70.

_____. "El marxismo de Mariátegui como 'Filosofía de la Revolución'". *Anuario Mariateguiano,* Lima: n. 6, 1994, p. 249-254.

_____. *1492: o encobrimento do outro:* a origem do mito da modernidade. Rio de Janeiro: Vozes, 1993.

DUPAS, Gilberto. *O mito do progresso.* São Paulo: Editora Unesp, 2006.

FERNANDES, Bernardo Mançano. "Formação e territorialização do MST no Brasil". In: CARTER, Miguel (org.). *Combatendo a desigualdade social:* o MST e a reforma agrária no Brasil. São Paulo: Editora Unesp, 2010, p. 161-198.

_____. "O MST e as reformas agrárias do Brasil". *OSAL,* ano 9, n. 24, 2008, p. 73-85.

_____. *Questão agrária, pesquisa e MST*. São Paulo: Cortez, 2001.

_____. *A formação do MST no Brasil*. Rio de Janeiro: Vozes, 2000.

_____. *MST: formação e territorialização*. São Paulo: Hucitec, 1996.

FERNANDES, Florestan. "Anotações sobre o capitalismo agrário e a mudança social no Brasil". In: *Sociedade de classes e subdesenvolvimento*. São Paulo: Global, 2008 [1968], p. 171-190.

FERREIRA, Maria Nazareth. "A cultura como instrumento de integração latino-americana". *Comunicação & Política*, Rio de Janeiro, v. 7, n. 3, 2001, p. 85-90.

FLORES GALINDO, Alberto. *Obras Completas*, v. II. Lima: Fundación Andina/Sur Casa de Estudios del Socialismo, 1994.

FIGUEIREDO, Guilherme Gitay de. *A guerra é o espetáculo*: origens e transformações da estratégia do EZLN. São Carlos: RIMA/Fapesp, 2006.

FOLHA DE SÃO PAULO. "Exportações do agronegócio atingem US$76,4 bi e batem recorde em 2010". Disponível em: <http://www1.folha.uol.com.br/mercado/859321-exportacoes-do-agronegocio-atingem-us-764-bi-e-batem-recorde-em-2010.shtml>. Acesso em: 12 jan. 2011.

FRANCO, Carlos. "Apresentação". In: ARICÓ, José. *Marx e a América Latina*. Rio de Janeiro: Paz e Terra, 1982, p. 11-28.

GARCÍA, José Luis Rodríguez. "A economía cubana: experiencias e perspectivas (1989-2010)". *Estudos Avançados*, São Paulo, v. 25, n. 72, 2011, p. 29-44.

GOETHE, Johannn. *As afinidades eletivas*. São Paulo: Nova Alexandria, 2008.

GOLDMANN, Lucien. *Ciências humanas e filosofia*: o que é sociologia? São Paulo: Difel,1986.

_____. *Dialética e cultura*. 2ª ed. Rio de Janeiro: Paz e Terra, 1979.

GRAMSCI, Antonio. *Cadernos do cárcere III*. Rio de Janeiro: Civilização Brasileira, 2001.

GOHN, Maria da Glória. *Movimentos sociais e redes de mobilizações civis no Brasil contemporâneo*. Petrópolis: Vozes, 2010.

_____. *Novas teorias dos Movimentos Sociais*. São Paulo: Loyola, 2008.

_____. *Os sem-terra, ONGs e cidadania:* a sociedade civil brasileira na era da globalização. 3ª ed. São Paulo: Cortez, 2003.

_____. *Mídia, terceiro setor e MST:* impactos sobre o futuro das cidades e do campo. Rio de Janeiro: Vozes, 2000.

_____. *Teorias dos movimentos sociais:* paradigmas clássicos e contemporâneos. São Paulo: Loyola, 1997.

GUIMARÃES, Juarez Rocha. "O cristianismo e a formação da moderna questão agrária brasileira". In: PAULA; Delsy Gonçalves de; STARLING, Heloisa Maria Murgel; GUIMARÃES, Juarez Rocha (org.). *O sentimento da reforma agrária, sentimento da república*. Belo Horizonte: Editora UFMG, 2006.

HARVEY, David. *O neoliberalismo:* história e implicações. São Paulo: Loyola, 2008.

HEREDIA, Beatriz; PALMEIRA, Moacir; LEITE, Sérgio Pereira. "Sociedade e economia do 'agronegócio' no Brasil". *Revista Brasileira de Ciências Sociais*, v. 25, n. 74, 2010, p. 159-176

HOBSBAWM, Eric. *Era dos extremos:* o breve século XX – 1914-1991. São Paulo: Companhia das Letras, 1995.

_____. *Revolucionários*. Rio de Janeiro: Paz e Terra, 1985.

KAYSEL, André. *Dois encontros entre o marxismo e o Brasil*. São Paulo: Hucitec/Fapesp, 2012.

IANNI, Octavio. *O ABC da classe operária*. São Paulo: Hucitec, 1980.

IOKOI, Zilda Maria. "Movimentos sociais na América Latina: mística e globalização". In: COGGIOLA, Osvaldo (org.). *América Latina:* encruzilhadas da história contemporânea. São Paulo: Xamã, 2003, p. 233-243.

_____. *Igreja e camponeses:* teologia da libertação e movimentos sociais do campo. Brasil e Peru, 1964-1986. São Paulo: Hucitec, 1996.

JAMESON, Fredric. *Modernidade singular:* ensaio sobre a ontologia do presente. Rio de Janeiro: Civilização Brasileira, 2005.

LEFEBVRE, Henri. *Marxismo*. Porto Alegre: L&PM, 2009.

LEITE, José Corrêa. *Fórum Social Mundial:* a história de uma invenção política. São Paulo: Perseu Abramo, 2003.

LESSA, Sérgio. "Revolução e contra-revolução, fator subjetivo e objetividade". *Outubro*, São Paulo, n. 16, 2007, p. 145-173.

LÖWY, Michael. "Introdução: pontos de referência para uma história do marxismo na América Latina". In: LÖWY, Michael (org.). *O marxismo na América Latina:* uma antologia de 1909 aos dias atuais. São Paulo: Fundação Perseu Abramo, 2006, p. 9-64.

_____. *Nacionalismos e internacionalismos:* da época de Marx até nossos dias. São Paulo: Xamã, 2000.

_____. "Por um marxismo crítico". In: LÖWY, Michael & BENSAÏD, Daniel. *Marxismo, modernidade e utopia*. São Paulo: Xamã, 2000a, p. 58-68.

_____. "Mundialização e internacionalismo: atualidade do Manifesto Comunista". In: LÖWY, Michael & BENSAÏD, Daniel. *Marxismo, modernidade e utopia*. São Paulo: Xamã, 2000b, p. 148-157.

_____. *Guerra dos deuses*: política e religião na América Latina. Rio de Janeiro: Vozes, 2000c.

LUKÁCS, Georg. *História e consciência de classe*. São Paulo: Martins Fontes, 2003.

_____. *El asalto a larázon*. México D.F.: Fondo de Cultura Económica, 1959.

MARCH, Aleida. *Semiente de la vida y la esperanza*. México D.F.: Ocean Sur, 2009.

MARIÁTEGUI, José Carlos. *Defesa do marxismo, polêmica revolucionária e outros escritos*. São Paulo: Boitempo, 2012.

_____. *Sete ensaios de interpretação da realidade peruana*. São Paulo: Expressão Popular, 2010.

_____. *Historia de la crisis mundial:* conferencias (años 1923 y 1924). Lima: Amauta, 1971.

_____. *Temas de Nuestra América*. Lima: Amauta, 1970.

_____. *Peruanicemos al Peru*. Lima: Amauta, 1970a.

_____. *El alma matinal y otras estaciones del hombre de hoy*. Lima: Amauta, 1970b.

_____. *Ideologia y política*. Lima: Amauta, 1969.

MARX, Karl; ENGELS, Friedrich. "O manifesto do Partido Comunista". In: REIS FILHO, Daniel Aarão et. al. *O Manifesto Comunista 150 anos depois*. Rio de Janeiro: Contraponto; São Paulo: Perseu Abramo, 1998, p. 7-41.

MARTINS, José de Souza. "A dependência oculta". *Folha de São Paulo*, São Paulo, 13 maio 2006.

_____. *Reforma agrária:* o impossível diálogo. São Paulo: Edusp, 2004.

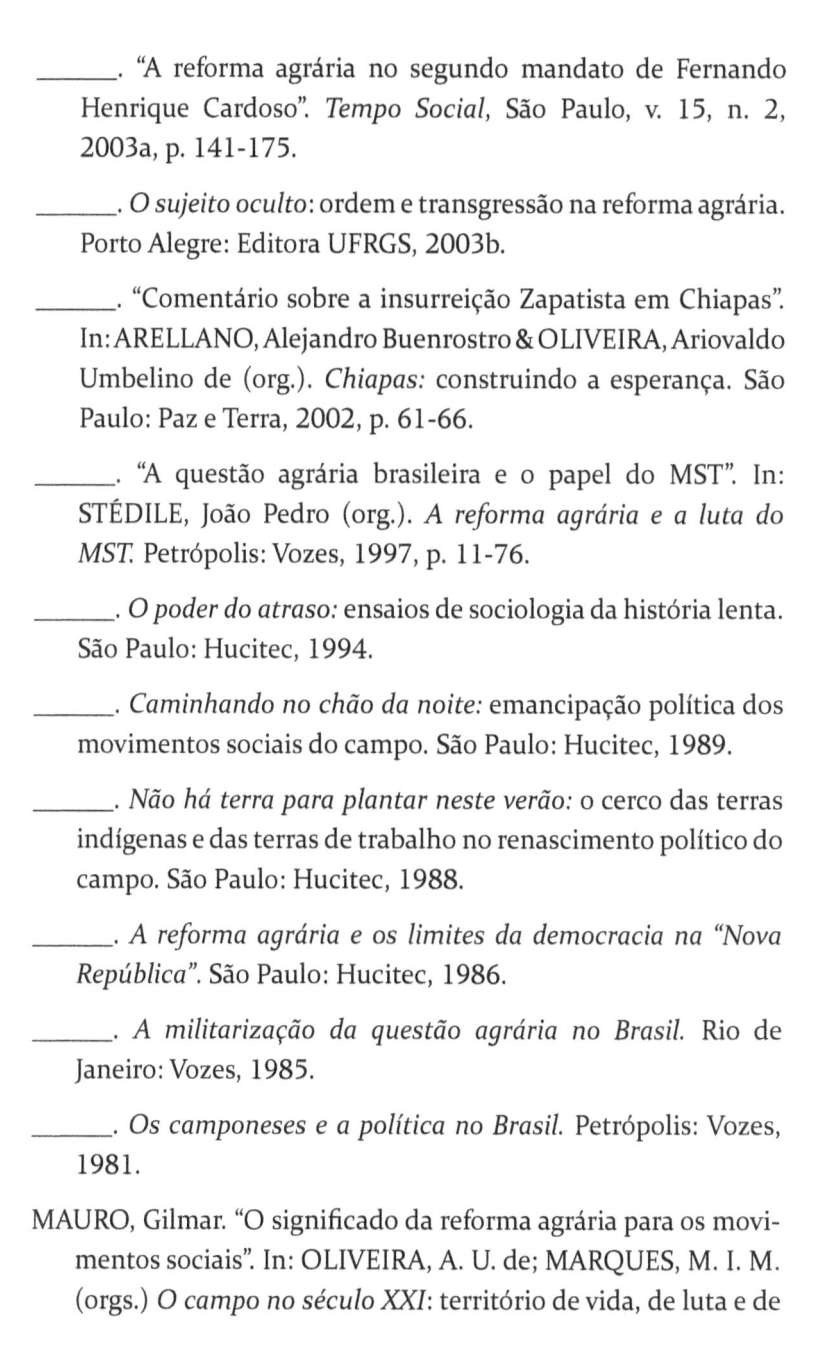

_____. "A reforma agrária no segundo mandato de Fernando Henrique Cardoso". *Tempo Social*, São Paulo, v. 15, n. 2, 2003a, p. 141-175.

_____. *O sujeito oculto*: ordem e transgressão na reforma agrária. Porto Alegre: Editora UFRGS, 2003b.

_____. "Comentário sobre a insurreição Zapatista em Chiapas". In: ARELLANO, Alejandro Buenrostro & OLIVEIRA, Ariovaldo Umbelino de (org.). *Chiapas:* construindo a esperança. São Paulo: Paz e Terra, 2002, p. 61-66.

_____. "A questão agrária brasileira e o papel do MST". In: STÉDILE, João Pedro (org.). *A reforma agrária e a luta do MST.* Petrópolis: Vozes, 1997, p. 11-76.

_____. *O poder do atraso:* ensaios de sociologia da história lenta. São Paulo: Hucitec, 1994.

_____. *Caminhando no chão da noite:* emancipação política dos movimentos sociais do campo. São Paulo: Hucitec, 1989.

_____. *Não há terra para plantar neste verão:* o cerco das terras indígenas e das terras de trabalho no renascimento político do campo. São Paulo: Hucitec, 1988.

_____. *A reforma agrária e os limites da democracia na "Nova República".* São Paulo: Hucitec, 1986.

_____. *A militarização da questão agrária no Brasil.* Rio de Janeiro: Vozes, 1985.

_____. *Os camponeses e a política no Brasil.* Petrópolis: Vozes, 1981.

MAURO, Gilmar. "O significado da reforma agrária para os movimentos sociais". In: OLIVEIRA, A. U. de; MARQUES, M. I. M. (orgs.) *O campo no século XXI*: território de vida, de luta e de construção da justiça social. São Paulo: Casa Amarela/Paz e Terra, 2004, p. 353-364.

_____. "MST: lutas e perspectivas". In: BARSOTTI, Paulo; PERICÁS, Luiz Bernardo. *América Latina*: crise e movimento. São Paulo: Xamã, 1999, p. 89-124.

_____; PERICÁS, Luiz Bernardo. *Capitalismo e luta política no Brasil*. São Paulo: Xamã, 2001.

MAZILÃO, Ageu. *O uso do método de alfabetização "Sim, eu posso" pelo MST no Ceará:* o papel do monitor da turma. Dissertação (mestrado em Educação) – Universidade Federal de São João Del Rei, 2011.

MAZZEO, Miguel. *Invitación al descubrimiento:* José Carlos Mariátegui y el socialismo de Nuestra América. Buenos Aires: El Colectivo, 2009.

MEDEIROS, Leonilde Sérvolo. "Movimentos sociais no campo, lutas por direitos e deforma agrária na segunda metade do século XX". In: CARTER, Miguel (org.). *Combatendo a desigualdade social:* o MST e a reforma agrária no Brasil. São Paulo: Editora Unesp, 2010, p. 113- 136.

MELIS, Antonio. *Leyendo Mariátegui*. Lima: Amauta, 1999.

MENEZES NETO, Antonio Julio de. *A ética da Teologia da Libertação e o espírito do socialismo no MST*. Belo Horizonte: Editora UFMG, 2012.

MORAES, Reginaldo Carmello de (org.). *Globalização e radicalismo agrário:* globalização e políticas públicas. São Paulo: Editora Unesp, 2006.

_____; COLETTI, Claudinei. "MST, o radicalismo agrário de um outro mundo... possível?". In: *Globalização e radicalismo agrário:* globalização e políticas públicas. São Paulo: Editora Unesp, 2006, p. 91-115.

MONTOYA, Rodrigo. "7 tesis de Mariátegui sobre el problema étnico y el socialismo en el Peru". *Anuario Mariateguiano,* Lima, Amauta, n. 2, 1990, p. 45-68.

MORISSAWA, Mitsue. *A história pela luta pela terra e o MST.* São Paulo: Expressão Popular, 2001.

MORLINA, Fábio Clauz. *Teologia da Libertação na Nicarágua Sandinista.* Dissertação (mestrado em História Social) – Faculdade de Filosofia, Letras e Ciências Humanas, Universidade de São Paulo, 2009.

MUHR, Thomas. "Venezuela e Alba: regionalismo contra-hegemônico e ensino superior para todos". *Educação e Pesquisa,* São Paulo, v. 36, n. 2, 2010, p. 611-627.

NAVARRO, Zander. "'Mobilização sem emancipação' – as lutas sociais dos sem-terra no Brasil". In: SANTOS, Boaventura de Sousa (org.). *Produzir para viver:* os caminhos da produção não capitalista. Rio de Janeiro: Civilização Brasileira, 2002, p. 189-231.

NEPOMUCENO, Eric. *O Massacre:* Eldorado dos Carajás – uma história de impunidade. São Paulo: Planeta, 2007.

NIEYMEYER, Caroline. *Contestando a governança global:* a Rede Transnacional de Movimentos Sociais Via Campesina e suas relações com a FAO e OMC. Dissertação (mestrado em Relações Internacionais) – Pontifícia Universidade Católica, Rio de Janeiro, 2006.

NUGENT, Daniel. "Os intelectuais do norte e o EZLN". In: WOOD, Ellen; FOSTER, John. *Em defesa da história:* marxismo e pós-modernismo. Rio de Janeiro: Zahar, 1999, p. 175-186.

NÚÑEZ, Estuardo. *La experiencia europea de Mariátegui*. 2ª ed. Lima: Amauta, 1994.

OLIVEIRA, Ariovaldo Umbelino de. "A questão da aquisição de terras por estrangeiros no Brasil – um retorno aos dossiês". *Agrária*, São Paulo, n. 12, 2010, p. 3-113.

_____. "Geografia agrária: perspectivas no início do século XXI". In: OLIVEIRA, Ariovaldo Umbelino de; MARQUES, Marta Inez Medeiros (orgs.). *O campo no século XXI: território vida, de luta e de construção da justiça social*. São Paulo: Casa Amarela/Paz e Terra, 2004, p. 29-70.

_____. "Barbárie e Modernidade: as transformações no campo e o agronegócio no Brasil". *Terra Livre*, São Paulo, ano 19, n. 21, 2003, p. 113-156.

_____. "A geografia agrária e as transformações territoriais recentes no campo brasileiro". In: CARLOS, Ana Fani A. (org.). *Novos caminhos da geografia*. São Paulo: Contexto, 1999, p. 63-110.

OLIVEIRA, Francisco. "O momento Lênin". *Novos Estudos*, São Paulo, n. 75, 2006, p. 23-47.

_____. "Há vias abertas para América Latina?" In: BORON, Atilio (org.). *Nova hegemonia mundial: alternativas de mudança e movimentos sociais*. Buenos Aires: Clasco, 2004, p. 111-118.

_____. *Crítica à razão dualista/O ornitorrinco*. São Paulo: Boitempo, 2003.

_____. "Vanguarda do atraso e atraso da vanguarda: globalização e neoliberalismo na América Latina". *Praga*, São Paulo, n. 4, 1997, p. 31-42.

ONDETTI, Gabriel; WAMBERGUE, Emmanuel; AFONSO, José. "Do posseiro a sem-terra: o impacto da luta pela terra do MST no Pará". In: CARTER, Miguel (org.). *Combatendo a desigualdade social*: o MST e a reforma agrária no Brasil. São Paulo: Editora Unesp, 2010, p. 257-284.

PARIS, Robert. *La formación ideológica de José Carlos Mariátegui*. México: Cuadernos de Pasado y Presente, 1981.

PEREIRA, João Márcio Mendes. "Neoliberalismo e lutas camponesas no Brasil: contestação e resistência à reforma agrária de mercado do Banco Mundial durante o governo FHC". In: FERNANDES, Bernardo Mançano; MEDEIROS, Leonilde Servolo; PAULILO, Maria Ignez (orgs.). *Lutas camponesas contemporâneas*: condições, dilemas e conquistas. São Paulo: Editora Unesp, 2009, p. 279-302.

PERICÁS, Luiz Bernardo. "José Carlos Mariátegui e o Brasil". *Estudos Avançados*, São Paulo, v. 24, n. 68, 2010, p. 335-361.

_____. "José Carlos Mariátegui e as origens do fascismo". In: PERICÁS, Luiz Bernardo (org.). MARIÁTEGUI, José Carlos. *As origens do fascismo*. São Paulo: Alameda, 2010a, p. 7-59.

PESCHANSKI, João Alexandre. *A evolução organizacional do MST*. Dissertação (mestrado em Ciência Política) – Faculdade de Filosofia, Letras e Ciências Humanas (FFLCH), Universidade de São Paulo, 2008.

PETRAS, James. "Os camponeses: uma nova força revolucionária na América Latina". In: STÉDILLE, João Pedro (org.). *A reforma agrária e a luta do MST*. Petrópolis: Vozes, 1997, p. 271-278.

PINASSI, Maria Orlanda. "Uma ontologia dos movimentos sociais de massas e o protagonismo atual das mulheres". In: *Da miséria ideológica à crise do capital*: uma reconciliação histórica. São Paulo: Boitempo, 2009, p. 73-82.

PRADO JÚNIOR, Caio. *A questão agrária no Brasil*. São Paulo: Brasiliense, 2007.

POLETTO, Ivo. "A Igreja, a CPT e a mobilização do MST no Brasil". In: CARTER, Miguel (org.). *Combatendo a desigualdade social:* o MST e a reforma agrária no Brasil. São Paulo: Editora Unesp, 2010, p. 137-158.

QUIJANO, Aníbal. "Dom Quixote e os moinhos de vento na América Latina". In: ARAUJO, C.; AMADEO, J. (org.). *Teoria política latino-americana.* São Paulo: Hucitec/Fapesp, 2009, p. 21-44.

_____. *Reecuentro y debate:* una introducción a Mariategui. Lima: Mosca Azul, 1981.

REGALSKI, Michael. "Internacionalistas e novos mundialistas: a grande convergência um ano após Seattle". *Lutas Sociais*, São Paulo, Núcleo de Estudos de Ideologias e Lutas Sociais, v. 7, 2000, p. 65-70.

RICUPERO, Bernardo. *Caio Prado Júnior e a nacionalização do marxismo no Brasil*. São Paulo: Editora 34, 2000.

_____. "Existe um pensamento marxista latino-americano?". In: BARSOTTI, Paulo; PERICÁS, Luiz Bernardo (orgs.). *América Latina:* história, ideias e revolução. São Paulo: Xamã, 1998, p. 55-76.

RIZZI, Franco. "A Internacional Comunista e a questão camponesa". In: HOBSBAWM *et al*. *História do Marxismo VI:* o marxismo na época da Terceira Internacional Comunista de 1919 às frentes populares. Rio de Janeiro: Paz e Terra, 1985, p. 219-247.

RODRÍGUEZ, Justo Chávez. "A educação em Cuba entre 1959 e 2010". *Estudos Avançados*, São Paulo, v. 25, n. 72, 2011, p. 45-54.

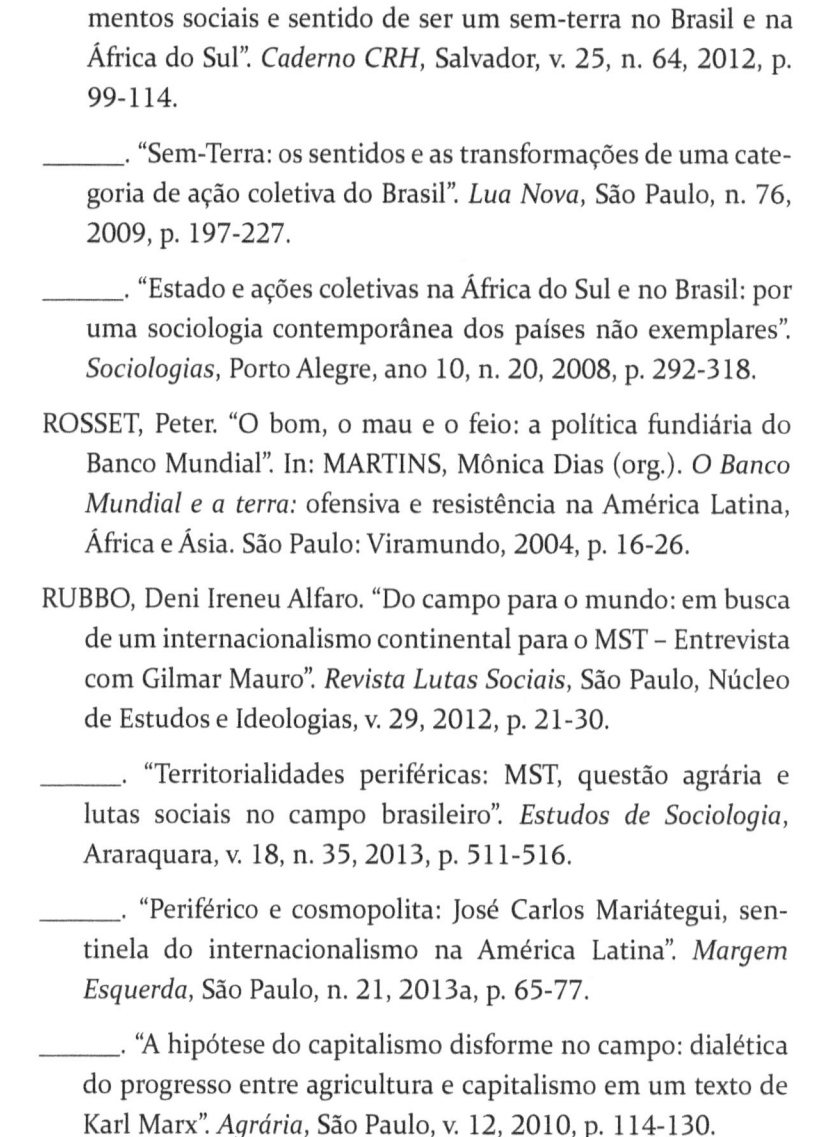

ROSA, Marcelo Carvalho. "Reforma agrária e *landreform*: movimentos sociais e sentido de ser um sem-terra no Brasil e na África do Sul". *Caderno CRH*, Salvador, v. 25, n. 64, 2012, p. 99-114.

_____. "Sem-Terra: os sentidos e as transformações de uma categoria de ação coletiva do Brasil". *Lua Nova*, São Paulo, n. 76, 2009, p. 197-227.

_____. "Estado e ações coletivas na África do Sul e no Brasil: por uma sociologia contemporânea dos países não exemplares". *Sociologias*, Porto Alegre, ano 10, n. 20, 2008, p. 292-318.

ROSSET, Peter. "O bom, o mau e o feio: a política fundiária do Banco Mundial". In: MARTINS, Mônica Dias (org.). *O Banco Mundial e a terra:* ofensiva e resistência na América Latina, África e Ásia. São Paulo: Viramundo, 2004, p. 16-26.

RUBBO, Deni Ireneu Alfaro. "Do campo para o mundo: em busca de um internacionalismo continental para o MST – Entrevista com Gilmar Mauro". *Revista Lutas Sociais*, São Paulo, Núcleo de Estudos e Ideologias, v. 29, 2012, p. 21-30.

_____. "Territorialidades periféricas: MST, questão agrária e lutas sociais no campo brasileiro". *Estudos de Sociologia*, Araraquara, v. 18, n. 35, 2013, p. 511-516.

_____. "Periférico e cosmopolita: José Carlos Mariátegui, sentinela do internacionalismo na América Latina". *Margem Esquerda*, São Paulo, n. 21, 2013a, p. 65-77.

_____. "A hipótese do capitalismo disforme no campo: dialética do progresso entre agricultura e capitalismo em um texto de Karl Marx". *Agrária*, São Paulo, v. 12, 2010, p. 114-130.

SALGADO, Sebastião. *Terra*. São Paulo: Companhia das Letras, 1997.

SAMPAIO, Plínio Arruda. "O impacto do MST no Brasil de hoje". In: CARTER, Miguel (org.). Combatendo a desigualdade social: o MST e a reforma agrária no Brasil. São Paulo: Editora Unesp, 2010, p. 397-408.

SANTOS, José Vicente Tavares dos. *Colonos do vinho:* estudos sobre a subordinação do trabalho camponês ao capital. São Paulo: Hucitec, 1978.

SARTRE, Jean-Paul. "Prefácio". In: FANON, Frantz. *Os condenados da terra.* 2ª ed. Rio de Janeiro: Civilização Brasileira, 1979.

SAUER, Sérgio; LEITE; Sergio Pereira. "Expansão agrícola, preços e apropriação de terra por estrangeiros no Brasil". *Revista da Economia e Sociologia Rural*, São Paulo, v. 50, n. 3, 2012, p. 503-524.

_____. *Terra e modernidade:* a reinvenção do campo brasileiro. São Paulo: Expressão Popular, 2010.

_____. "A terra por uma cédula: estudo sobre a 'reforma agrária de mercado'". In: MARTINS, Mônica Dias (org.). *O Banco Mundial e a terra:* ofensiva e resistência na América Latina, África e Ásia. São Paulo: Viramundo, 2004, p. 40-60.

SCHERER-WARREN, Ilse. "A política dos movimentos sociais para o mundo rural". *Estudos Sociedade e Agricultura*, Rio de Janeiro, v. 15, n. 1, 2007, p. 5-26.

_____. *Cidadania sem fronteiras:* ações coletivas na era da globalização. São Paulo: Hucitec, 1999.

_____. "Abrindo os marcos teóricos para o entendimento das ações coletivas rurais". *Cadernos CRH*, Salvador, n. 28, 1998, p. 59-79.

SECCO, Lincoln. *A história do PT.* São Paulo: Ateliê, 2011.

_____. *Caio Prado Júnior:* o sentido da revolução. São Paulo: Boitempo, 2008.

SIGAUD, Lygia Maria. "Debaixo da lona preta: legitimidade e dinâmica das ocupações de terra na Mata Pernambucana". In: CARTER, Miguel (org.). *Combatendo a desigualdade social:* o MST e a reforma agrária no Brasil. São Paulo: Editora Unesp, 2010, p. 237-256.

SILVA, Maria Aparecida de Moraes. *A luta pela terra:* experiência e memória. São Paulo: Editora Unesp, 2004.

SOUZA, Eduardo Ferreira de. *Do silêncio à satanização:* o discurso de *Veja* e o MST. São Paulo: Annablume, 2004.

SOUZA, Jessé. *A construção social da subcidadania:* para uma sociologia política da modernidade periférica. Belo Horizonte: Editora UFMG, 20003.

STAVENHAGEN, Rodolfo. *Classes rurais na sociedade agrícola.* São Paulo: Loyola, 1979.

STÉDILE, João Pedro; FERNANDES, Bernardo Mançano. *Brava Gente:* a trajetória do MST e a luta pela terra no Brasil. São Paulo: Fundação Perseu Abramo, 1999.

SUE-MONTGOMERY, Tommie; WADE, Christine. *A revolução salvadorenha.* São Paulo: Editora Unesp, 2006.

TARROW, Sidney. *The new transnational activism.* Cambridge: Cambridge University Press 2005.

TONI, Fabian. "Novos rumos e possibilidades para os estudos dos movimentos sociais". *BIB* – Boletim de Informação Bibliográfica da Anpocs, São Paulo, n. 52, 2001, p. 79-104.

TURATTI, Maria Cecília Manzoli. *Os filhos da lona preta:* identidade e cotidiano em acampamentos do MST. São Paulo: Alameda, 2005.

VARGAS NETTO, Sebastião Leal Ferreira. *A mística da resistência:* culturas, histórias e imaginários rebeldes nos movimentos sociais latino-americanos. Tese (doutorado em História Social) – Faculdade de Filosofia, Letras e Ciências Humanas (FFLCH), Universidade de São Paulo, 2008.

VARIKAS, Eleni. *A escória do mundo – figuras do pária.* São Paulo: UNESP, 2014.

VÁSQUEZ, Adolfo Sánchez. "Mariátegui, grandeza e originalidade de um marxista latino-americano". In: BARSOTTI, Paulo; PERICÁS, Luiz Bernardo (orgs.). *América Latina:* história, ideias e revolução. São Paulo: Xamã, 1998, p. 45-54.

VEIGA, José Eli da. "Agricultura no mundo moderno: diagnóstico e perspectivas". In: *Meio ambiente no século 21.* Rio de Janeiro: Sextante, 2003, p. 198-213.

VELTMEYER, Henry; PETRAS, James. "Camponeses na era da globalização neoliberal: América Latina em movimento". In: PAULINO, Eliane Tomiasi; FABRINI, João Edmilson (orgs.). *Campesinato e territórios em disputa.* São Paulo: Expressão Popular/Editora Unesp, 2008, p. 79-117.

VENDRAMINI, Célia Regina. *Terra, trabalho e educação:* experiências sócio-educativas em assentamentos do MST. Ijuí: Editora Unijuí, 2000.

VIEIRA, Flavia Braga. *Dos proletários unidos à organização da esperança:* um estudo sobre internacionalismos e Via Campesina. São Paulo: Alameda, 2011.

WALLIS, Victor "As respostas capitalista e socialista à crise ecológica". *Crítica Marxista*, São Paulo, n. 29, 2009, p. 57-74.

WHITAKER, Chico. *O desafio do Fórum Social Mundial.* São Paulo: Perseu Abramo, 2005.

WIESSE, Maria. *José Carlos Mariátegui:* etapas de su vida. Lima: Amauta, 1987.

ZAMPIER, Maika Bueque. *Movimentos sociais, apropriação das tecnologias da informação e comunicação e a centralidade na rede da Coordinadora latioamericana de organizaciones del campo.* Dissertação – (mestrado em Extensão Rural). Universidade Federal de Viçosa-MG, 2007.

ZIMMERMANN, Matilde. *A revolução nicaraguense.* São Paulo: Editora Unesp, 2006.

DOCUMENTOS

CADERNOS DE ESTUDOS ESCOLA NACIONAL FLORESTAN FERNANDES. O legado de Che Guevara, 2007.

DOCUMENTOS PARA AS AMIGAS E AMIGOS DO MST. 2010.

DOCUMENTOS POLÍTICOS DE LA VÍA CAMPESINA. Vª Conferência Mozambique, 17-23 our., 2008.

LA VÍA CAMPESINA. Las luchas del campesinato en el mundo. Ehne, 2009.

MOVIMENTO DOS TRABALHADORES SEM TERRA. *MST: lutas e conquistas.* 2ª ed. 2010. (produzida pela Secretaria Nacional do MST).

JORNAL SEM TERRA

*JST*, n. 11, p. 10-11, 1982.

CASALDÁLIGA, Dom Pedro. *JST*, n. 11, p. 10.

*JST*, n. 14, p. 6, 1982.

*JST*, n. 21, p. s/n, 1982.

*JST*, n. 25, p. s/n, 1982.

*JST*, "A Nicarágua em audiovisual", n. 38, p. 12, 1984.

*JST*, "A luta pela terra na Nicarágua foi intensa. Como é hoje no Brasil", n. 39, p. 14-15, 1984.

*JST*, "Encontros de Lavradores mostram a mesma realidade", n. 41, p. 2, 1984.

*JST*, n. 41, p. 15, 1984.

*JST*, "O maior Congresso pela terra", n. 42, p. 4, 1985.

*JST*, "Hino a Reagan", n. 43,1985.

*JST*, "Solidariedade internacional", n. 44, p. 2, 1985.

*JST*, "Apelo à solidariedade", n. 47, p. 2/14, 1985.

*JST*, "A paz na América Central depende dos EUA", n. 48, p. 14, 1985.

*JST*, "1ª Jornada Nacional de Solidariedade a El Salvador", n. 50, p. 12, 1986.

*JST*, "1º de Maio em El Salvador 'Este es el pueblo'", n. 52, p. 14, 1986.

*JST*, "Paz, terra e justiça", n. 52, p. 19, 1986.

*JST*, "Nicarágua comemora sete anos de revolução", n. 55, p. 14, 1986.

*JST*, "Mulheres na Luta", n. 55, p. 16, 1986.

*JST*, "Um padre na guerrilha: '*No tengo iglesia, tengo una mochila*'", n. 56, p. 3-4, 1986.

*JST*, "Sem terra participam de Congresso no Equador", n. 57, p. 16, 1986.

*JST*, "Brasileiros colhem café na Nicarágua", n. 60, p. 18, 1987.

*JST*, "Assentados viajam à Nicarágua", n. 61, p. 15, 1987.

*JST*, "Cartaz da Nicarágua", n. 62, p. 14, 1987.

*JST*, "Congresso de Trabalhadores rurais", n. 62, p. 18, 1987.

*JST*, "Solidariedade Internacional", n. 66, p. 12, 1987.

*JST*, "Pelo fim da Intervenção Norte Americana" / "Congresso de Camponeses", n. 66, p. 18, 1987.

*JST*, "A luta por justiça e autodeterminação", n. 68, p. 18, 1987.

*JST*, "Solidariedade Internacional", n. 68, p. s/n, 1987.

*JST*, "Bispos brasileiros solidários à luta pela paz", n. 69, p. 14, 1988.

*JST*, "Unir a América Latina", n. 70, p. 15, 1988.

*JST*, "Companheiros do Equador", n. 71, p. 19, 1988.

*JST*, "Nicarágua não está só", n. 72, p. 17, 1988.

*JST*, "A luta em El Salvador", n. 73, p. 13, 1988.

*JST*, "Visita à Alemanha", n. 75, p. 15, 1988.

*JST*, "A caminho do socialismo", n. 75, p. 16, 1988.

*JST*, "América Latina", n. 76, p. 16, 1988.

*JST*, "Na fase final da luta", n. 77, p. 17, 1988.

*JST*, "'Solidariedade'", n. 77, p. 19, 1988.

*JST*, "Experiências latinoamericanas de pastoral da terra", n. 84, p. 18, 1989.

*JST*, "Um povo heroico", n. 85, p. 18, 1989.

*JST*, "Daniel Ortega na Câmara", n. 92, p. 15, 1990.

*JST*, "Ocupar, Resistir e Produzir", n. 93, p. 3, 1990.

*JST*, "Todo apoio ao MST!", n. 93, p. 15, 1990.

*JST*, "CPT renova linhas de ação", n. 10, 1991.

*JST*, "América Latina", n. 103, p. 15, 1991.

*JST*, "Sair da marginalidade", n. 104, p. 15, 1991.

CASALDÁLIGA, Dom Pedro. *JST*, "Solidariedade continental", n. 104, p. 15, 1991.

BOGO, Ademar. *JST*, "A mística nos núcleos", n. 103, p. 3, 1991.

*JST*, "Imperialismo" / "Conferência", n. 114, p. 15, 1992.

*JST*, "Conferência dos povos" / "Abraço continental", n. 115, p. 14-15, 1992.

*JST*, "Terceiro mundo discute terra, ecologia e direitos humanos", n. 117, p. 12, 1992.

BOFF, Leonardo. *JST*, "A mística", n. 125, p. 3, 1993.

*JST*, "I Congresso Latino-Americano de Organizações do Campo reafirma a unidade e a luta", n. 134, p. 14, 1994.

*JST*, "Os movimentos sociais e o meio ambiente", n. 133, p. 13, 1994.

*JST*, "Declaração Final do Congresso de Lima", n. 134, p. 15, 1994.

*JST*, "Cuba: uma escola", n. 145, p. 15, 1995.

JST, "Subcomandante Marcos conclama os povos do mundo a lutar contra o neoliberalismo", n. 157, p. 15, 1996.

*JST*, "Camponeses do mundo todo se unem contra o neoliberalismo", n. 158, p. 11, 1996.

*JST*, "Zapatistas conclamam todos a lutar contra o neoliberalismo", n. 161, p. 17, 1996.

*JST*, "Via Campesina denuncia manobra dos países ricos na FAO", n. 161, p. 18, 1996.

*JST*, "MST participa de Festival Mundial de Juventude", n. 172, p. 6, 1997.

JST, "Camponeses contra o neoliberalismo", n. 172, p. 16, 1997.

JST, "A pirataria moderna na América Latina", n. 174, p. 15, 1997.

JST, "México 2000 – a marcha pelo milênio sem injustiças", n. 174, p. 14, 1997.

JST, "4º Congresso Nacional do MST: alegria, emoção e estudo", n. 203, p. 10, 2000.

JST, "Linhas políticas reafirmadas no 4º Congresso", n. 203, p. 19, 2000.

JST, "Via Campesina é contra Plano Colômbia", n. 205, p. 16, 2000.

JST, "Globalizamos a luta e a esperança", n. 207, p. 14, 2001.

JST, "3º Congresso da Cloc: globalizando a luta", n. 214, p. 12, 2001.

JST, "Movimentos sociais aprovam formação da rede mundial", n. 227, p. 12, 2003.

JST, "III Encontro Hemisférico contra a Alca propõe intensificar luta em 2004", n. 237, p. 13, 2004.

JST, "IV Conferência Internacional da Via Campesina traça metas para 2004", n. 242, p. 10, 2004.

JST, "Camponeses e jovens de todo o mundo compartilham experiências e lutas", n. 242, p. 7, 2004.

JST, "América Latina se une contra Tratados de Livre Comércio", n. 245, p. 13, 2004.

FERNANDES, Bernardo. JST, "Agronegócio: a nova denominação do latifúndio", ago. 2004.

JST, "Camponeses da América latina unificam lutas e compartilham experiências", n. 248, p. 13, 2005.

*JST*, "MST homenageia Che com Trabalho voluntario", n. 256, p. 6, 2005.

*JST*, "Organizações latino-americanas do campo fazem balanço e definem estratégias", n. 256, p. 13, 2005.

*JST*, "Alba pode ser caminho para países da América", n. 263, p. 10, 2006.

*JST*, "A história de luta e de organização do Jornal Sem Terra", n. 266, p. 11, 2006.

*JST*, "Carta do 5º Congresso Nacional MST", n. 273, p. s/n, 2007.

*JST*, "Um marco na luta social latino-americana", n. 273, p. 3, 2007.

*JST*, "Trabalhadores e trabalhadoras do todo mundo: Uni-vos", n. 282, p. 2, 2008.

*JST*, "Guevarismo Sem Terra", n. 283, p. 12, 2008.

*JST*, "Território Livre de analfabetismo", n. 286, p. 7, 2008.

*JST*, "Manter vivo o legado de Che", n. 288, p. 7, 2008.

BRUNETTO, Egídio. *JST*, "Sobre o internacionalismo e o MST", n. 289, 2009.

REVISTA SEM TERRA

CASALDÁLIGA, Dom Pedro. "O grito das Américas", n. 14, 2002, p. 9.

ENGELMANN, Solange. "Escola Latino Americana resgata agricultura campononesa", n. 33, 2005. p. 39-40.

GOMES, Cristiane. "Congresso reúne movimentos da América Latina e Caribe", n. 22, 2004.

_____. "Via Campesina define plano de lutas", n. 25, 2004, p. 33-35.

JOSÉ, Emiliano. "Solidariedade europeia ao MST", n. 3, 1998, p. 24-25.

PASQUALINO, Beatriz. "Festival latino-americano celebra música camponesa", n. 29, 2005, p. 55-56.

SANTOS, Sueli Auxiliadora dos. "MST cria oportunidade para jovens do campo e da cidade", n. 25, 2004, p. 36-39.

_____. "MST investe na formação e nos PROGRAMAS DE SAÚDE", n. 26, 2004, p. 29-31.

STEFANO, Daniela. "Bandeira do MST tremula na Europa e América do Norte", n. 24, 2004, p. 47-49.

SÍTIOS ELETRÔNICOS

www.mst.org.br

www.viacampesina.org

www.movimientos.org.cloc

www.forumsocialmundial.org.br

www.mstbrazil.org

# Anexos

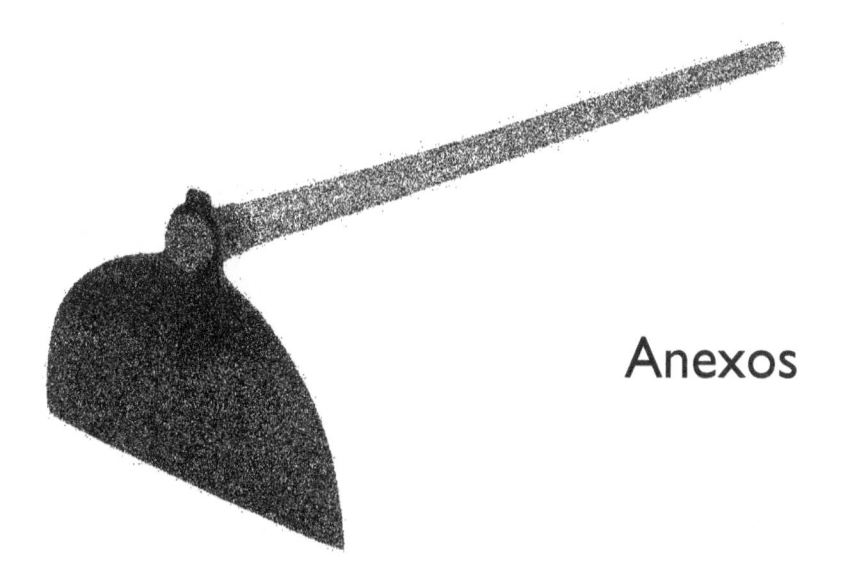

**ENTREVISTAS COM MILITANTES DO MST**

Foram realizadas oito entrevistas gravadas e apenas uma via e-mail, seguindo um roteiro aberto de questões com militantes do MST. A seguir, uma breve apresentação dos entrevistados e informações sobre elas:

— Marcelo Buzetto

Dia 4 out. 2011, na Fundação Santo André. Marcelo faz parte da direção estadual no Estado de São Paulo e do Coletivo de Relações Internacionais do MST.

— Gilmar Mauro

Dia 16 nov. 2011, durante uma reunião da direção nacional do MST, na ENFF, em Guararema, São Paulo.

Gilmar esteve por muitos anos no Coletivo de Relações Internacionais. Atualmente está na Direção Nacional do MST.

— Egídio Brunetto

Dia 17 nov. 2011, durante uma reunião da direção nacional do MST, na ENFF, em Guararema, São Paulo.

Egídio é um dos militantes mais antigos do MST e se dedicou muitos anos ao Coletivo de Relações Internacionais. Foi representante da América do Sul no Comitê Coordenador Internacional (CCI) da Via Campesina. O militante faleceu dez dias depois da entrevista.

– Joaquin Pinheiro

Dia 17 nov. 2011 e 10 dez. 2011. O primeiro dia de entrevista foi durante uma reunião da Direção Nacional do MST, na ENFF, em Guararema, São Paulo. A segunda parte da entrevista foi na reunião dos amigos do MST no mesmo local.
Joaquim foi integrante da primeira Brigada de Solidariedade do MST/Via Campesina na Venezuela. Faz parte atualmente do Coletivo de Relações Internacionais.

– Antonio Neto

Dia 18 nov. 2011, durante uma reunião da direção nacional do MST na ENFF, em Guararema, São Paulo.
Neto esteve no coletivo de juventude da Via Campesina Brasil.
Atualmente integra a Brigada de Solidariedade na Bolívia.

– Itelvina Masioli

Dia 13 dez. 2011, na Secretaria Nacional do MST, em São Paulo.
Itelvina integra a direção nacional e o coletivo de relações internacionais do MST.

– João Pedro Stédile

Dia 14 jun. 2012, por e-mail.
Stédile é um dos fundadores do MST e participou de diversos eventos no exterior. É da coordenação do MST e um dos coordenadores da Via Campesina.

– Francisco Moreira Neto (conhecido como "Vanderlei")
Em 7 jun. 2012, na cidade de Campinas. Entrou para o MST em 2004, na ocupação da cidade Russas, no estado do Ceará. Viajou com a brigada do Haiti no dia 4 de abril de 2010. Saiu do MST em 22 de novembro de 2011.

– Socorro Lima
Em 7 jun. 2012, na cidade de Campinas. Entrou para o MST em 2004, na ocupação da cidade Russas, no estado do Ceará. Viajou com a brigada do Haiti no dia 4 de abril de 2010 e voltou dia 19 de dezembro do mesmo ano. Saiu do MST em 22 de novembro de 2011.

PS: Os dois últimos desta lista eram militantes da base do MST e nunca fizeram parte da Direção Nacional, diferentemente dos demais entrevistados.

## DOCUMENTOS POLÍTICOS[1]

Carta da ATC da Nicarágua para o MST, 1985

(Publicado no *JST* com o título "Solidariedade internacional", 1985, n. 44, p. 2)

Companheiros:

Nós trabalhadores do campo da Nicarágua organizados na Associação dos Trabalhadores do Campo (ATC), expressamos, na véspera do Primeiro de Maio, nossas saudações de unidade e de solidariedade.

Cada ano, nesta data, fazemos um resumo das experiências do movimento operário internacional, latino-americano e nicaraguense em particular para examinar o que e quanto temos realizado e com seguir avançando em nossa luta cotidiana.

---

1 "Optei por deixar os documentos aqui disponíveis inalteráveis, mesmo sabendo que eles possuem problemas sérios de vírgulas e grafias; isso tudo para manter a fidelidade do original"

É óbvio que para os trabalhadores nicaraguenses a luta é cada vez mais difícil. Ao fenômeno da crise mundial, cujos efeitos recaem em todos os trabalhadores dos países subdesenvolvidos, há que somar, em nosso caso, a absurda e criminal política de agressão que, em todas as ordens, executam, os mercenários dirigidos pela Agência Central de Informação (CIA), financiados pela administração Reagan.

Nós trabalhadores do campo da Nicarágua, reafirmamos que nossa firme e inquebrantável decisão de ser livres e independentes, responde à doutrina latino-americanista, à doutrina de Bolívar, de Martí e de Sandino, a qual estamos resgatando e que o presidente dos Estados Unidos pretende agora como antidemocrática e agressora.

Não obstante, todos sabemos de onde vem a agressão, quem a financia, quem a dirige, assim como quem sofre as consequências. Dela podem testemunhar as pe[r]sonalidades, organismos internacionais e as delegações de todos os países do mundo que diariamente nos visitam, inclusive membro do Congresso dos Estados Unidos.

Nós trabalhadores do campo, através do governo Revolucionário e de outros organismos, temos formulado diferentes propostas de paz sendo apresentadas em diferentes foros internacionais, nas quais se expressam a vontade de centenas de milhares de trabalhadores que desejam uma paz digna para produzir e reconstruir nossa Pátria da destruição do somozismo e do saque sistemático praticado pelos Estados Unidos até julho de 1979.

Em torno do mal chamado "plano de paz" do senhor Reagan, nós trabalhadores do setor agropecuário da Nicarágua, consideramos que não é mais do que uma declaração de guerra aberta, a qual rechaçamos redondamente. Este ultimato fere nossa soberana Pátria. A solicitação de Reagan ao Congresso norte-americano de aprovação de 14 milhões de dólares para continuar financiando as ações criminais dos mercenários, contra o nosso povo, constitui um crédito de guerra, tal e como se fez durante a 1ªs e 2ªs guerra mundiais.

Ante essa situação, nós, trabalhadores do campo, solicitamos que nossos irmãos trabalhadores do mundo, em todas as organizações sindicais, independentes das correntes políticas ou ideológicas, se pronunciem de uma maneira mais efetiva perante os partidos políticos, governos e demais organismos internacionais, contra todos os planos de destruição que a potência militar maior do mundo pratica contra as aspirações de paz e de liberdade do povo nicaraguense.

Documento redigido pela coordenação da campanha "500 anos de resistência do MST"

(publicado no *JST*, com título "MPEACHMENT NELLE", n. 119, 1992, p. 15).

Uma importante aliança vem se consolidando a cada dia em nosso continente. É a aliança da resistência indígena, negra e popular.

Cada vez mais, os oprimidos descobrem a importância da unificação das lutas e o sentido de uma ação coletiva, para por fim aos 500 anos de exploração e dominação de nossos povos. É uma luta contra os saques colonialistas e neocolonialistas da nossa América, contra o capitalismo que nos explora e empobrece, contra o neoliberalismo que nos engana e acomoda. Acima de tudo, é uma luta por liberdade, soberania e auto-determinação para os povos latinoamericanos.

São as lutas em defesa das terras indígenas, por uma reforma agrária que beneficie os trabalhadores rurais; por profundas reformas urbanas; contra qualquer tipo de discriminação racial, sexual, de idade; por melhor distribuição de renda e justiça social. E nestes últimos tempos, principalmente, por uma ética na política.

Sabemos eu para nós brasileiros, a data de 1492 não tem grande importância histórica, pois o Brasil foi invadido a partir de

1500 pelos portugueses. Mas é muito importante nos entrosarmos com outros povos latinoamericanos, para assim discutir nossos problemas comuns, bem como buscarmos formas concretas de fortalecer nossos laços de latinoamericanidade.

Nestes 500 anos, sofremos na carne o mesmo que outros povos do continente. O genocídio de nossos povos indígenas e a destruição de seus habitats, a escravidão dos negros, a miséria dos nordestinos, a prostituição de nossas crianças, o abandono de nossos menores de rua, a corrupção de nossos governantes, a miséria e exploração de nossos trabalhadores urbanos e o saque das terras dos rurais. Mas por outro lado, assim como em todo continente, vimos resistindo de todas as formas possíveis. Muitos quilombos foram erguidos e milhares de guerreiros tombaram, tanto no campo, como nas cidades, para não terem que viver de joelhos. Importantes ferramentas de luta foram criadas, fortalecendo cada vez mais a nossa organização.

Por tudo isso, é que no dia 12 de outubro, em todo continente, milhares de vozes se erguerão. Enquanto as classes dos países ricos, em conjunto com os governos espanhol e português preparam seu mitim, suas comemorações, nós nos preparamos com nossa resistência. Vigílias, passeatas, greves, atos políticos, caminhadas, serão organizadas, em toda América Latina, levando bandeiras do não pagamento da dívida externa, da reforma agrária, do fim do campesinato, da soberania e autodeterminação dos povos.

É fundamental que você, o seu sindicato, sua entidade classista, o seu movimento se engajem nesta campanha para juntos darmos juntos um basta nestes 500 anos de dominação e exploração, tal qual, o que iremos dar no governo Collor e seus aliados. São pessoas como ele e a estrutura de dominação que montaram nestes 500 anos que mataram nossos valentes antepassados, e que agora querem nos matar.

Documento redigido por Dom Pedro Casaldáliga e assumido pela direção da campanha continental contra a Alca (Publicado no *RST* com título "O grito das Américas", n. 14, 2002, p. 9).

Com todos os povos da Américas, nós, a partir de nossa mais (mais profunda convicção) íntima verdade e da nossa utopia, queremos levantar a voz e manifestar nossa inquietude e indignação diante de tantas injustiças, praticadas há séculos contra nossos Povos pelo capital internacional e por governos irresponsáveis.

Os povos (países) do Terceiro Mundo, como (em) nosso Continente, ainda parecem, e hoje de modo sistematicamente estrutural, problemas cruciais que atingem a maioria de sua (de seu povo) população. São negados os direitos ao trabalho, alimentação, terra habitação (moradia digna), educação e informação.

Globaliza-se a miséria, mas não o verdadeiro progresso. A globalização gera dependência, e cerceia a soberania dos povos. Os capitais circulam livremente, mas as pessoas não. Prioriza-se a competitividade, em vez da solidariedade. Absolutiza-se a mercadoria ao mesmo tempo em que são ignorados os valores éticos. Tudo tem (impõe-se preço a tudo) preço, inclusive a dignidade humana. Depredam-se os recursos naturais e se põe em risco a sobrevivência da humanidade. Privatiza-se a terra e agora se tenta privatizar a água, a biodiversidade, as plantas, os animais, quem sabe um dia os ventos, o sol... A cobiça está acima da igualdade fraterna (fraternidade). A propriedade tem mais valor (acima da) do que a vida.

Basta, esse sistema de morte não pode continuar!

Para isso, aqui, neste porto do Rio Guaíba, Porto Alegre e solidário, encontram-se (encontramo-nos) pessoas de todo o continente, trabalhadores do campo e da cidade, habitantes de todo os rincões (os lugares), migrantes, jovens e estudantes, brancos, negros e mulheres, crentes e não crentes, ecologistas, lutadores do Povo... Viemos para gritar e manifestar a nossa indignação e a nossa esperança!

Porém, sabemos que não basta gritar. É necessário lutar conscientemente, unindo as forças e as aspirações!

Para isto queremos fazer deste porto e encontro, um porto de compromisso para cada uma e cada um de nós e para nossas respectivas organizações.

Lutaremos pelos direitos fundamentais de nosso povo: soberania, identidade, autonomia, liberdade, alimento, trabalho, terra, habitação (moradia digna), educação pública e gratuita...

Lutaremos contra o monopólio da informação dos grupos econômicos e dos governos imperialistas, que controlam os principais meios de comunicação de massa.

Lutaremos contra o capital financeiro e seus insaciáveis interesses.

Lutaremos contra o pagamento da Dívida Externa, a qual denunciamos como verdadeira usura internacional.

Lutaremos contra a violência e machismo, contra a manipulação política e a corrupção econômica.

Juntemo-nos todas e todos, contra o domínio imperialista que utiliza o FMI, o Banco Mundial e a OMC, que favorece em nosso Continente o militarismo, a violência, a repressão, com suas bases militares e com seus planos – Plano Colômbia, Plano Puebla-Paraná, Plana Dignidade (Plano Dignidad) na Bolívia – e sua ganância sobre Amazônia.

Juntemo-nos agora para desmascarar e combater a Alca, que o sistema quer nos impor, como uma nova forma, continental, de dominação colonialista. Propomos especialmente que se realize em 2002, em toda Nossa América, um grande plebiscito, (uma) verdadeira consulta popular continental, para que nossos Povos decidam sobre a Alca e sobre todos os assuntos que nos afetam diretamente.

Conscientizemo-nos, organizemo-nos, em todos os espaços e rincões (lugares). E caminhemos sempre com o povo, como povo.

Porto Alegre, Brasil,
Fórum Social Mundial,
4 de fevereiro de 2002.

Documento redigido por Ana Cláudia Mielki e Ana Chã
(Publicado no *JST*, com o título "Solidariedade mundial no 5º Congresso", n. 273, 2007, p. 13).

Trabalhadores de todo mundo uni-vos. Esta era a palavra de ordem que se podia ler numa das faixas de maior destaque pendurada dentro da grande plenária do 5º Congresso. A frase remete para um dos princípios fundamentais que norteia o MST desde a sua fundação: a unidade e solidariedade entre os povos. Mas este lema foi também, junto com a bandeira permanentemente hasteada da Via Campesina Internacional, o símbolo da participação ativa dos cerca de 180 delegados, de mais de 31 países, de quatro continentes neste Congresso.

Hoje, talvez mais do que nunca, as alternativas ao modo de produção capitalista passam pela articulação cada vez maior da resistência e das lutas dos povos em todos os continentes. A Via Campesina Internacional entende que os inimigos do povo são os mesmo no mundo inteiro. Por isso, a luta passa pela solidariedade, só restando aos camponeses a formação, a mobilização permanente e a integração.

Uma delegação internacional, além de conhecer a realidade do povo brasileiro e captar experiências na luta pela terra, mostrou que mesmo muito longe do Brasil, é cada vez maior o número de movimentos populares que se organizam pela garantia da soberania alimentar, justiça social e contra o avanço do imperialismo.

Hajasoaninina Rakotomanndimby, membro da *Coalition Paysanne de Madgascar* (CPM), na África, se impressionou com o tamanho e a organização da atividade. "É incrível um Congresso tão grandioso, com a participação das pessoas, o compromisso, o trabalho voluntário, a participação de cada um em prol de um mesmo ideal, que é a Reforma Agrária", afirma.

Madagascar é um país cuja população é predominantemente rural. O país realizou a reforma Agrária logo na primeira república, instaurada após a independência da França, que aconteceu em 1960. Desde então as terras pertencem ao estado. La nenhum camponês tem título de posse. Em 2006 os movimentos sociais do campo elaboraram o Programa Nacional Fundiário, em que traçaram um panorama da situação da terra no país e estabeleceram as diretrizes para a regularização fundiária, a principal reivindicação dos campesinos da região atualmente.

Durante o debate na Tenda Internacional o africano falou da realidade de Madagascar para alguns jovens que participavam do Congresso. "Nós fizemos uma comunicação com cerca de 100 jovens do MST falando um pouco de nossa realidade, na qual nós afirmamos que é preciso fazer uma operação, discutir, conversar para tentar encontrar um espaço com as pessoas políticas que apoiam o Movimento, para não aceitar desenvolvimento se os camponeses não têm terra", afirmou.

Para João Palate, agricultor do sul de Moçambique e membro da União Nacional de Camponeses (Unac), participar do 5º Congresso nacional no Brasil foi uma oportunidade maior de trocar experiências sobre formas de resistência. "Precisamos aprender mais dos conteúdos e estratégias do imperialismo".

No entanto, ao contrário de Madagascar, em Moçambique já houve a perda total do controle das sementes. "Temos sofrido calamidades climáticas como secas e então passamos a receber doações de sementes que não são nossas. Recebemos sementes que não são nossas. Recebemos sementes que não se reproduzem", conta.

Assim como os africanos, que se articulam na luta pela terra, os europeus que participaram do 5º Congresso também trocaram experiências de resistência. É o caso, de Thomaz Shmidt, que veio da Alemanha para participar da atividade. Sua relação com o Brasil, no entanto, é antiga. Ele esteve no país no início da década de 1980 para forma-se em teologia, tendo estudado com nomes como Leonardo Boff. Como padre, atua nas pastorais sociais da cidade onde reside na Alemanha. Também é sindicalista de sua categoria de metalúrgicos. O padre-operário, como ele mesmo se identifica, acostumou a viver em vários mundos e a dialogar com diversos segmentos. Atualmente ele organiza um grupo de amigos do MST na Alemanha que realiza, entre outras coisas, trabalho na divulgação, intercâmbios e atividades de solidariedade ao Movimento.

Schmidt conheceu a realidade do campo brasileiro devido aos diversos intercâmbios que fez para o Brasil, convidado pelos sindicalistas. "Nossos companheiros daqui falavam, que, para conhecer o Brasil, precisávamos conhecer o campo". Uma experiência que para ele foi bastante diferente na Alemanha, a agricultura representa menos de 4% do Produto Interno Bruto (PIB) e, por conseguinte, menos de 1% dos postos de trabalho, se concentra na agricultura.

"Eu estaria muito contente se nós na Alemanha conseguíssemos realizar um congresso de 20 mil militantes e esquerda. O MST é um exemplo de capacidade de organizar os excluídos. É uma coisa fantástica, porque todo mundo sabe como atualmente está complicado organizar gente que está muito longe da política, desacreditada, não esperando mais nada de ninguém", afirma o padre-operário.

Para Schmidt há um processo de rearticulação da esquerda e dos movimentos populares em todo o mundo. "Acabamos de voltar dos protestos de Rostock, do encontro do G8 vejo que esses processos paralelos aos grandes encontros políticos estão acumulando forças. A gente não espera que amanhã vamos fazer a revolução, mas pelo menos, a gente existe e vai começar a formular, talvez melhor, o que a gente quer política, econômica, ecológica e socialmente, na Europa e no mundo", completou.

Documento redigido pela Direção Nacional do MST (Publicado no *JST*, com título "Trabalhadores e Trabalhadoras de Todo Mundo: Uni-vos", n. 282, 2008, p. 2).

Em 1886, os trabalhadores de Chicago, um dos principais polos industriais dos Estados Unidos, escreveram uma das páginas mais heroicas da luta da classe trabalhadora. Predominavam nas fábricas estadunidenses condições indecentes de trabalho, salários miseráveis, jornadas superiores a 12 horas e exploração do trabalho infantil. Crianças de 7, 8 ou 9 anos de idade já eram obrigadas a acompanhar os pais em trabalhos duros e extenuantes.

Os trabalhadores passaram a reivindicar o fim do trabalho infantil, a redução da jornada para 8 horas diárias e melhores condições de trabalho. No dia 1º de maio daquele ano, iniciou-se uma greve em defesa dessas revindicações. Nos confrontos com a polícia, trabalhadores grevistas foram assassinados.

Um dos líderes da greve, Parsons, não hesitou em afirmar: "Se é necessário subir também em um cadafalso pelos direitos dos trabalhadores, pela causa da liberdade e para melhorar a sorte dos oprimidos, aqui estou". Foi preso e enforcado junto com outros três companheiros (Spies, Engel e Fisher), no dia 11 de novembro de 1887. Lingg, outro operário também condenado, foi morto no próprio presídio. Estes passaram a ser o mártires de Chicago.

Desde então, a data 1º de maio passou a ser uma referência internacional da luta contra a exploração e em defesa dos direitos da classe trabalhadora.

Recordar a história é prestar uma homenagem a esses trabalhadores, à sua coragem em defesa de melhores condições de vida para todo. É recordar do que a burguesia é capaz para perpetuar as situações de exploração e assegurar seus privilégios. A mídia da época exigiu repressão aos trabalhadores: "a prisão e os trabalhos forçados são a única solução adequada para a questão social".

Mas, o exemplo dos mártires de Chicago é, sobretudo, uma referência histórica para avaliarmos o presente. Desemprego, existência de trabalho escravo e infantil, perda de direitos trabalhistas, condições desumanas de trabalho, impunidade aos crimes cometidos contra a classe trabalhadora, aumento da concentração da renda e da riqueza, crescimento da miséria. Todos estes elementos atestam uma realidade aonde há muito por lutar.

É bem verdade que a reestruturação do trabalho – os avanços tecnológicos, a terceirização e descentralização dos centros produtivos – e a hegemonia do capital financeiro, ocorridos nas duas últimas décadas, afetaram significativamente as formas organizativas e de lutas da classe trabalhadora.

Mas também não é menos verdade que estamos em dívida com a memória dos mártires de Chicago. Deixamos de fazer trabalho de formação política junto à classe trabalhadora. Há anos nos descuidamos do trabalho de base. Nos rendemos às migalhas dadas pela imprensa burguesa, ao invés de criarmos nossos próprios meios de comunicação. Nossas conquistas eleitorais deixaram de ser um processo de acumular forças políticas para a classe trabalhadora e passaram a ser apenas projetos políticos individuais e oportunistas. O imediatismo substituiu a necessidade de termos um projeto político de toda a classe trabalhadora para o nosso país e mundo. Os valores de uma sociedade individualista e consumista ingressaram na cabeça das lideranças populares, sindicais e partidárias, que relegaram os valores e ideais de uma sociedade socialista ao passado. Deixamos de acreditar em nossa capacidade e poder de lutar. O conchavo e conluios com forças direitistas e conservadoras passaram a ser sinônimos de habilidade política e esperteza de muitos que se dizem representantes da classe trabalhadora. Vivemos o período em que, além de lutar permanentemente contra o inimigo comum de classes, devemos entender as divergências e divisões internas da própria classe trabalhadora.

Há muito que lutar! Há uma ofensiva da classe exploradora e um descenso do movimento social, como já houve em outros momentos na história da luta de classes. Esse período histórico apenas atesta a necessidade de encararmos, com seriedade, os desafios de construirmos a unidade da classe trabalhadora, recuperar o trabalho de base e de formação política, construir os meios próprios de comunicação e de pensar um projeto político para o nosso país. Que as históricas lutas do 1º de maio de 1886 nos incentive a encarar os atuais desafios da classe trabalhadora para construirmos um Brasil socialmente justo, democrático e igualitário.

# Agradecimentos

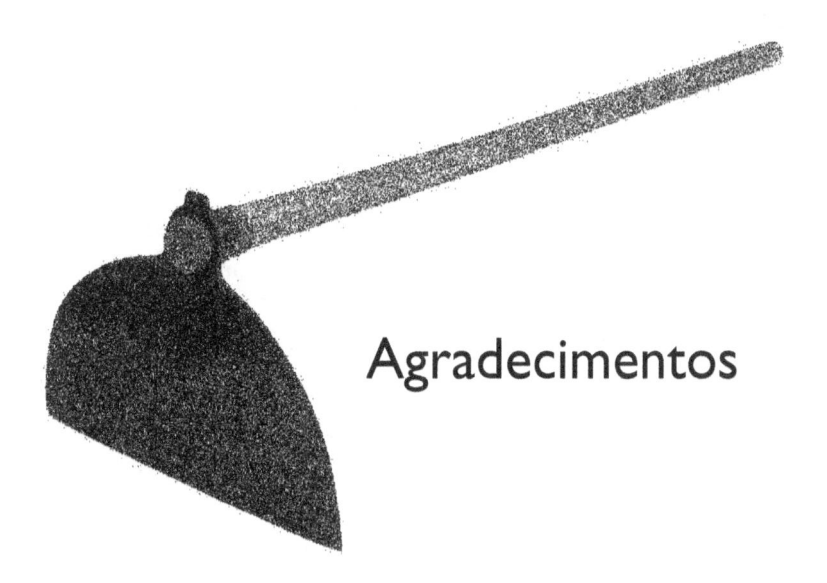

Em primeiro lugar, gostaria de agradecer ao meu orientador, Prof. Dr. Ruy Braga, pela ajuda, apoio e estímulo permanente, além de suas valiosas sugestões de leitura, principalmente a de José Carlos Mariátegui que, sem nenhum segredo, "abriu" portas para minha formação intelectual. Ruy foi quem, mesmo sem me conhecer (como se costuma dizer, "com uma mão na frente e outra atrás"), prontificou-se a enveredar comigo até o final deste trabalho.

À Prof.ª Dr.ª Silvia Beatriz Adoue, agradeço por sua participação essencial na banca de qualificação, a partir da qual procurei, dentro de meus limites, seguir suas preocupações. Além disso, manifesto também minha admiração irredutível pelo seu rigor intelectual e militância exemplar – a "contrapelo" do que se passa nos jardins ociosos da academia e da "militância" acomodada –, e que tentarei sempre, modestamente, seguir.

Ao Prof. Dr. Luiz Bernardo Pericás, interlocutor fundamental nesta trajetória, meu muito obrigado pelas inestimáveis conversas, por se mostrar sempre disponível e, sobretudo, aberto às minhas dúvidas, indagações e observações.

A Eleni Varikas e Michael Löwy, com quem tive oportunidade de poder intercambiar ideias, problemas e sugestões sobre meu trabalho, durante a breve estadia deles na Universidade de São Paulo, em 2012.

Ao MST e a todos aqueles que se disponibilizaram em ceder seu tempo para a realização das entrevistas, especialmente Itelvina Masioli, que me recebeu várias vezes com muita simpatia e paciência na Secretaria Nacional do MST, em São Paulo. Ao Egídio Brunetto (*in memorian*), com quem tive a sorte de conversar dias antes de seu lamentável falecimento, uma homenagem especial. Um abraço ao companheiro Tiago Flores, que me levou à Escola Nacional Florestan Fernandes (ENFF), da qual não poderia mais me esquecer.

Aos colegas Luis Alberto Zimbarg e Luiz Carlos Barros, do Centro de Documentação e Memória da Unesp, que tornaram possível meu acesso ao acervo do MST, sempre com muita gentileza e humor.

Às amigas Carolina Foganholo, Letícia Lima, Claudia Winterstein, Luciana Aliaga, Yandara Pimental, Maria Angélica, Daniela Vieira, Marta Menezes, Priscila Lourenço, Gabriela Mafud, Aline Pedro, Simone do Prado, Manuela Juliani, Marcia Malcher Heloisa Barbin, Lina Niwa.

À minha irmã, Aninha, que não paro de adorar.

Ao amigo Marcos Camolezi, um agradecimento especial pela leitura atenta deste texto, muitas vezes obscuro e indecifrável, pelas suas sugestões e críticas, mas, sobretudo, pela amizade calorosa e sincera. À professora Flávia Braga Vieira, também pela leitura criteriosa e interessantes sugestões tanto na qualificação quanto no texto final. Aos amigos Waldo Lao, Roberto della Santa e Mario Spezzapria pelo apoio fundamental na reta final deste trabalho e pela gentileza de traduzirem alguns de meus textos. Também aos professores João Marcio, Bernardo Ricupero, Isabel Loureiro, Miguel Mazzeo, Larissa Bombardi e Breno Bringel, que em ocasiões distintas contribuíram para a consecução deste trabalho.

Aos amigos Antonio Rigo, Fernando Vieira, Leonardo La Selva, Afonso Mancuso, Bruno Moretti, Guilherme Monteiro, Rafael Higino, Ricardo Streich, Bernardo Soares, Marcelo Netto, Guilherme Simões, Akira Shishito, Iuri Ramos, Yuri Almeida, Felipe José, Felipe Augusto Emerson 'Bill", Marcos Siqueira. Ao Tiago Villa "Joe", pela amizade e pelas palavras de incentivo constantes. Aos amigos da cidade de Mogi-Guaçu, minha "segunda" família: Rafael Âmbar, Raphael Rodrigues, Filipe Dal'Bó, Ítalo Silva, Aline Barbosa, Renan Domiciano, Fabiano Lealdini, Josiane Zaneti, Gustavo Couto, Raquel Maltempi, um abraço para lá de especial.

Ao CNPq e Capes pelo financiamento da pesquisa.

À Fapesp pelo financiamento do livro.

Esta obra foi impressa em São Paulo pela Imagem digital na primavera de 2016. No texto, foi utilizada a fonte Constantia em corpo 10,5 e entrelinha de 15 pontos.